前衝刺看漫畫！

補教名師畫重點 又帥又美世界史

補教名師 藤幸夫 著

佳─構成・編輯

─名詞審定 陳嫺若─譯

野人

作者序

近年來，「重新學習」成為成人社會中的一股風潮，其中最受矚目的科目莫過於「世界史」。然而，儘管日本將世界史列為必修科目已有約二十年，大學入學考選擇「世界史」的考生卻逐年減少，導致它即將從必修科目中被移除。這將是日本的教育體系的重大事件。

為什麼「世界史」的吸引力逐漸降低？筆者認為，問題出在教科書的編排方式。世界史課本通常從西亞開始，接著談到希臘與羅馬，之後是印度、中國，再到歐洲。然而，在講述歐洲時，各國的歷史片段分散於數十頁之間，內容常以零散的方式呈現。

雖然這種編排是為了展現「世界歷史」的整體架構，但它也容易令學習者感到混亂。對日本人而言，來自外語的專有名詞本就不易理解，常有人不禁發問：「這個國家在哪裡？」「這是什麼時代？」尤其國中時期若未能掌握「世界地理」，學習世界史更是宛如身在地獄。

因此，本書誕生了。它以國家為單位分章，此外，本書最大的特點是聚焦於從推動歷史進程的「主角」來展開故事，不僅內容淺顯易懂，更配上全彩漫畫，透過視覺故事激發讀者的好奇心，逐步掌握歷史人物與事件全貌。前所未有的「國家」、「人物主角」、「全彩漫畫」這三個創新編排，將掀起「世界史」的閱讀新風潮！當然，由於未依循傳統教科書的編排，本書無法按照課本單元的順序學習。但是，各國的歷史「主角」將呈現每個時代的歷史脈動。不論是初學者、考生或社會人士，這都是一本帶來愉快及感動的好書。

請翻開本書，隨興選擇喜歡的章節閱讀，相信你一定能發現自己喜愛的國家。

最後，本書的完成，少不了多位漫畫家的辛勤繪製，給他們帶來不少麻煩，在此表示歉意，同時也衷心感謝能順利完成這本精彩的書。

佐藤 幸夫

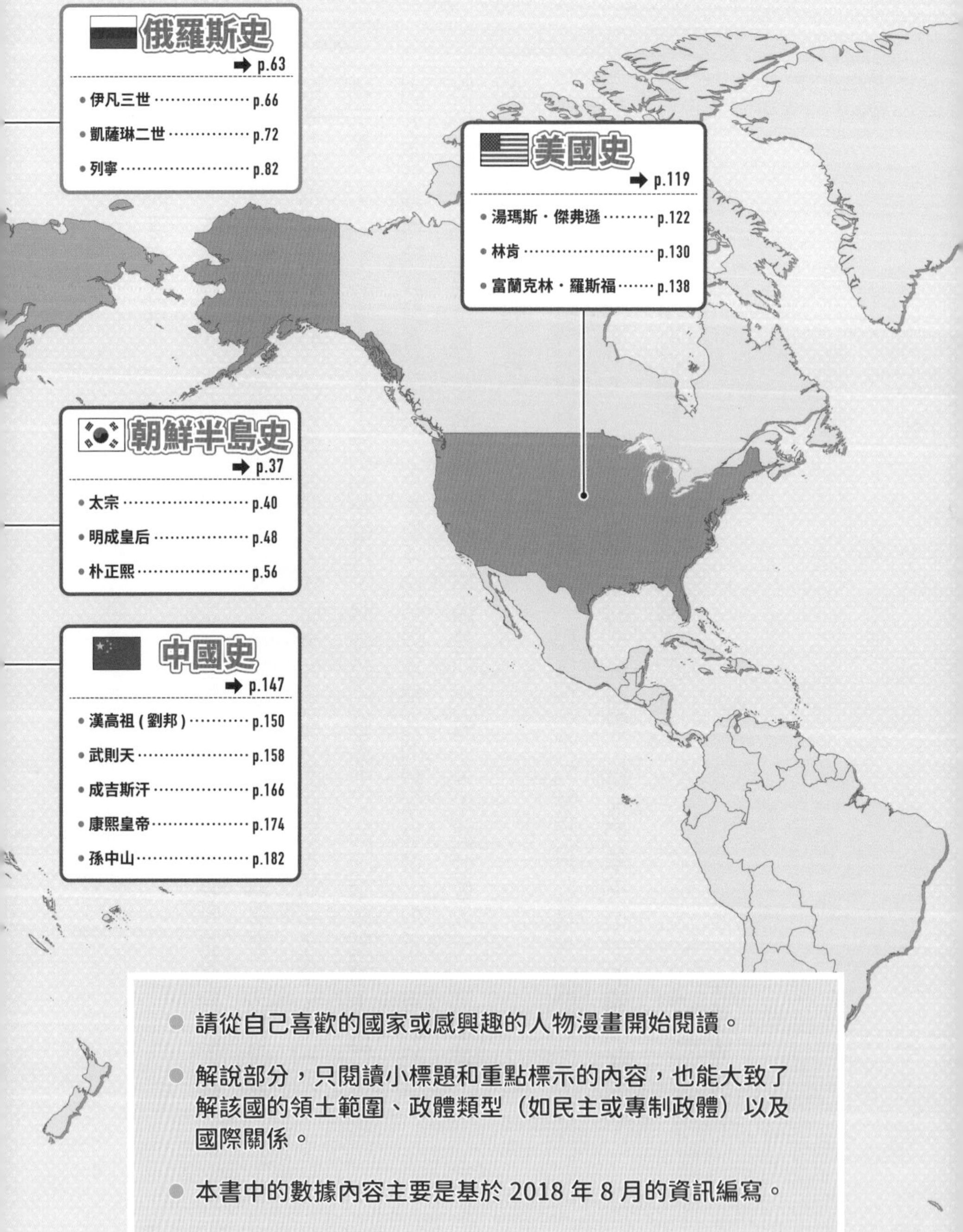

- 請從自己喜歡的國家或感興趣的人物漫畫開始閱讀。
- 解說部分，只閱讀小標題和重點標示的內容，也能大致了解該國的領土範圍、政體類型（如民主或專制政體）以及國際關係。
- 本書中的數據內容主要是基於 2018 年 8 月的資訊編寫。

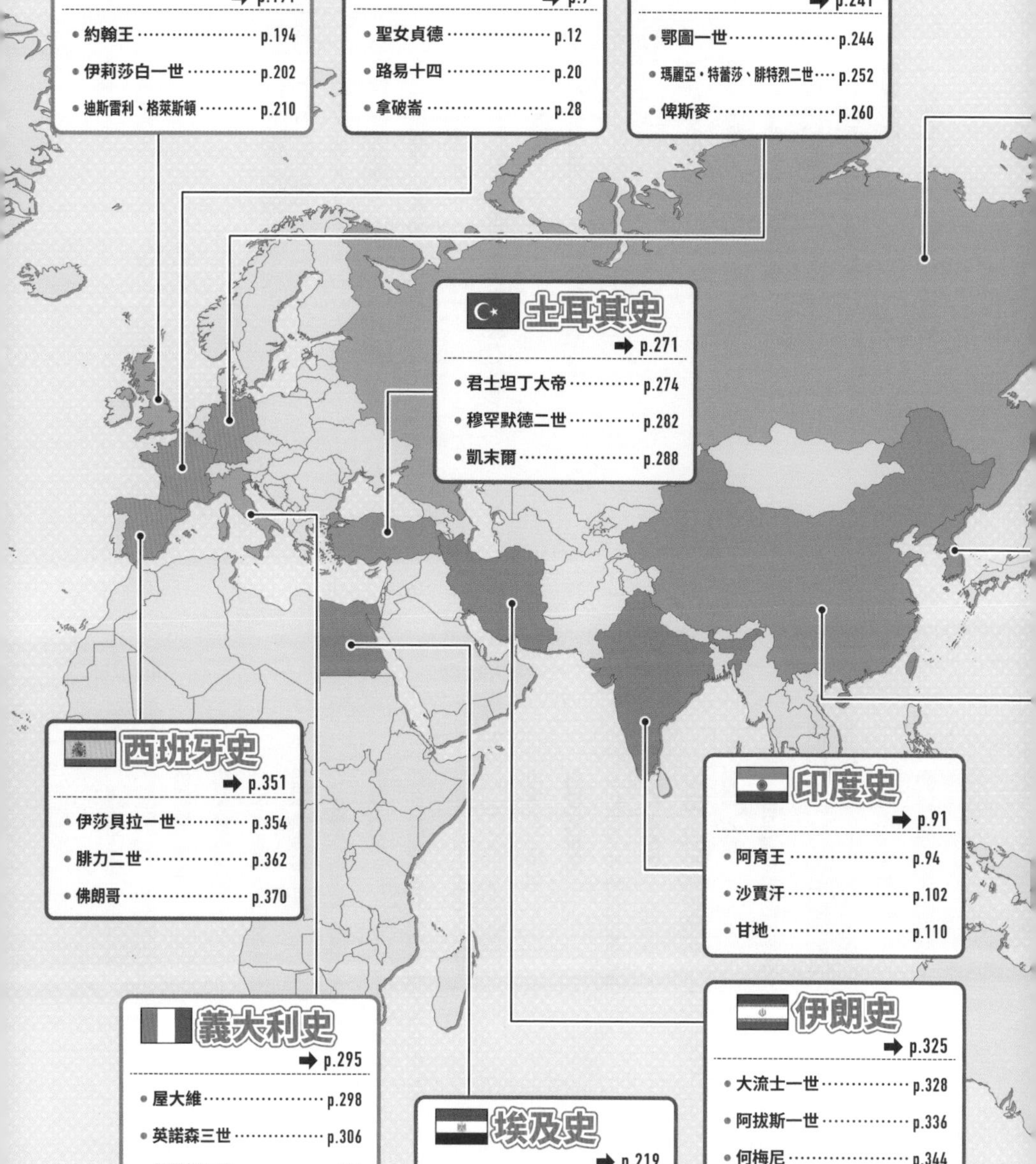

目次

目次

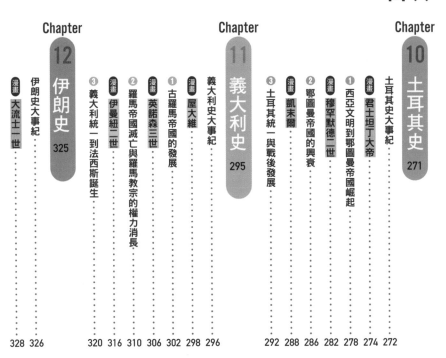

法國史

CHAPTER 01

contents

法國史大事紀

聖女貞德（1412～1431）

路易十四（1638～1715）

- **西元前一世紀**　羅馬將軍凱撒遠征高盧
- **約一世紀**　建設盧泰西亞（現今法國首都巴黎）
- **481年**　克洛維統一法蘭克王國
- **732年**　都爾戰役擊敗伊斯蘭勢力
- **800年**　查理曼在聖保羅大教堂接受加冕
- **987年**　雨果・卡佩建立卡佩王朝
- **1214年**　布汶戰爭獲勝，奪回歐陸英屬地
- **1339年**　百年戰爭（～1453年：在聖女貞德的帶領下勝利）
- **1494年**　義大利戰爭（～1559年：卡托－康布雷西和約）
- **1562年**　法國宗教戰爭（～1598年：發布南特詔書）
- **1661年**　路易十四開始親政

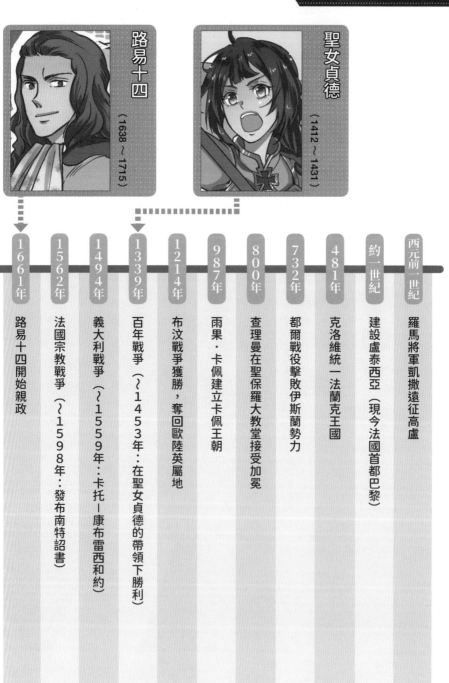

拿破崙

（1769～1821）

1701年 西班牙繼承戰爭（～1713年：烏特勒支條約）

1755年 英法北美戰爭（～1763年：巴黎條約）

1789年 攻入巴士底監獄（➡法國大革命開始）

1804年 拿破崙在巴黎聖母院舉行加冕儀式

1852年 拿破崙三世（路易・拿破崙）建立第二帝國（～1870年）

1905年．1911年 摩洛哥危機（⚔德國）

1914年 第一次世界大戰（～1918年）
1919年：凡爾賽條約

1940年 納粹德國占領巴黎

1958年 戴高樂建立第五共和

1967年 歐洲共同體（EC）成立

1993年 歐洲聯盟（EU）成立

一四二九年，貞德在英法百年戰爭中率領法軍包圍奧爾良，擊潰英軍。
嘈雜……
上帝的女兒竟然真的存在……！
可惡，快撤！
上帝與法蘭西同在！
英格蘭，撤退吧！
哇啊
英格蘭軍撤出奧爾良了！
奇蹟啊！
……！
啊
啊
三年前，我只是個鄉下女孩……
貞德……你要幫助查理王子登基為法蘭西國王
這樣才能解救法國
哇啊
我們法國有上帝的女兒在，贏定了！
聖女貞德萬歲！
啊
啊
上帝的女兒……？
我現在可是全身發抖呢……
但是我不能退縮……！

然而，奇蹟並沒有持續很久。
我們輸了！
我留下來斷後！
你們快趁機撤退！
哇
貞德大人！
我……我們一定會回來救你！
啊
啊
貞德在康白尼包圍戰中，遭到反對法蘭西國王的勃根地軍俘虜，
隨後被交到英格蘭軍手中
貞德，
根據異端審判的結果……
法庭裁定你是女巫。
你親筆簽名的這份文件就是最好的證據！
我根本不識字……
只是照著他們的要求寫名字而已……
我不是女巫！
求求你，讓我見查理七世陛下！
少囉嗦！陛下已經拋棄你了！
啊…啊…怎麼會……
我到底是為誰而戰？
我只是一個普通百姓！
只是希望法蘭西勝利的凡人！
上帝啊！上帝啊！
最後，貞德被處以火刑。
她死後，英法百年戰爭又持續了二十二年。

法國

1 聖女貞德

Jeanne d'Arc

Profile

1412~1431／女性

法國少女

人物介紹

貞德出生於法德邊境的法國洛林區棟雷米村。她在十二歲時聽見神諭，之後協助王儲查理從奧爾良包圍中突圍，並且陪同王儲查理前往英軍統治下的蘭斯，完成加冕為查理七世，然而，貞德隨後在康白尼之圍中戰敗被俘，查理七世卻背棄她，不願支付贖金。因此，貞德並未被釋放，而是在異端審判中被認定為女巫，在一四三一年五月三十日處以火刑。近現代以後的法國經常將聖女貞德作為愛國的象徵，一九二〇年時羅馬教宗更將她列為聖人。

小故事

貞德在農家長大，信仰極為虔誠，許是父母教育有方，她非常具責任感與領導力，這一點表現在她率領軍隊的統率力上。儘管受到嘲笑，她仍堅稱自己聽見神諭並希望覲見國王，甚至在被俘後試圖逃走，展現出她的堅毅。此外，從審判紀錄可以看出聖女貞德她擁有出色的記憶力，思緒清晰。明明還在高中生的年紀，面對審判卻如此堅強，令人感慨。

關係圖

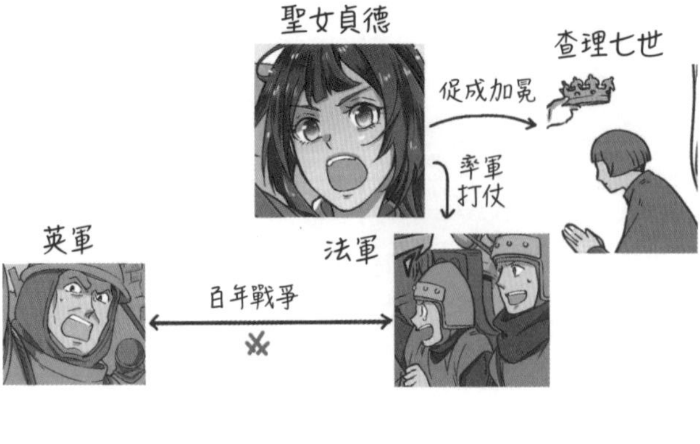

漫畫中的歷史名詞

百年戰爭

發生於一三三九到一四五三年，英法兩國之間長達一世紀以上的戰爭。最初英國占優，但隨後因鼠疫流行與農民叛亂而雙方陷入困乏，諸侯權勢衰弱，形成君主專制的基盤。

查理七世

瓦盧瓦王朝的法國國王，他的父親查理六世認為他無能，曾懷疑他是否能勝任王位。不過，查理七世在百年戰爭中勝利，驅逐英軍，收復加萊之外所有法蘭西王國的領土。

蘭斯大教堂

蘭斯是法國北部城市，由於法蘭克王國建國者克洛維在這裡皈依基督教，所以歷代法王都有在此教堂加冕的風俗。

勃艮地公爵

法國東部的大諸侯，擁有毛織品工業繁榮的法蘭德爾地區。百年戰爭時與英國聯手對抗法國王權，擁有廣大的領土。

異端審判

懲罰反對基督教教義的人（異教徒）的審判制度。由羅馬教宗任命的法官進行審判，女巫審判也是異端審判之一。

聖女貞德的足跡

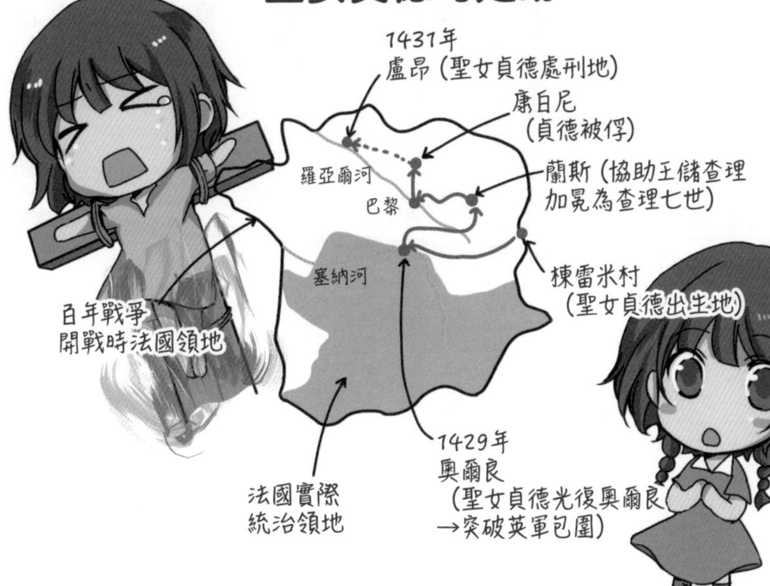

1 法國建國、發展到百年戰爭

古代的法國

距今四萬年前的舊石器時代，法國南部住著被分類為**新人**（晚期智人）的**克羅馬儂人**，並且留下**拉斯科洞窟壁畫**這項著名史前遺產。到了距今約三千年前，歐洲原住民**凱爾特人**從東歐一帶移居至此，法國大約從這時起被稱為**高盧**。

約在西元前七世紀，**希臘人**在法國南部展開殖民，建設馬薩利亞（現在的馬賽）等**殖民市**。從這時開始，腓尼基人與希臘人在地中海積極從事貿易活動，其中，於義大利半島興起的羅馬不斷擴大版圖。

西元前三世紀末，羅馬攻破腓尼基人的海港城市**迦太基**，掌控了西地中海，並且挾雷霆之勢侵略高盧。前一世紀，羅馬將軍**凱撒遠征高盧**，法國成為羅馬的領土，開始與羅馬文化融合。西元一到二世紀，羅馬帝國在最繁盛的時期建設了盧泰西亞（即現今法國首都巴黎）。

法蘭克王國的興衰

西元四到五世紀是**日耳曼人大遷移**的時代，**法蘭克人**移居到法國北部，**勃根地人**則定居於中部，**西哥德人**則定居於西南部。不久後，**克洛維**統一**法蘭克王國**，並兼併勃根地王國，將西哥德王國驅逐到伊比利半島，統治了現在法國到德國之間廣大的領土。西元四八一年，克洛維在法蘭克王國建立**梅洛文加王朝**，為了更親近領地內占多數的羅馬人，他放棄了原本的日耳曼信仰，改信羅馬人信仰的**基督教尼西亞派**。

西元七三二年，法蘭克王國擊敗由伊比利半島越過庇里牛斯山脈入侵的伊斯蘭教徒（都爾戰役），保護了基督教世界，因而得到羅馬教宗的青睞。當時，羅馬教宗正與東羅馬皇帝對立，處於政治孤立的狀

西羅馬與東羅馬的結構

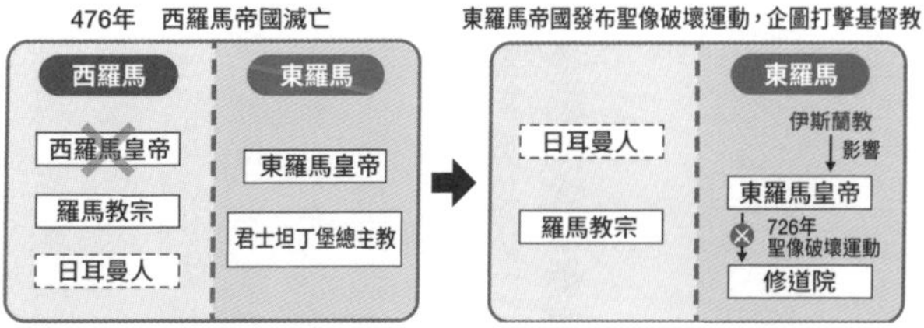

態。當時，擊退敵軍的宮相（七到八世紀法蘭克王國內輔佐君王的政務官）**查理・馬特**聲望如日中天。

查理・馬特死後，其子**矮子丕平（丕平三世）**獲得羅馬教宗的支持，建立**加洛林王朝**。不久，矮子丕平出兵討伐在義大利北部威脅羅馬教宗的倫巴底人，並且將其中的**拉文納地區**獻給教宗（史稱「**丕平獻禮**」），法蘭克王國與羅馬教宗的關係進入蜜月期。到了西元八〇〇年，矮子丕平之子**查理曼**受教宗利奧三世加冕為西羅馬帝皇帝，宣布復興曾於西元四七六年滅亡的西羅馬帝國，形成以羅馬教宗為核心的羅馬天主教世界，稱為**查理曼加冕**。

但是，查理曼死後約三十年，隨著西元八四三年的**凡爾登條約**和八七〇年的**梅爾森條約**簽訂，加洛林王朝統治的法蘭克王國分裂成三個國家，其中的**西法蘭克王國**便是現在法國的雛型。

法蘭克王國分裂

凡爾登條約（843 年）

梅爾森條約（870 年）

卡佩王朝的建立與發展

西元九八七年，三個法蘭克王國中延續最久的西法蘭克王國加洛林家族斷嗣。不久後，巴黎伯爵**雨果・卡佩**擊退入侵的諾曼人，在選舉中被選為法國國王（建立**卡佩王朝**）。但是，當時諸侯勢力坐大，卡佩只是名義上為國王的諸侯之一，王權低落。此外，英國征服了法國北部的諾曼地公國，與法國諸侯之間廣結姻親。至十二世紀後期，法國的西半部全都被英國占據。

卡佩王朝逐漸強化王權，形成中央集權體制。

小知識　法蘭克王國是一個大帝國，版圖橫跨現在的法國、義大利與德國。而查理曼大帝的稱號也因地區而不同，在德語唸作卡爾，法語為查理，西班牙語為卡洛斯。

一一八〇年即位的**腓力二世**加入**第三次十字軍東征**，但與英王**理查一世**反目，獨自回國，後來，他又為領土問題與繼承理查一世的**約翰王**作戰並獲勝，奪回絕大多數大陸上的英國屬地（法國西半部領土）。

接著，**路易九世**鎮壓法國南部基督教異端卡特里派及與其聯手的大諸侯，進一步伸張王權。另外，他又派遣使節到蒙古帝國，領導六及第七次十字軍東征，進攻埃及和突尼西亞，留下豐碩的成就，被尊稱為「**聖王**」。

到了**腓力四世**的時代，卡佩王朝達到顛峰。他因教會徵稅問題與羅馬教宗對立，召開法國首次**三級會議**，並在一三〇三年將教宗幽禁在羅馬城郊的阿納尼教區，導致教宗憂憤而死（**阿納尼事件**）。接著，他又要求將教廷遷到南法的**亞威農**，納入自己的統治下（即**亞威農之囚**）。可見，在腓力四世的時代，法國王權不斷壯大，逐漸凌駕於教宗權力之上。

瓦盧瓦王朝的建立與百年戰爭

傳承近三五〇年的**卡佩王朝**，因為腓力四世的兒子們沒有子嗣，由其弟**瓦盧瓦伯爵**的血脈腓力六世取而代之，成為法國國王（建立**瓦盧瓦王朝**）。

但是，英王**愛德華三世**以自己的母親是腓力四世之女為由，要求繼承法國王位，同時覬覦英國羊毛重要的出口地**法蘭德斯地區**，於是英法爆發**百年戰爭**，從一三三七年持續到一四五三年。法國在十四世紀中期的**鼠疫**大流行和**札克雷暴動**（農民起義）的加乘效果之下，始終居於劣勢。但是，一名名為**貞德**的少女突破了包圍**奧爾良**的英軍，法軍反敗為勝。英國不得不全面撤軍，只保住了法國北部的城市**加萊**。

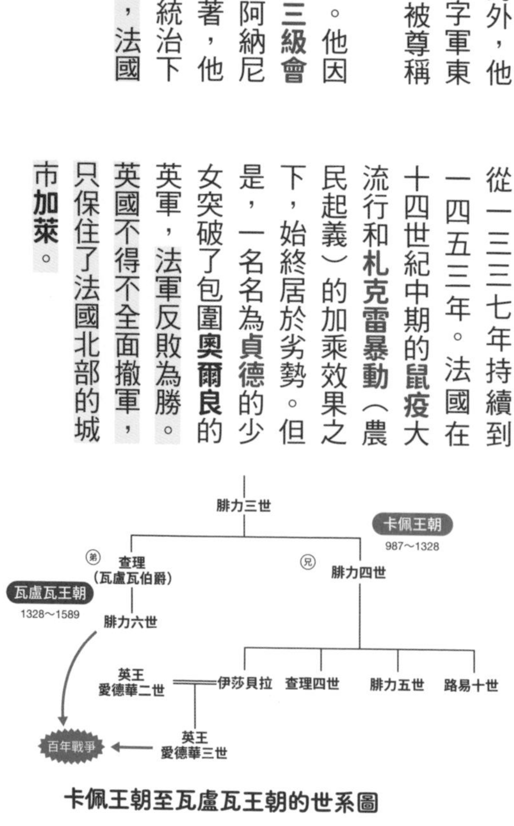

卡佩王朝至瓦盧瓦王朝的世系圖

中世紀到近世（法國內亂）

法國在百年戰爭獲得勝利後，**查理七世**得到富商雅克．柯爾的援助，努力重建財政，逐步的奪回王權。到了其孫**查理八世**時代，法國與神聖羅馬帝國為了爭奪義大利的統治權，發動長達六十年的**義大利戰爭**（一四九四到一五五九年）。在**法蘭索瓦一世**時代，法國與英國的**亨利八世**及鄂圖曼帝國的**蘇萊曼一世**結盟，多次與**哈布斯堡家族**的**查理五世**（神聖羅馬帝國）作戰。此期間，義大利的**文藝復興**傳遍各地，法蘭索瓦一世更邀請**達文西**到法國，作家**拉布雷**與哲學家**蒙田**都展露才華，促成**法國文藝復興**。

十六世紀**宗教改革**發源於德國，並擴展到瑞士。當時，法國人**喀爾文**依據福音主義、預選說及長老制度，針對羅馬教宗主導的天主教發起宗教改革，並在日內瓦建立**喀爾文教派**。隨後，喀爾文主義（**胡格諾派**）傳入法國，部分諸侯改信胡格諾派。

天主教新舊兩派對立與貴族間的權力鬥爭，導致天主教諸侯與胡格諾諸侯自一五六二年起展開長達三十年以上的內亂，爆發**胡格諾戰爭**。一五七二年發生**聖巴托繆日大屠殺**（由法王查理九世的母后凱薩琳．德．麥地奇謀劃的胡格諾諸侯大屠殺），事件牽連瓦盧瓦王室，引發大內亂。英國與西班牙也涉入其中，最後存活下來的胡格諾派諸侯——納瓦爾國王於一五八九年即位為**亨利四世**，開創**波旁王朝**。考慮到天主教徒占多數人口，亨利改信天主教，並於一五九八年發布**南特詔書**，保障胡格諾派的信仰自由與生命安全，終結胡格諾戰爭，法國政局恢復穩定。

義大利戰爭和胡格諾戰爭大幅削弱諸侯和騎士勢力，導致貴族權勢衰落。因此，中央集權體制增強，法國進入君主專制的時代。

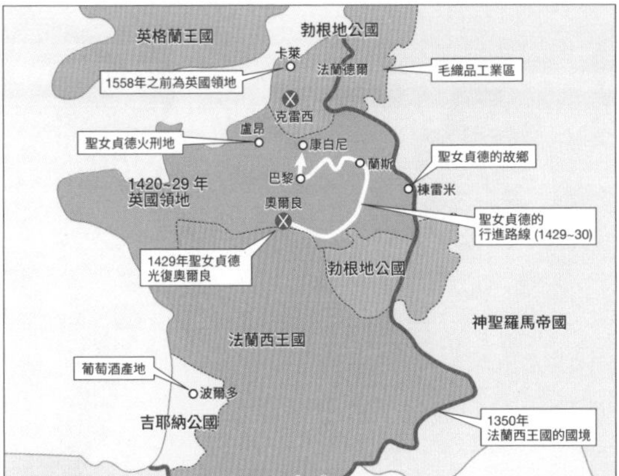

百年戰爭 (1337~1453 年)

路易十四
路易十四世即位時年僅五歲，
由宰相馬薩林和母親安妮輔佐國政。
政事都交給馬薩林就對了。
遵命，母后。
法國頻繁的戰爭導致財政困難，
反對強化王權與增稅的高等法院及貴族們發起投石黨之亂。
哇啊啊啊啊
反對獨裁！
咯噔
嚴密監視國王，別讓他逃了！
咯噔
偷瞄……
發抖
沒想到國民會發動叛亂……
發抖……
我決定了……
我要自己選任賢達的人，
並且建立一個沒有叛亂的國家……
我要成為擁有絕對權力的國王！

一六六一年，宰相馬薩林過世，路易十四開始親政。
陛下！請推動重商主義政策！我們應該獎勵出口，保護我國產業！
還要輔導公營生產，經營殖民地來穩定財政！
也必須重視我國傳統的儀式才行！
只要展現國王的財富與權威，國民必會追隨您的！
然而，路易十四的生活越來越奢侈，加劇了國民的痛苦……
HA HA HA
稅
稅
稅
稅
後來，法國在西班牙繼承戰爭及與英國的殖民地戰爭中戰敗，路易十四於七十六歲時去世。
哇啊啊
聽說國王死了！
終於死了！活該！
終於不用再打仗了！
路易十四接二連三的征戰造成國家疲弊，因此國民對他的死訊感到欣喜。
他的葬禮在國民的咒罵聲中舉行，
然而，戰火仍未停止，法國最終走向革命。

法國 2

路易十四

Louis XIV

Profile
1638~1715／男性
法蘭西王國國王
（在位：1643~1715）

人物介紹

路易十四的祖父亨利四世平定宗教戰爭——胡格諾戰爭，開啟了波旁王朝。然而，路易十四的父親路易十三治國無能，實權旁落到宰相和皇后手中，因此在他年幼時期，國政由宰相馬薩林和母后安妮掌握。在路易十四十歲時，貴族們不堪打壓而發動叛亂（投石黨之亂），巴黎成為戰場，路易十四曾兩度逃離巴黎。

宰相馬薩林過世後，他終於開始親政，且不設宰相，任用科爾貝改善窘迫的財政，並重用盧福瓦強化法國常備軍。此外，他視主張君權神授的博須埃主教為親信，奠定了君主專制的基礎。

小故事

據說路易十四性格偏激，年幼時經歷投石黨之亂後，精神變得偏狹。他一再出兵擴大版圖，並在宮中過著鋪張浪費的生活。此外，他其實是個禿頭，髮型是以假髮掩飾。他非常守時，厭惡懶散，這種一絲不苟的作風也展現在他的政務上。

因此，他在位時切實舉行了法國的各種傳統官方儀式，這也被視為宮廷生活奢靡的證據之一。據說，興建凡爾賽宮是他的一大心願。

關係圖

漫畫中的歷史名詞

宰相馬薩林

生於義大利，曾任克呂尼修道院院長。於路易十三時期接替黎塞留成為宰相。雖然他是天主教徒，但為了對抗哈布斯堡家族，在日耳曼三十年戰爭中支持新教參戰。

高等法院

在法國大革命之前，高等法院是法國最高司法機關，擁有審查與發布國王敕令的權力，成為貴族對抗王權的根據地。

重商主義

由政府積極干預經濟的政策，包含「重金主義」和「貿易差額論」。前者主張增加貨幣或金銀的擁有量，後者則是獎勵出口並保護國內產業。

特權（皇家）製造

由財政大臣科爾貝創設的皇家工廠，引進工廠手工業，透過培育國內產業和擴大出口來強化法國財政。

西班牙繼承戰爭

西班牙的哈布斯堡家絕嗣後，路易十四的孫子腓力五世登上西班牙王位，引起奧地利的不滿。奧地利隨即與英國及普魯士結盟對法開戰。

路易十四的功績

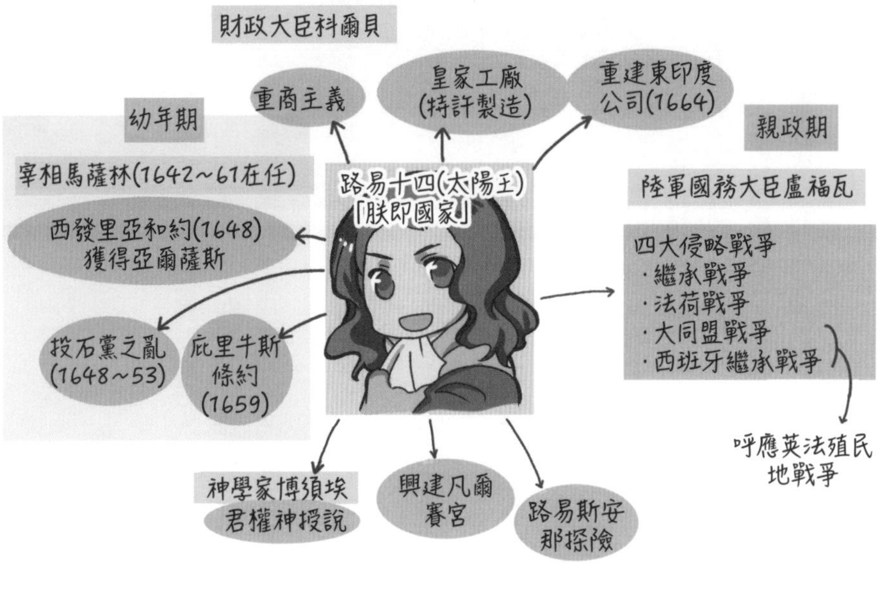

法國

2

波旁王朝的君主專制時期到法國大革命

法國波旁王朝的君主專制

亨利四世為了重建財政，仿效英國與荷蘭，於一六〇四年設立**東印度公司**（隨即倒閉），並在北美洲的加拿大開拓**魁北克**為殖民地。不久，他遭到天主教神職者暗殺，其子**路易十三**即位。由於路易十三年幼，暫由母后攝政，後由宰相**黎塞留**輔佐。黎塞留首先廢除**「三級會議」**（階級制的議會），力圖強化王權，接著攻擊**胡格諾**據點，推動天主教化。此外，他也插手干預**日耳曼三十年戰爭**，意圖打倒神聖羅馬皇帝哈布斯堡家族這一宿敵。他雖然身為天主教徒，卻支持基督新教勢力。

建立君主專制的基礎後，曾留下「**朕即國家**」這句名言的**「太陽王」路易十四**即位。他在幼年時由宰相**馬薩林**執政，但因貴族反對強化王權並發動**投石黨之亂**。路易十四鎮壓動亂後，於一六六一年開始親政，任用主張重商主義的**科爾貝**為財政大臣，重設東印度公司並設立西印度公司，在美洲的密西西比河流域開拓殖民地，積極開發以自己名字命名的**路易斯安那**。

路易十四是虔誠的天主教徒，於一六八五年**廢除南特詔書**，使得身為國內產業支柱的大量工商業者（多為胡格諾教派信徒）逃往國外，法國產業因此停滯，財政狀況更加嚴峻。

此外，他主張**天然疆界說**，並發動三次侵略戰爭，導致法國的國際孤立。另外，他趁著西班牙哈布斯堡家斷嗣的機會，讓孫子腓力（後來的**腓力五世**）登基為西班牙國王，引發**西班牙繼承戰爭**。雖然腓力五世的地位在一七一三年**烏特勒支條約**中得到承認，但是法國不得不將美洲大陸的**阿卡迪亞**、**哈德遜灣和紐芬蘭島**等廣大殖民地割讓給英國。路易十四晚年時，由於凡爾賽宮的奢華生活和連年征戰，使法國的財政更加困乏。

進入路易十五時代，法國介入奧地利繼承戰爭以及七年戰爭，並在北美洲的**英法北美戰爭**與印度的**普拉西戰爭**中接連戰敗，失去許多殖民地。到了路易十六時代，法國在美國獨立戰爭中支持獨立方，這更使路易十四時代時惡劣的財政狀況雪上加霜。

法國大革命的起因

十八世紀末，法國社會還保留著以法國國王為頂端的金字塔型階級制度，稱為**舊制度**（Ancien régime）。**第一階級**和**第二階級**是免稅的聖職與貴族階級，享受著奢華的生活，**第三階級**平民階級則負擔沉重稅賦，必須縮衣節食。另外，第三階級又可以區分為生活接近貴族的資產階級與大地主（後來的**斐揚派**）；一般的中產階級與自耕農（後來的**吉倫特派**）；與下層勞工和工匠（後來的**雅各賓派**）等三種。

當時的法國王室及國家已接近破產，原因之一是連年的戰爭和宮廷奢侈的生活。因此，**路易十六**任用**杜閣**和**賈克**為財務總監，致力於改革財政。這項財政改革的重點在於將徵稅的對象從第三階級轉向擁有免稅特權的第一及第二階級。然而，在一百七十五年後召開的**三級會議**中，支持一階級一票制（對富人有利）與一人一票制（採多數決，平民可要求對貴族徵稅）的兩種議決方式的支持者互相對立。

最後，第三階級憤而退出三級會議，並與部分上層階級聯合，設立新的**國民議會**，誓言「憲法制定前絕不解散」（「**網球場宣言**」），後改稱**國民制憲會議**。此後，直到拿破崙登基為皇帝之前，議會成員、名稱與形式不斷演變，革命也隨之展開。

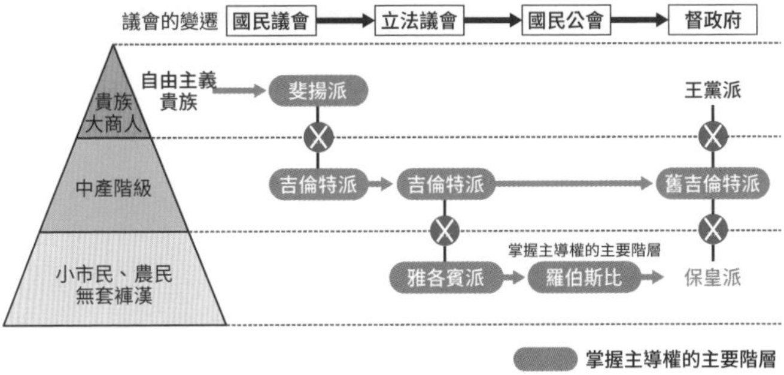

法國大革命時期的議會與各黨派的變遷

君主立憲制到第一共和

一七八九年七月十四日，巴黎市民襲擊**巴士底監獄**，此舉迅速引發全國動亂，農村發生多起**農民攻擊領主（第三階級的斐揚派）的事件**。政府隨後宣布**廢止封建特權**（只有封建地租得以有償廢止）。同年八月二十六日，**拉法葉侯爵**仿效美國獨立宣言，**起草人權宣言**，規定自由、平等、主權在民，私有財產不可侵犯等原則。十月五日，爆發**凡爾賽遊行**，國王路易十六一家被迫回到巴黎。

接下來經過了一年半左右的相對穩定期，一七九一年六月，發生**瓦雷訥出逃事件**，國王一家逃亡到奧地利王后瑪麗·安東妮的娘家。民眾對國王的不滿加深，波旁王朝岌岌可危。不久，自由主義貴族與上層資產階級制定**一七九一年憲法**，政府變更為新的**立法議會**。

在立法議會中，主張溫和派共和主義的吉倫特派逐漸取得優勢，一七九二年三月，**吉倫特派內閣**成立，不久後**向奧地利宣戰**。然而，面對奧地利普魯士聯軍的入侵，革命軍陷入苦戰。全國的義勇軍集結至巴黎，在「國家陷入危機」的口號下浴血奮戰。過程中，**民眾攻入巴黎的杜樂麗宮**，發動**八月十日事件**，**廢止君權**。九月二十的**瓦爾密戰役**中，革命軍及義勇軍告捷，並在隔天透過男子普通選舉成立**國民公會**，**宣布廢止君主制**，建立**第一共和**。

拿破崙登場

一七九三年一月，**路易十六被處死**，英國以維護君主立憲制為由，聯合奧地利、普魯士等國組成**第一次反法同盟**，試圖阻止法國大革命的擴展。與之對抗的革命政府則實施農民**徵兵制**，因法各地農民反抗。再加上保皇黨的推波助瀾，法國大革命陷入危機。內外困局下，受到平民支持的**雅各賓派（山岳黨）**興起。激進的雅各賓派將**吉倫特派**趕出議會，並且實行獨裁政治以克服危機。同年七月，雅各賓派領袖之一的**馬拉**被吉倫特派的刺客暗殺，雅各賓派領袖**羅伯斯比**開始恐怖統治。他不只處死瑪麗·安東妮與吉倫特派要人，連雅各賓派內與之對立的溫和派成員丹敦與激進派成員埃貝爾都被送上斷頭台。

羅伯斯比推動各種改革，但是大多過於激進，引起平民對法國社會主義化的擔憂，最終失去農民階層的支持。一七九四年，他在**熱月政變**中遭到處決。隨後，國民公會制定**一七九五年憲法**，並成立**督政府**。但是法國政局仍不穩定，相繼發生**保皇派動亂**和**巴貝夫**領導推翻督政府的政變。

這時，因遠征義大利而大受矚目的**拿破崙・波拿巴**崛起。儘管在埃及遠征中，法國敗給英國海軍中將納爾遜，但是拿破崙仍憑藉戰績贏得國內的聲望。拿破崙回到巴黎後，在一七九九年發動**霧月政變**，推翻督政府，建立**執政府**，結束法國大革命，開啟拿破崙的時代。

補充

歷史上的人物①

瑪麗・安東妮

（1755～1793年）

法國國王路易十六的皇后。奧地利的瑪麗亞・特蕾莎之女。與路易十六鶼鰈情深，但過於奢侈浪費，令國家經濟幾近崩垮。一七八九年法國大革命爆發，瑪麗・安東妮一家試圖逃亡，但全家被捕。一七九三年被送上斷頭台處死。

小知識　**羅伯斯比的改革政策**：制定1793年憲法（但並未實施），內容包含確立男性普通選舉等制度與最高價格令，採用革命曆，無償廢止封建地租以創造自耕農，崇拜理性並鎮壓基督教，以及解放黑奴等政策。

拿破崙
一八一五年，法國皇帝拿破崙．波拿巴在滑鐵盧戰役中潰敗，
被流放至南大西洋的孤島——聖赫勒拿島。
沙沙——
真是個鳥不生蛋的孤島……
只看得到貧瘠的荒地。
竟然要我在這種地方度過餘生嗎……
在督政府時代，
我成為遠征義大利跟埃及的司令官，從此飛黃騰達。
咚咚咚……
將士們，看啊！
四千年的歷史正從那座遺跡的頂點望著你們！
啊啊啊
哇啊啊！拿破崙將軍！
萬歲！
在埃及遠征裡嘗到的苦頭，我一定要償還給英格蘭……
不過，革命後的法國局勢混亂，國家需要一位強而有力的領導者。
霧月十八日政變
哇啊啊啊啊
各位！我在此宣布法國革命結束！
拿破崙建立執政府，

後來，他在巴黎聖母院加冕稱帝。
我的字典裡沒有「不可能」這個詞！
我再也不用服從任何人了！
約瑟芬皇后
成為皇帝之後，我依然戰無不勝。
我在奧斯特利茨戰役和耶拿－奧爾施泰特戰役中大獲全勝，
還簽訂提爾西特條約，鞏固了法國的霸權地位！
然而，西班牙叛變與遠征俄羅斯的慘敗成為我的轉折點。
啊——!!
我在萊比錫之戰中戰敗，被流放到艾爾巴島，之後逃了出來。
……大人。
拿破崙大人！
唉
……啊，抱歉！我講到哪裡了？
給我一字不漏地記下來。
雖然留下這些紀錄，也不知道後世會如何評價我，
但這是我唯一能做的事了……
遵命！
在聖赫勒拿島上

法國 3

拿破崙

Napoléon Bonaparte

人物介紹

出生於法國科西嘉島。曾因雅各賓派軍人身分被捕。在督政府時期，他的軍事才華受到重用，先後擔任義大利及埃及遠征的司令官。

拿破崙發動「霧月政變」後掌握實權，建立執政府，開始半獨裁統治方式。他與羅馬教宗和解，修復了法國與教廷的關係，並頒布著名的拿破崙法典。一八〇四年，拿破崙於巴黎聖母大教堂自行加冕為法國皇帝（象徵他不願受制於教廷）。雖然他在特拉法加海戰中敗給英國海軍中將納爾遜，不過他擊敗奧地利、俄羅斯及普魯士，聲望如日中天。然而，他立兄長約瑟夫為西班牙國王，引發當地的叛亂，加上他遠征俄羅斯失敗，權力搖搖欲墜。

小故事

拿破崙並非孔武有力，又在多次戰爭與遠征中遍體鱗傷，普遍認為他死於胃癌。他的成就不僅僅依靠體力與勇氣，更多歸因於他料事如神且洞察秋毫的能力。然而在戰爭中，他終究敵不過比自己城府更深的納爾遜。此外，據說他的長相並不如肖像畫那樣帥氣，畢竟肖像畫基本上都經過美化。

胃好痛!!

關係圖

拿破崙・波拿巴
部下
流放聖赫勒拿島後，命人記下他口述的自傳，撰寫為回憶錄
約瑟芬
在加冕典禮上授予后冠
後來離婚了

Profile

1769~1821／男性

法國皇帝

（在位：1804~1814、15）

漫畫中的歷史名詞

遠征埃及

目的是阻止英國控制通往印度的航線，擴大法國在東方的影響力。當時埃及是鄂圖曼帝國的領土，拿破崙在那裡遇上傭兵領袖穆罕默德．阿里和英國海軍中將納爾遜。

霧月政變

一七九九年，拿破崙在西哀士等人的協助下推翻督政府，宣布法國大革命結束。

執政府

由三名執政官掌握行政權，任期達十年，但實際上由拿破崙獨攬政權。具體的政績有設立法蘭西銀行、簽訂亞眠和約，與制定拿破崙法典等。

奧斯特利茨的三皇會戰

一八〇五年，拿破崙軍在現在的捷克擊敗沙皇亞歷山大一世率領的俄羅斯軍和奧地利皇帝弗朗茲一世帶領的奧地利軍，獲得高額賠款。

遠征俄羅斯

一八一二年，拿破崙向違反大陸政策（禁止英國貨物登陸歐洲大陸）的俄羅斯發動的軍事報復。但是，法軍遭遇俄羅斯的焦土戰與農民游擊隊攻擊，損失大量兵員，最終戰敗。

滑鐵盧戰役

一八一五年，拿破崙在現今比利時遭遇他的最後一場戰役。拿破崙遭英國陸軍元帥威靈頓率領的英軍與荷蘭及普魯士聯軍擊敗，迫使他再次退位，結束他的統治。

拿破崙戰史

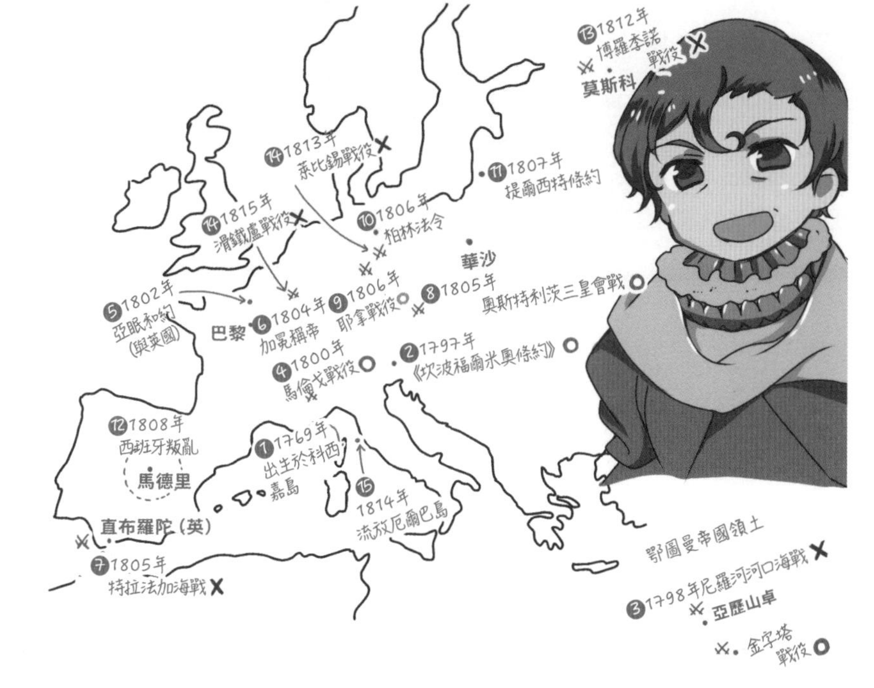

從拿破崙稱帝、共和制到世界大戰

拿破崙時代

拿破崙成為第一執政後，與羅馬教宗簽訂宗教協定，並與英國簽訂**亞眠和約**（結束英法間的戰爭），又頒布**拿破崙法典**，確立法律之下的平等及私有財產不可侵犯等原則，這成為近代民法的範本。他的政策鞏固了法國大革命的成果，社會重新歸於安定。

接著在一八〇四年，拿破崙透過國民投票即位為法蘭西皇帝，建立**法蘭西第一帝國**。雖然他在一八〇五年**特拉法加海戰**中再次敗給英國海軍中將**納爾遜**，但是在陸戰中連連獲勝。一八〇六年，拿破崙與德國西南部小邦組成**萊茵邦聯**，導致**神聖羅馬帝國解散**。同年，他發布**大陸政策**（柏林法令），試圖對英國經濟封鎖，並擴大法國在歐洲大陸上的影響。第二年，拿破崙攻破俄羅斯與普魯士，簽下令兩國倍感屈辱的**提爾西特條約**，**大幅擴張法國領土**。

然而，以**西班牙叛亂**和**遠征俄羅斯**的失敗為開端，拿破崙接著在**萊比錫戰役**戰敗，被流放到**厄爾巴島**。雖然他在一八一五年短暫回到巴黎重掌政權，卻在同年的**滑鐵盧戰役**中再次戰敗，被流放到南大西洋的孤島**聖赫勒那島**。

維也納體制下的法國

一八一四年**維也納會議**召開，目的是重建歐洲秩序。會議中承認波旁王朝在法國復辟，由路易十六的弟弟**路易十八**即位，建立波旁**復辟王朝**。雖然這場會議根據法國外交大臣**塔列朗**倡議的**正統主義**，得以恢復法國大革命前部分的主權和領土。隨著俄羅斯沙皇亞歷山大一世提倡的和平組織**神聖同盟**成立，法國加入**四國同盟**（形成**五國同盟**，旨在維護歐洲君主制）。

接著，繼位的**查理十世**企圖恢復專制，引發民眾不滿。為了將國民不滿轉移到國外，他在一八三〇年**出兵阿爾及利亞**，反而更加不得民心。同年，巴黎民眾發起**七月革命**，史稱「**光榮的三日**」。查理十世逃往英國，奧爾良家族的**路易－腓力**繼位，建立君主立憲制的**七月王朝**。不過，在新制度下，選舉權僅限於〇．六%的上層資產階級。當時，工業革命促使資本家和勞工階級崛起，社會矛盾加劇。

一八四八年，巴黎發生大型暴動（**二月革命**），路易－腓力逃亡英國。共和派（資本家）與社會主義者（勞工階級）結盟，建立**第二共和**臨時政府。

法國政體的演變

年	政體	事件
1589	波旁王朝君主專制	・法國大革命（1789） ・君主立憲
1792	第一共和	・國民公會 ・督政府 ・執政府
1804	第一帝國	・拿破崙一世
1814	波旁王朝復辟	・維也納會議 ・路易十八 ・查理十世
1830	七月王朝	・七月革命 ・路易・腓力
1848	第二共和	・二月革命 ・拉馬丁 ・路易・布朗
1852	第二帝國	・拿破侖三世 ・普法戰爭
1870	第三共和	・梯也爾

拿破崙三世與第二共和的時代

一八四八年**四月普選**中，社會主義派未能獲得占八成人口的農民支持，慘敗後**國立工廠**關閉，發動勞工的**六月起義**，隨後遭到鎮壓。同年十二月，路易．拿破崙在總統選舉中取得壓倒性勝利。他在**一八五一年發動政變**解散國民議會，次年經由國民投票復辟帝國，登基為**拿破崙三世**，建立**第二帝國**政權。他利用資產階級與勞工階級的勢力平衡，透過軍事武力執行獨裁統治。

在內政方面，拿破崙三世受聖西蒙主義的影響，積極推動社會政策和國家主導的工業化。他命令塞納縣長**奧斯曼改造巴黎市**，為**巴黎萬國博覽會**做準備。

在外交方面，拿破崙三世出兵**克里米亞戰爭**、第

小知識：拿破崙與約瑟芬婚後十四年無子，拿破崙以此為由與妻子離婚。離婚後，拿破崙頻繁地與新情婦交往，甚至引起繼室瑪麗・路易絲的嫉妒。

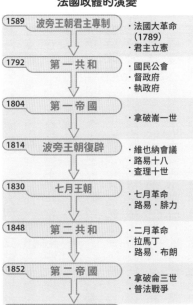

二次鴉片戰爭（英法聯軍）、**義大利獨立戰爭**以及**出兵印度支那**，軍事成果輝煌。然而，他**出兵墨西哥**失利，又在一八七〇年**普法戰爭**的色當會戰中戰敗，遭到普軍俘虜，第二帝國覆滅。

隨後，法國與普魯士簽訂休戰條約，經過總選舉建立**臨時政府**。然而，巴黎市民發起革命，建立自治政府**巴黎公社**，遭到鎮壓。之後，**梯也爾**就任總統，成立**第三共和**。一八七五年通過的憲法確立共和體制，法國進入對德復仇主義與小黨分立的時代。第三共和政府時期，軍界與天主教會的專制惡名昭彰，戰爭部長布朗熱發起政變，意圖顛覆政府但失敗（**布朗熱事件**），以及猶太裔軍人德雷福斯的間諜冤案（**德雷福斯事件**）等事件，震盪法國政治（德雷福斯事件更促成法國於一九〇五年制定**政教分離法**）。

世界大戰中法國的困境

十九世紀後期的帝國主義時代，法國積極擴張，入侵亞洲的中南半島，並在非洲（阿爾及利亞、突尼西亞）實施**橫向占領政策**，占領從西非撒哈拉地區到非洲東岸**吉布地**一帶的領土。另外，法國還參與瓜分中國與太平洋，取得華南地區、新喀里多尼亞及大溪地等殖民地。一九〇四年。英法簽訂**英法協約**，加強法國在摩洛哥的統治權，引發兩次**摩洛哥危機**（一九〇五年丹吉爾危機、一九一一年阿加迪爾危機）。這加劇法國與德國的對立，最終引發**第一次世界大戰**。

一九一四年，德軍侵略比利時，爆發第一次世界大戰。法國在**馬恩河戰役**和凡爾登要塞攻防戰中阻止德軍入侵，最終戰勝德國。在一九一九年**巴黎和會**上，法國首相**克里蒙梭**主張嚴懲德國，簽訂凡爾賽條約。德國無法履行巨額賠款，法國因此出兵占領德國的**魯爾工業區**。之後，雙方簽下**羅加諾公約**，短暫達成和解。

但是，**希特勒**掌握德國政權後，法國與英國採取綏靖政策，任由**納粹德國**擴張。進入**第二次世界大戰**，巴黎於一九四〇年被德國占領，法國北部成為德國領土，南部則由德國的傀儡政權**維琪政權**統治。法國軍人**戴高樂**逃亡倫敦，建立**自由法國政府**，與法國的地下組織聯合抗戰。一九四四年，盟軍**登陸諾曼第**並光復巴黎，由戴高樂成立臨時政府。

第四共和與第五共和

第二次世界大戰後，法國成立**第四共和**，為了避免獨裁，建立以國民議會（首相）為主的體制，總統則只是名義上的元首。但是，在印度支那戰爭和阿爾及利亞獨立戰爭中，第四共和暴露出其應變遲緩。因此，法國於一九五八年修訂憲法，**賦予總統更多權力，進而成立第五共和**。

戴高樂出任第五共和的第一任總統，以「光榮法國」為口號，採取獨立的外交姿態。一九六〇年宣布成為世界第四個核武國家，一九六二年，**承認阿爾及利亞獨立**。一九六四年，**法國承認當時未受美國承認的毛澤東的中華人民共和國政權**。一九六六年，法國脫離**北大西洋公約組織（NATO）**，貫徹法國第一主義。一九六八年，法國學生與勞工發動反戴高樂暴動（**五月風暴**），反而使戴高樂在後來的總統選舉中大勝。然而，他無法恢復民眾對政權的信任，於隔年辭職。他的後繼者堅守戴高樂主義，直到一九七三年才結束。

戴高樂時期的一九六七年，法國與西德、義大利、比利時、荷蘭、盧森堡等六國整合了五〇年代建立的三個國際組織，成立**歐洲共同體（EC）**。一九七三年起，以英國為首，北歐與南歐各國相繼加入，成員共達十二國。一九九三年，在法國**密特朗**總統與德國**柯爾**總理主持下，**歐洲聯盟（EU）**成立，截至二〇二四年，成員國已增至二十七國，不過組織正面臨財政赤字與難民等問題。

此外，由於法國國內相繼受到恐怖攻擊，導致民族主義政黨崛起，許多歧視伊斯蘭教徒的意見浮出水面。

歐洲聯盟（EU）成立歷史

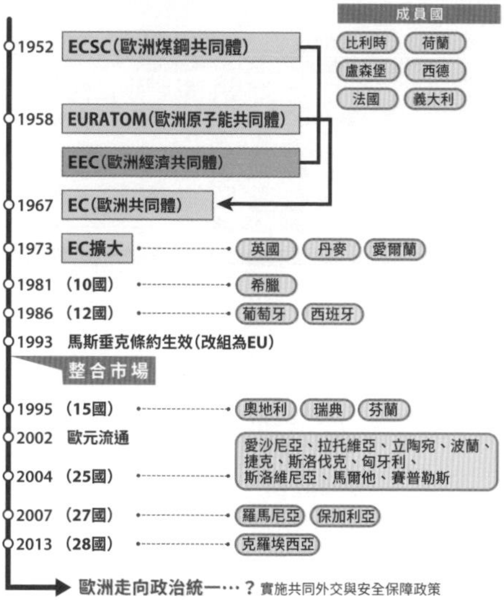

世界史聊天室

拿破崙 × 孫中山 沙賈汗

孫中山：拿破崙，你再婚的對象好年輕啊！

拿破崙：是啊！約瑟芬比我大六歲。但瑪麗・露易絲小我二十三歲……不過，說到年齡差距，你恐怕沒資格說別人吧！

孫中山：我與妻子的確相差了二十五歲。不過我們可是戀愛結婚，羨慕吧！

拿破崙：誰叫約瑟芬無法生育呢……我為了鞏固自己的權威，只好再娶了。畢竟哈布斯堡家是歐洲一等一的名門。不過，雖說是政治聯姻，但我也對瑪麗付出了真心！

孫中山：疼愛太太是很重要的。我懂你的心情。

沙賈汗：沒錯！慕塔芝的死讓我傷心欲絕，所以我才建了泰姬瑪哈陵……你們的心情我也懂！

孫中山：不不不，你這個寵妻魔人，我們望塵莫及……

朝鮮半島史

CHAPTER 02

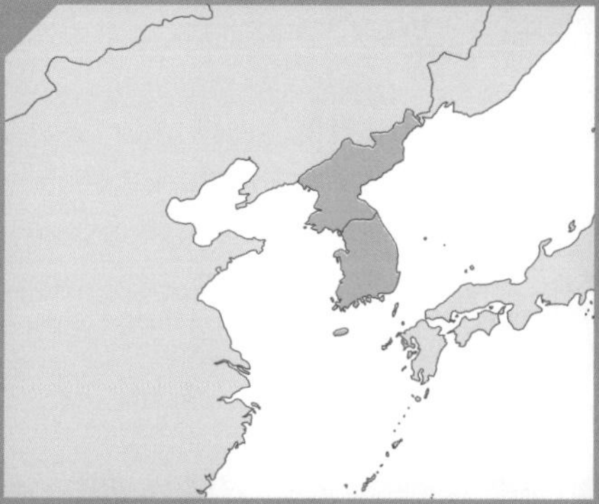

contents

朝鮮半島史大事紀

太宗
(1367~1422)

前2世紀	衛氏朝鮮建國
前108年	漢武帝（西漢）設置朝鮮四郡
約3世紀	朝鮮半島南部進入三韓時代（辰韓、馬韓、弁韓）
313年	高句麗滅樂浪郡，韓族滅帶方郡
6世紀	朝鮮三國時代開始（高句麗、新羅、百濟）
660年	百濟滅亡➡668年高句麗滅亡
676年	新羅統一朝鮮半島　定都慶州
918年	高麗王朝建國　定都開城
1392年	朝鮮王朝建國　定都漢城（現今首爾）
1446年	制定「訓民正音」
1592年・1597年	壬辰・丁酉倭亂（豐臣秀吉出兵朝鮮）
1863年	高宗（朝鮮王朝第26代國王）即位……父親大院君攝政

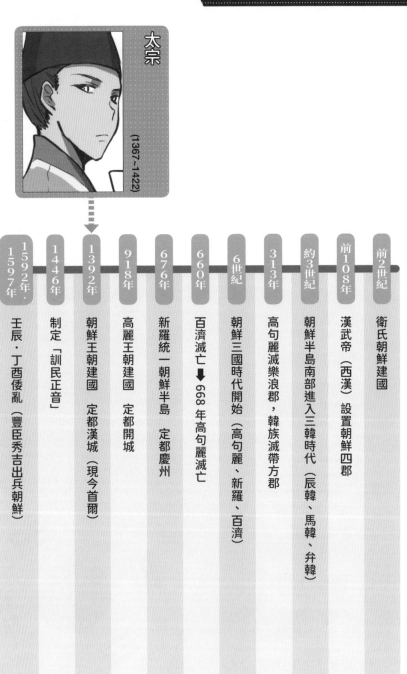

明成皇后
(1851~1895)

朴正熙
(1917~1979)

年份	事件
1875年	江華島事件……1876年：江華島條約（開放3港）
1882年	壬午軍亂　1884年：甲申政變
1894年	甲午農民戰爭（東學之亂）➡中日甲午戰爭
1895年	脫離清朝獨立（馬關條約）➡1897年：大韓帝國成立
1905年	成為日本的保護國（第2次日韓協約）
1910年	日韓合併➡設置朝鮮總督府
1919年	三一運動➡在上海建立大韓民國臨時政府
1948年	大韓民國、朝鮮民主主義人民共和國建國
1950年	韓戰爆發（➡1953年：朝鮮停戰協定）
1965年	簽訂《日韓基本條約》，日韓恢復邦交
1991年	南、北韓同時加入聯合國

高麗原為元朝的屬國，由於元朝滅亡、明朝建立，國內親元派與親明派展開爭鬥，內亂不斷。
太宗
高麗武將李成桂因討伐倭寇而一戰成名，他發動政變，廢高麗王，建立朝鮮王國。
李成桂（後來的朝鮮太祖）
多虧我的好兒子們，
我能建國，你們幫助甚多。
我想，也該把王位傳給孩子了。
父王……
太好了！
終於等到這一天了！
朝鮮建國，我芳遠的貢獻最大！兄弟之中，我最有資格當王！
沒錯，下一個國王一定是我！
王位嘛……
我想傳給老八芳碩。
震
……啊！？
驚
你要好好輔助芳碩，壯大這個國家。
竟然是老八芳碩？那傢伙有什麼資格……
於是，李成桂的兒子們開始爭奪王位（王子之亂）。

接著……
包圍王宮，用大軍壓制他們！
是！！
把我弟弟拖到我面前來！
冷笑…
好極了，這下子……
芳遠在爭奪戰中獲勝，即位為第三任國王，是為太宗。
首先，我要整備國法，強化軍備！
還要發行法定貨幣，穩定國家財政！
這樣一來，大家就會明白我才是最適合當王的人！
外交上，太宗徹底採取親明政策，接受明朝冊封，
永樂帝
並正式派遣朝鮮通信使前往日本進行交流。
足利義滿
接著，他的兒子世宗繼承王位，與父王太宗不同，世宗性格穩重，深受百姓愛戴。
國家就交給你了……
遵命，父王。
在世宗的治理下，朝鮮日益繁榮。
重視儒教
採用渾天儀觀測天體
創立「訓民正音」(後稱韓文)，讓更多庶民識字，提高了國民的知識水準。
發明世界最早的測雨器
世宗
朝鮮王朝持續了五百四十年，直到一九一〇年日本併吞韓國。

朝鮮半島 1

太宗

Taejong

人物介紹

李成桂第五子，本名李芳遠。雖然對朝鮮建國有功，但是並未被選為繼任者，因而與父親反目，發動政變逐步奪得第三代王位，是為太宗。他在位期間建立完備法制、強化王權、增加軍備等，又發行朝鮮最早的法定貨幣，重視儒教，廢除佛教。他最出名的功績是利用「銅版活字印刷術」印刷書本，但也曾暗殺、處死多名兄弟與功臣。

小故事

據說太宗非常容易記恨，猜疑心也很強。他長於謀略，逼迫兄長定宗讓位時，也施展了巧計。由於父親與他疏遠，他也利用計策廢除了父親的權力。

關係圖

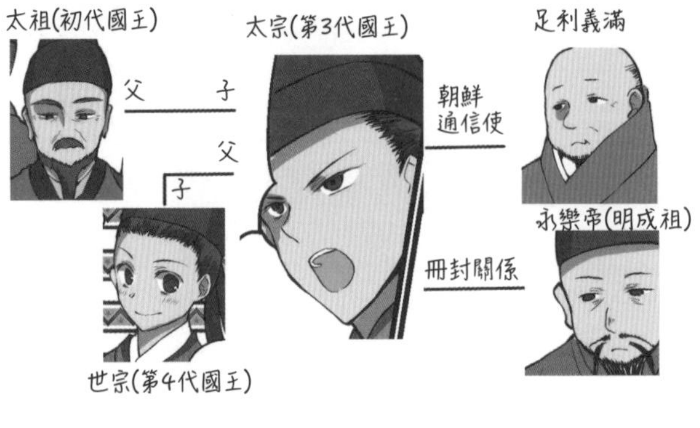

Profile

1367~1422／男性

朝鮮第三代國王

（在位：1400~1418）

漫畫中的歷史名詞

元朝滅亡與明朝建立

中國元末時，農民發起紅巾之亂，蒙古人建立的元朝被驅逐到蒙古高原，改為北元。另一方面，參加紅巾之亂而嶄露頭角的朱元璋，以江南為據點建立明朝。

李成桂（太祖）

由於擊退倭寇等戰功，支持元朝的高麗政府令他擔任討伐明軍的指揮官。但他卻投靠明朝取得權力，於一三九二年建立朝鮮王國。

朝鮮通信使

一三七五年，足利義滿派遣日本國王使與朝鮮交涉，朝鮮因此派遣通信使節前往日本。後來朝鮮與日本獲得明永樂帝冊封「朝鮮國王」及「日本國王」稱號，與明朝交流日漸繁盛。江戶時代曾赴日慶祝將軍接任。

訓民正音

一四四六年由世宗制定的朝鮮國字，以彌補朝鮮語中漢字無法表現的部分。二十世紀初稱之為「諺文」。不過，它是庶民使用的簡單文字，而知識分子還是繼續使用漢字。

日韓合併

經過三次日韓協約，一九一〇年大韓帝國完全成為日本的殖民地。之後，日本設置朝鮮總督府，統治「朝鮮」。

朝鮮統一王朝與宗主國中國王朝

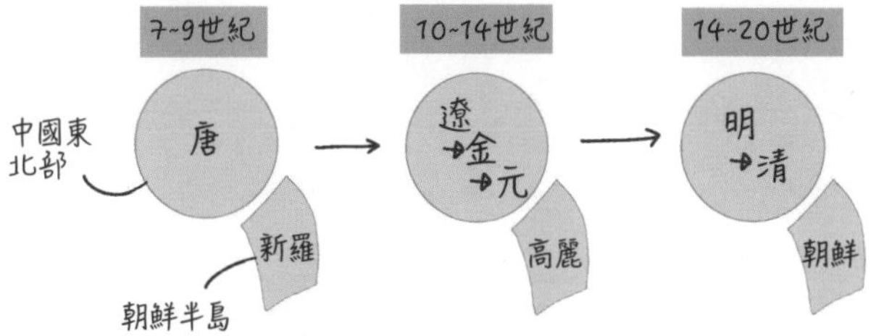

朝鮮3代國王的代表功績

從中國統治到朝鮮建國

古代朝鮮

根據《三國遺事》（高麗時代編撰的史書），朝鮮半島上最早出現的國家，是西元前二十四世紀建立的「檀君朝鮮」。但是中國正史對此則完全沒有記載，可信度不高，世界史中把它歸納為「神話」。

高麗時代，朝鮮屢屢遭契丹、女真及蒙古等異族入侵，因此，有學者懷疑「檀君神話」或許是為了團結民族、提升民族主義以抵抗外族而編造的。不過，位在朝鮮半島的韓國和北韓兩國，都堅定地相信它是史實。

約在西元前三世紀，在中國滅亡的殷商族人逃到朝鮮半島，建立**箕子朝鮮**。但是，這個國家依然被歸類為傳說的王朝。到了前二世紀時，中國正處於戰國時代，北方燕國人**衛滿**逃到朝鮮半島，滅箕子朝鮮，建立**衛氏朝鮮**。這個國家延續了近百年，直到西漢的**漢武帝**派軍將它消滅。

中國統治時期

漢武帝於前一〇八年消滅衛氏朝鮮後，開始直轄統治朝鮮半島，設置樂浪、真番、玄菟、臨屯四郡。其中，現在平壤所在的**樂浪郡**是四郡的中心。另外，中國《漢書・地理志》記載，三世紀初設置在樂浪郡南部的**帶方郡**，與**倭國**（現在的日本）曾有往來。

朝鮮四郡的位置

但是，當時統治朝鮮半島的**晉**朝發生內亂，於是**高句麗**趁亂消滅樂浪郡，韓族則消滅帶方郡，結束中國對朝鮮的統治。

朝鮮三國時代

三世紀時，韓族的**弁韓**、**馬韓**、**辰韓**（史稱「三韓」）在半島南部分立，受樂浪郡管轄（三韓時代）。四世紀中期，馬韓有**百濟**；辰韓則有**新羅**等國興起，半島南部的弁韓變成**加羅**諸國。五世紀時，日本以加羅為據點往來朝鮮半島。另一方面，**通古斯族系**的貊族建立**高句麗**，勢力漸大，三一三年滅樂浪郡，將首都從鴨綠江中游的丸都城移到平壤，向半島南部的各國施壓。高句麗、百濟、新羅三國在朝鮮半島上對抗的時代，稱為「朝鮮三國時代」。

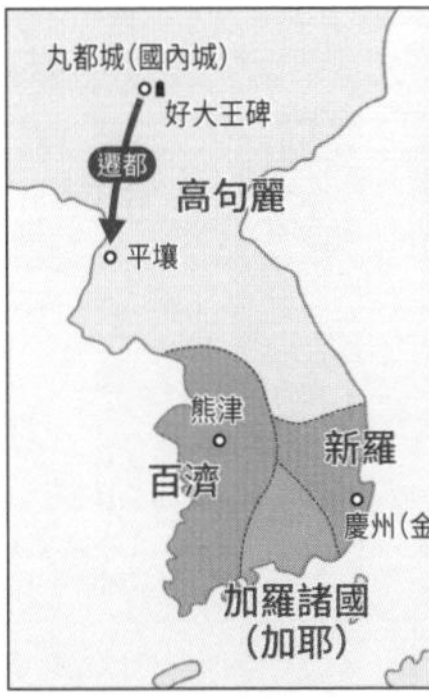

朝鮮三國時代

高句麗在**好大王**時代進入全盛期，二度擊退從半島南部北上的倭軍（日本），**好大王碑**上刻有此事件的紀錄。此外，高句麗也曾在六世紀末到七世紀初，成功擊退隋**煬帝**的三度遠征和**唐太宗**的遠征。

新羅

五六二年新羅征服加羅，並與唐朝第三代皇帝**唐高宗**聯手，企圖統一半島。新羅首先於六〇〇年滅西南部的百濟，隨後在**白江口之戰**（六六三年），與救援百濟遺民的日本交戰並大勝。後在六六八年與唐軍左右夾擊，成功消滅高句麗。之後，唐朝於平壤設**安東都護府**，意圖擴大對朝鮮半島的掌控。然而新羅攻下安東都護府，迫使唐朝勢力退出半島，於六七六年統一朝鮮半島。

新羅後來定都**慶州**（金城），採取名為**骨品制**的傳統階級制度。另外，新羅統一朝鮮後，與唐朝維持良好關係，引進唐朝制度，

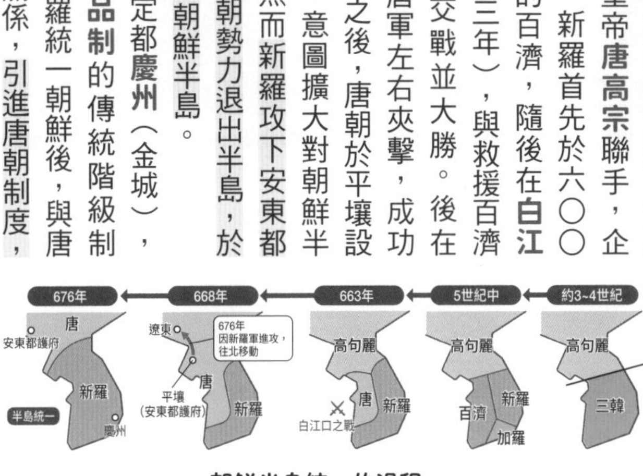

朝鮮半島統一的過程

立佛教為國教。此時興建的**佛國寺**和**石窟庵**都位在現在的慶州，是著名的世界遺產。

高麗

九〇七年唐朝滅亡後，唐朝的冊封國新羅也開始衰敗。九一八年，新羅的武將**王建**定都**開城**（於現在南北韓三十八度線附近，在北韓境內），建立**高麗王**朝。並於九三五年滅新羅，隔年統一半島。

當時高麗受到契丹、女真等北方民族進犯，崔氏建立武臣政權，將首都從開城遷到**江華島**。一二五九年，高麗被蒙古軍征服，成為元朝屬國。高麗發動**三別抄之亂**（一二七〇～七三年）對抗元朝**忽必烈**但遭到鎮壓，日本稱為**元寇**的蒙古軍又將朝鮮作為攻日的基地，經常搜刮船隻和糧食，令朝鮮人民不堪其擾。

另一方面，朝鮮受中國影響開始實施**科舉**，建立文武官僚制度，稱為**兩班制**。這個制度也為後續王朝所沿用。

在文化方面，朝鮮立佛教為國教，並於江華島運用木版印刷術印製**高麗版《大藏經》**。此外，也利用世界最古老的**金屬活字版**印刷術印製書籍，窯業也很興盛，受宋朝陶瓷技術影響，發展出著名的**高麗青瓷**。

	新羅(676~935)	高麗(918~1392)	朝鮮王朝(1392~1910)
建國	建國者：文武王 首都：慶州（金城） 676年：擊退唐朝 （安東都護府）	建國者：王建 首都：開城 滅新羅(935)、後百濟(936)， 統一朝鮮半島	建國者：李成桂 首都：漢城 14C半：在親明派x親元派中， 因討伐倭寇威名大振
歷史	唐朝的冊封國	服從金朝(1126)、元朝(1259)	16C：壬辰、丁酉倭亂 17C：臣服清朝(1637)
政治	骨品制	兩班、採用科舉制、三別抄	兩班、以朱子學為官學、 科田法、《朝鮮經國典》
文化	佛國寺、石窟庵	高麗版《大藏經》（木版印刷） 《三國史記》（金富軾） 高麗青瓷、金屬活字版	銅版活字（太宗時代） 訓民正音（世宗時代） 朝鮮白瓷

統一朝鮮的王朝比較表

朝鮮王朝建國

十四世紀，中國元朝滅亡，**明朝**興起。高麗國內分裂成親元派與親明派，政爭不已。當時，率兵平定倭寇之亂而聲名大振的高麗武將**李成桂**，在一三九二年發動政變奪得政權，建立**朝鮮王朝**（李氏朝鮮），定都**漢城**（現今首爾），是為朝鮮太祖。

太祖仿效明朝，將朱子學立為官學，並且整頓科舉制度，另外又制定**科田法**，作為針對官吏的土地分配制度。第三代君王**太宗**時期，開始利用**銅版活字**印刷，設立鑄字所。一四四六年第四代**世宗**時期，制定獨創的韓語音標文字**訓民正音**（二十世紀初起稱為諺文）。訓民正音使看不懂漢字的平民識字率提高。但是，知識分子認為訓民正音是平民用的文字，依然繼續使用漢字。

後來，世宗遠征日本對馬，討伐倭寇，建立李氏朝鮮時期最大的統治版圖。到了第七代**世祖**時，發布《**經國大典**》，從太祖時期開始建立的朝鮮法律制度，到此終告完成。此時的朝鮮，不論在政治或社會層面，都進入最穩定的時代。

朝鮮王朝的陰影

十五世紀末，新興兩班與舊兩班之間的政爭白熱化，政治動盪不安。再加上十六世紀末豐臣秀吉二度**出兵朝鮮**（**壬辰、丁酉倭亂**），朝鮮國力大幅衰退。

此外，在抗日戰爭中，武將李舜臣率領水軍（**龜甲船**）擊退日本，成為朝鮮民族的英雄人物。現在，韓國南部釜山的太宗台公園中，就豎立著**李舜臣**面朝日本的銅像。

至於朝鮮王朝與日本之間的關係，由於明成祖授予兩國「朝鮮國王」與「日本國王」（日本室町幕府）的稱號，兩國交流日盛。除了秀吉出兵朝鮮的時期之外，朝鮮都曾派出通信使前往日本。在江戶時代，每次將軍更替時，朝鮮都會派遣**朝鮮通信使**前往日本。對馬島至今仍吸引許多韓國觀光客到訪，正是由於過去對馬的**宗氏**一族負責擔任日本與朝鮮的仲介這個歷史背景。

小知識 **壬辰、丁酉倭亂**：日本稱為1592年交祿之役及1597年慶長之役。

明成皇后
中國歷史上出現過不少把持權力、掃除政敵，甚至合理化自身行為的「惡女」們。
呂后
武則天
韋后
慈禧太后
然而，這類女性並非中國獨有。
朝鮮王朝末年 明成皇后
高宗無心政治，沉溺於酒色之中，看來……
我的阻礙就只剩公公大院君了。
大院君提倡攘夷，拒絕開放國門，真是個老頑固。
未來的朝鮮不需要這種人。而且，只要那老頭在，我兒子就無法繼位為王。
一八八二年　王午軍亂
政變失敗了，如我所料……
拉攏日本雖然有用，但他們的要求實在太多了，真麻煩……
還是放棄日本，改投靠清國，借助他們的力量吧。
皇后那個傢伙！我們出手幫她，
現在她卻投靠清朝！
靠你們了！
在皇后獨裁的統治下，朝鮮是沒有未來的。
親日派代表 金玉均
一八八四年　甲申政變
親洋務派
接近
明成皇后
建立事大黨
VS
金玉均
建立獨立黨
日本(阻止明成皇后獨裁、企圖干預朝鮮政治)

皇后把國家賣給清國，只顧自己好大喜功，把國家搞得亂七八糟！
不把她趕走，朝鮮就無法邁向現代化！
快向清國求援，打垮這群開化派！
金玉均發動政變失敗，後來遭到暗殺。
啊哈哈哈哈
抵抗外國人！
打倒皇后！現代化搞得國家一塌糊塗，都是她害的！
一八九四年　甲午農民戰爭
農民造反？只要向清國求助就行了。日本雖然不會任人宰割，但讓他們與清國對立也好……
然而，這一切卻成為了甲午戰爭的導火線，明成皇后的陰謀反而促成日本戰勝清朝。
沒想到日本居然贏了……
朝鮮雖然勉強維持獨立，但日本的勢力難以對付。
清國已經不行了，可我也絕不能對日本言聽計從……
對了，去投靠俄羅斯吧！呵呵呵……
無論如何，可不能把國家交給別人。
明成皇后持續在幕後掌控政權，實施獨裁統治。
啊—哈哈哈哈
一八九五年
明成皇后遭暗殺
她揮霍國庫，收受賄賂，人事和政策皆由個人喜好決定。國家因此陷入嚴重混亂……

明成皇后

Queen Min

Profile
1851~1895／女性
朝鮮王朝第26代國王高宗之妻

人物介紹

朝鮮王朝末期君王高宗（李太王）之妻。與日本聯手對付並放逐公公大院君，並在壬午軍亂中唆使中國逮捕大院君。後來，來自日本的壓力漸增，於是明成皇后轉而向中國靠攏，鎮壓與日本勾結、意圖政變的開化派，暗殺首謀者金玉均，並且將其遺體分屍。接著，在甲午農民戰爭（東學黨起義）中允許中國、日本插手，一面與叛軍和解，導致後來的甲午戰爭。之後，她架空丈夫的王權，在幕後操縱國政，恣意揮霍。

小故事

據說明成皇后渴望權力、嫉妒心強，儘管掌握國政，卻無視國民的生活。每每視當下狀況需要，與不同國家合作，在外國眼中，她已全無信用。話雖如此，她是個思慮清晰的女性，擅長暗中耍手段和預測未來。

不過，她並非出生於溫暖家庭，丈夫婚後寵幸其他妃子，並且欲立寵妃之子為王儲。明成皇后為自保趕緊產下兒子，也就是繼高宗之後即位的純宗（末代國王），也許是因為生活太過寂寞了。

關係圖

漫畫中的歷史名詞

大院君

大院君是朝鮮高宗的爸爸，高宗登基後，大院君攝政並推動鎖國政策，但權力被高宗的妻子明成皇后家族奪走。大院君隨後發動壬午軍亂，企圖肅清閔家勢力，卻因清軍干涉而失敗。

事大黨、獨立黨

事大黨是與清朝聯合的保守派勢力，由閔氏主導。獨立黨則是與日本聯合的開化派勢力，推動朝鮮脫離清朝獨立和現代化。

甲申政變

由開化派發起的政變，意圖打倒閔氏事大黨政權和改革國政。開化派接受日本支援，一度掌握朝鮮政權，但清軍攻入將之剿滅。領導者金玉均和朴泳孝逃亡日本，之後，金玉均在上海遭暗殺身亡。

甲午戰爭

清軍接受鎮壓甲午農民戰爭（東學黨之亂）的要求出兵朝鮮，與日軍衝突擴大導致的戰爭。最後日軍獲勝，簽訂馬關條約，朝鮮脫離中國獨立，日本國際地位提升，間接促成日俄戰爭。

19世紀後期的兩次朝鮮內亂

1863年　高宗即位……攝政:大院君(高宗之父)
※從大院君時代開始推動鎖國&攘夷政策

1873年　明成皇后家族掌握政權
→大院君失勢

1875年　江華島事件(76年江華島條約)
↓
與日本簽訂不平等條約

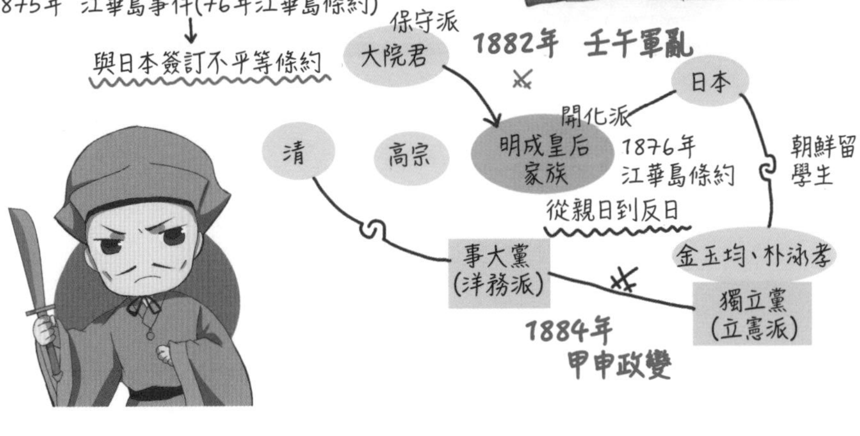

朝鮮衰弱到日本殖民時代

朝鮮王朝衰弱

朝鮮王朝末期的一八一一年，在沒落的兩班主使下，發生**洪景來之亂**，進入政局動盪的時代。此外，自十九世紀中期之後，攘夷派的**大院君**開始對兒子**高宗**攝政，掌握政權，並提倡小中華思想，對抗歐美和日本等列強的侵略。他採取鎖國政策、重建被豐臣秀吉軍隊破壞的光化門，並鼓動反日情緒、堅持排外的態度。但是，一八七三年開化派的**明成皇后**（高宗之妻）一族發動政變，奪走政權。一八七五年，日本挑起**江華島事件**，朝鮮屈服於日本，隔年簽訂**江華島條約**。依據該條約開放仁川、釜山、元山三港。

江華島條約開放的港口和首都

兩次內亂

大院君一度失勢，便發動反日軍事政變圖謀捲土重來，但是功敗垂成（一八八二年**壬午軍亂**）。接著，與憎恨日本並支持清朝的閔氏政權所建立的**事大黨**，與

兩次內亂的過程

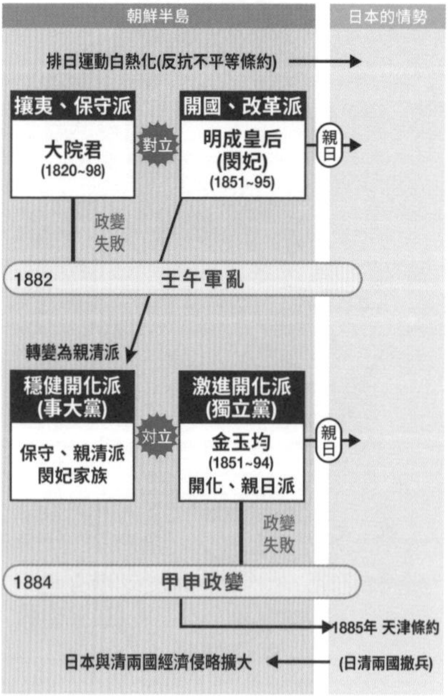

曾留學日本的朝鮮學生所建立的**獨立黨**，兩黨發生政爭，最後由事大黨獲勝，而領導獨立黨的**金玉均**逃亡日本（一八八四年**甲申政變**）。一八八五年，日清兩國簽訂**天津條約**，牽制彼此對朝鮮王朝的干預。

甲午戰爭與馬關條約

朝鮮開國和兩次內亂之後，外國文化快速流入。此時**崔濟愚**創立**東學黨**，有意保護以儒教為中心的傳統國粹。雖然他後來被判處死刑，但是卻促使朝鮮半島西南部全羅道（改革派較多的地區）農民，在東學的影響下於一八九四年起義，主張**逐洋斥倭**（排斥外國人）。這場**東學黨之亂**引起日清兩國干預，最後發展為中日甲午戰爭。

甲午戰爭最後由日本戰勝，中日雙方於一八九五年簽訂的**馬關條約**，清朝承認朝鮮獨立，並放棄朝鮮的宗主權。

不久，反日的明成皇后被暗殺，其夫高宗投靠俄羅斯，並於一八九七年將國名從朝鮮王朝改為**大韓帝國**，在俄羅斯的支援下，實行內政改革。

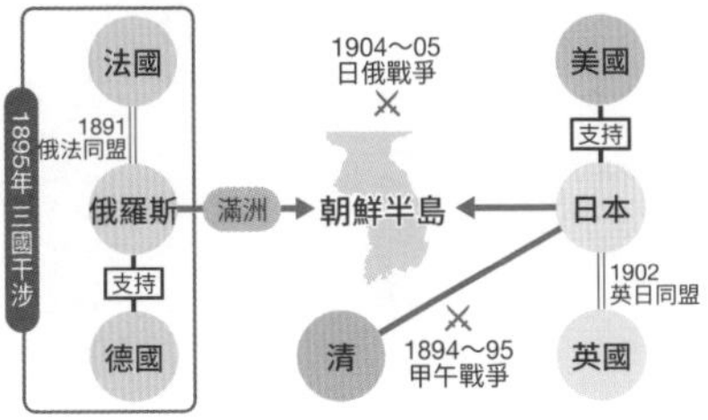

甲午與日俄戰爭的國際關係圖

三次日韓協約～日韓合併

俄羅斯與日本的對立浮上檯面，爆發**日俄戰爭**，一九〇四年日本與大韓帝國簽訂**第一次日韓協約**，協定韓國須雇用日本政治顧問。第二年，日本在日俄戰爭獲勝後，在**朴資茅斯條約**中獲得韓國的統治權，又簽訂**第二次日韓協約（乙巳保護條約）**，將韓國納為保護國，進而奪取外交權，並設置統監一職，由**伊藤博文**就任首任統監，加速韓國的殖民地化。一九〇七年**第三次日韓協約**中，日本甚至奪取韓國內政權，並解散朝鮮軍。大韓帝國皇帝高宗被迫退位，其子登基成為末代皇帝**純宗**。

從此時起，各地的反日起義運動越趨激烈，一九〇九年名留青史的**安重根**在哈爾濱車站暗殺伊藤博文。日本藉此於一九一〇年實行**日韓合併**，大韓帝國滅亡。日本在韓國首都漢城的王宮內設置**朝鮮總督府**，實施「**武斷政治**」。

日本的殖民地時代

受到俄羅斯革命的影響，以及在第一次世界大戰後巴黎和會的「民族自決」宣言的背景下，韓國人在首爾宣布獨立宣言，引發朝鮮半島各地高喊「朝鮮獨立萬歲」的示威運動。這便是著名的**三一運動**。儘管日本大規模的武力鎮壓，但運動依然持續。

朝鮮總督府見此狀況，改變統治政策，以「文化政治」（對新聞、雜誌放寬管制的懷柔政策）取代過去的「武斷政治」（以武力壓制）。

另外，獨立運動之後，**大韓民國臨時政府**在上海成立，首任總統是後來的大韓民國第一任總統**李承晚**。朝鮮獨立運動儘管力量微小，卻一直持續到太平洋戰爭結束。

但是，一九三七年中日戰爭開始後，朝鮮半島也進入戰爭狀態，日本改變殖民政策為**皇民化政策**，以「內鮮一體」及「皇國臣民」為主軸，透過高掛日本國旗、參拜神社、創姓改名等，企圖消除朝鮮人的民族性。一九三九年後，又發生**強制徵用朝鮮人**及**慰安婦制度**等事件，至今仍受國際社會討論。

世界史聊天室

伊莉莎白一世　凱薩琳二世　×　明成皇后

你的國民似乎相當討厭妳呢？

我確實無法成為像妳一樣的領導者，但是我犧牲自己，為我的孩子建立國家。這不就是為人母的意義嗎？

我從沒想過為了孩子改變國家。因為我把自己嫁給國家了。

我也同意伊莉莎白女王的話。要兼顧母親與領導者的角色，肯定非常困難吧！

（凱薩琳二世因為兒子保羅一世太過無能，便對孫子亞歷山大一世實施英才教育）

小知識　**強制徵用朝鮮人**:1939到1945年間，據說約有72萬名朝鮮人被強迫送往日本工作。

補充

歷史上的人物②

安重根

（1879~1910年）

大韓帝國時代的朝鮮獨立運動家。在朝鮮北部加入義軍，為抵抗日本而奮鬥。受日本軍壓迫，便以俄羅斯沿海州為據點繼續抵抗。一九〇九年，於哈爾濱車站內暗殺前韓國統監伊藤博文，當場遭到俄羅斯憲兵逮捕，後被引渡到日本的關東都督府處死。日本也藉伊藤被暗殺為由，以壓制朝鮮抗日運動的名義，實行日韓合併。

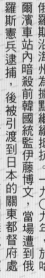

二〇一三年，朴槿惠就任第十八任韓國總統，是韓國史上第一位女總統。
不過，她卻因世越號沉沒事件與崔順實干政事件而遭到罷免。
朴槿惠的母親在她二十二歲時遭到暗殺，她因此開始代替母親履行第一夫人的職務。
朴正熙
回顧過去，一九五〇年韓戰爆發，五三年簽訂休戰協定，
一九六〇年，首任總統李承晚因選舉舞弊，引發四一九革命。
國會空轉，韓國社會陷入混亂。
一九六一年，軍方趁勢發動政變，成立軍事政權，
朴槿惠的父親朴正熙被選為總統。
朴正熙出身日治時期的貧農家庭，曾在滿洲國陸軍官校與日本陸軍士官學校受訓。
韓戰之後，他晉升為陸軍准將。
朴正熙採取總統制，卻實施獨裁的政策。
越戰時，他支援美國參戰。
此外……
我想跟日本簽訂和平條約。
總統，您是認真的嗎？
我們被日本侵略，淪為殖民地，大家都還記憶猶新……
考慮到國民的感受，絕不能這麼做！

如果放不下與日本的恩怨，國家就無法成長。
而且這也是美國強烈的要求，難以拒絕。
各位國民，他們的確抹殺了我們的獨立、屠殺了我們的父兄。
日本雖然是昨日的仇敵，但為了今天與明天，
與他們合作才是福國利民的明智選擇啊！
於是在一九六五年，韓國與日本簽訂《日韓基本條約》。
朴正熙是美國的走狗！
獨裁者！
絕不與日本建交！
但是，多虧了朴總統，國家經濟才能迅速復甦……
生活也改善了……
他雖然獨裁，但仍是個好總統。
就算他們罵我是走狗……我也要讓國家復興起來！
在美日經濟援助下，韓國達成了快速的經濟成長。
創造「漢江奇蹟」，奠定了現代韓國的發展基礎。
但另一方面，朴正熙鎮壓民主化運動，實行嚴酷的軍事獨裁，激起國內權力鬥爭。
一九七九年，他遭到心腹暗殺而身亡。
二〇一八年民調中，朴正熙在歷任韓國總統好感度排名第二，僅次於文在寅。
曾飽受爭議的朴正熙前總統，如今重新獲得正面評價。

朝鮮半島 3

朴正熙

Park Chung-hee

Profile

1917~1979／男性

大韓民國總統

（在位：1963~1979）

人物介紹

一九六三年當選總統，作風獨裁，但是接受外國經濟支援，重振國家經濟，算是「開發獨裁」（為求政治穩定，行使獨裁政治）的代表人物。

他就任後，與美國、日本深化關係，並在一九六五年派兵支援越南戰爭，簽訂日韓基本條約，以免除賠償換取日本經濟支援，雙方達成和解，這個作為卻與國內的民族主義者產生對立。不過，在美、日兩國的經濟援助下，國家快速達成高度經濟成長，首爾復甦、脫離赤貧，被稱為「漢江奇蹟」。另一方面，他也因為鎮壓民主運動，例如民主化運動家金大中的綁架事件等而遭到指責。一九七九年遭親信暗殺。

小故事

一九六五年日韓基本條約的內容中，朴正熙提到「一再受制於和日本的恩怨，國家就無法成長……」，可見他自己沒有太多「反日」思想，其實心裡傾向「親日」，而「反日」只是在國民面前的表演。

為了謀求政治穩定，朴正熙曾違反人權，鎮壓民主運動，不過他私底下的性格就像個軍人，且清廉正直，言出必行。在歷任韓國總統中，民眾對他的好感度僅次於文在寅總統。

關係圖

漫畫中的歷史名詞

世越號沉沒事故

二〇一四年韓國南方濟州島外海發生的大型客船沉沒事故，船上有三百多名參加校外旅行的學生罹難。韓國政府在這起意外發生後，因反應緩慢與不誠實而受到討論。

崔順實干政事件

朴槿惠向密友崔順實洩漏政府機密，並且收受韓國大型企業賄賂的政治醜聞，台灣媒體又稱之為閨密門事件。

越南戰爭

社會主義政權與資本主義政權之間發生的內戰，導致越南分成南北兩半。一九六五年起，美軍介入，使得戰亂擴及到整個中南半島。一九七五年北越壓制南越，隔年越南統一，越南社會主義共和國建立。

日韓基本條約

一九六五年，日本佐藤榮作內閣與朴正熙政權所簽署的恢復邦交條約，決定一九一〇年的日韓合併條約失效，以及日本無償向韓國經濟援助。

鎮壓民主運動

一九七三年，逃亡到日本的民主運動家金大中遭綁架事件。此後，學生主導的民主運動也遭鎮壓。朴正熙被暗殺後，發生名為光州事件的民主抗爭運動。

韓國歷代總統

李承晚 (第1~3任)1948~60
1950~53 韓戰
1960~ 4.19學生革命

尹潽善 (第4任)1960~62
1961 5.16軍事政變

朴正熙 (第5~9任)1963~79
1965 日韓基本條約
→「漢江奇蹟」
1972 十月維新
(來自總統特別宣言)

崔圭夏 (第10任)1979~80
1979 雙十二政變
1980 光州事件

全斗煥 (第11~12任)1980~88
1984 初次訪日
1987 大韓航空空難事件

盧泰愚 (第13任)1988~93
1988 漢城奧運
1991 南北韓同時加入聯合國

金泳三 (第14任)1993~98
1997 亞洲金融危機

金大中 (第15任)1998~2003
陽光政策…諾貝爾和平獎
2000 南北韓雙邊會談(與金正日)

盧武鉉 (第16任)2003~08
2003 派遣韓國軍隊前往伊拉克

李明博 (第17任)2008~13
前首爾市長、前現代建設社長及會長
2012 登陸獨島(日本稱為竹島)

朴槿惠 (第18任)2013~16
2016 崔順實干政→彈劾→罷免

文在寅 (第19任)2017~2022
2018 南北韓高峰會(與金正恩)
(*第20任：尹錫悅 2022~)

文官總統　文官·保守派
軍人總統　文官·革新派

朝鮮半島南北分裂與現代發展

日本戰敗與美蘇占領朝鮮半島

一九四三年，美、英、中三國簽署**開羅宣言**，宣布作戰至日本無條件投降，而針對之後的領土問題，決定讓朝鮮獨立。因此，韓國開始籌組建國準備委員會，討論新朝鮮的國家建設。但是一九四五年二月，美蘇進行**雅爾達密約**，協定戰後由美蘇分割占領朝鮮半島。

於是，日本戰敗後，建國準備委員會解散，美國與蘇聯以**北緯三十八度線**為界，分別占領半島南部和北部。一九四八年，**大韓民國**（**韓國**）於南部建立，**李承晚**成為首任總統；**朝鮮民主主義人民共和國**（**北韓**）於北部建立，**金日成**成為首任總理。

韓戰

一九五〇年，北韓侵略韓國，**韓戰**開打。最初，北韓兵力大幅領先韓國，長驅直入至南韓境內，將韓國軍隊和支援的美軍驅趕到半島南部釜山等地。但是沒過多久，聯合國安全保障理事會決定派出聯合國軍支援美軍，由十六國組成的多國聯軍一舉登陸仁川，光復韓國首都漢城，而被壓制的韓、美部隊也開始北進。

轉眼間戰況翻轉，聯合國軍攻陷北韓首都平壤，打算渡過中國邊境的

韓戰的過程

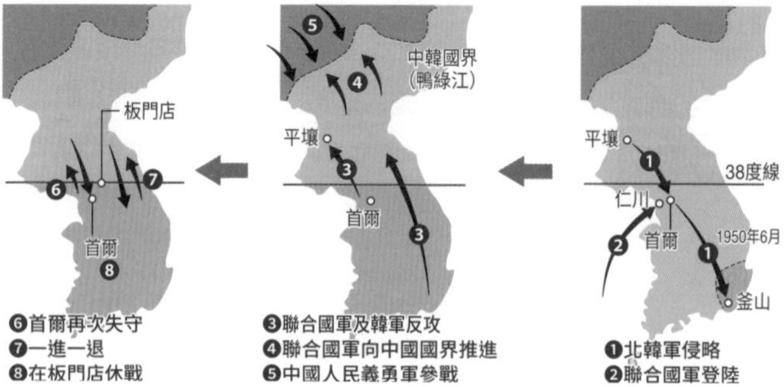

鴨綠江（中華人民共和國境內）時，**毛澤東**領導的中華人民共和國（中國）派出一百萬名規模的人民義勇軍反擊。原因是聯合國最高司令官麥克阿瑟有意趁此戰爭，收復中國全境改為資本主義國，而毛澤東為抵抗美軍對中國的侵略，於是出兵馳援。

最後，兩軍以北緯三十八度線相隔，戰況陷入膠著，麥克阿瑟為在中國投下原子彈的要求與杜魯門總統對立，遭到解職。一九五一年，停戰談判在開城展開，期間經歷兩年以上的挫敗，終於在一九五三年再次於板門店召開談判，簽訂朝**鮮停戰協定**。

軍事獨裁時代

一九六〇年，李承晚因選舉舞弊等原因辭職，由尹潽善接任總統。第二年，韓國軍方發動和平政變，軍人**朴正熙**掌握實權，於一九六三年登上總統之位。他一方面建立軍事獨裁政權，同時也謀求改善與美日的關係。一九六五年，日韓簽訂**日韓基本條約**，決定為太平洋戰爭進行各方面的善後處理，並得到美國的軍事援助及日本的經濟援助，實現高度經濟成長。由於首爾曾在韓戰中兩次失守，又從幾近廢墟中復興，因而被譽為**漢江奇蹟**。

但是，韓國政府依然維持軍事獨裁，極力鎮壓民主運動，因此發生一九七三年**金大中綁架事件**等案件。一九七九年，朴總統被親信暗殺，學生趁機於全國發起民主運動，但再次遭到軍方鎮壓（一九八〇年**光州事件**）。繼任的**全斗煥**、**盧泰愚**總統也延續軍事獨裁路線，不過，政府在冷戰走向終結的潮流中，發布民主化宣言。一九九〇年和一九九二年，韓國分別與蘇聯、中國恢復邦交，一九九一年與北韓同時加入聯合國。

韓國民主化與陽光政策

一九九三年**金泳三**就任總統，成為韓國睽違三十二年的文人領袖。一九九七年的總統選舉中，在野黨實現韓國史上第一次政權輪替，由民主化象徵的**金大中**當選。他提出「**陽光政策**」，呼籲與北韓對話（後來獲得諾貝爾和平獎），並於二〇〇〇年實現第一次**南北韓雙邊會談**。繼任的**盧武鉉**總統也延續這個政策。不過，南北會談的進展造成韓國對日外交上採取較強硬的姿態，日韓關係暫時冷卻。

小知識　由於駐守日本的美軍被派遣加入韓戰，為了防止動亂，美軍要求日本於1950年設置警察預備隊，後經改組為**保安隊**，並於一九五四年擴增為包含海、陸、空部隊的自衛隊。

現在的韓國與歷任總統的末路

但是，金大中家族和盧武鉉受賄問題發展成刑事案件，最後因盧武鉉總統自殺而劃下句點，保守派的自由韓國黨在相隔十年後重拾政權，先後由前現代企業社長**李明博**及朴正熙之女**朴槿惠**就任總統，但是，兩人再度因為賄賂問題遭到判刑，辭職下台。二〇一七年，追隨金大中作風的**文在寅**當選總統，努力重啟與北韓的對話。

朝鮮民主主義人民共和國的歷史

曾在中國東北地區率領人民革命軍並領導抗日戰爭的**金日成**，在民眾擁戴下，模仿蘇聯的史達林建立起個人崇拜式的獨裁政權。在**千里馬運動**（以高度經濟成長為目標）與**主體思想**（政治、經濟、國防的獨立、鎖國政策）的基礎下，金日成於一九七二年當選**國家主席**，與中國維持密切關係，長期把持獨裁權力。

進入一九七〇年代，一再侵襲北韓的自然災害引發饑荒，經濟援助的需求大增，再加上冷戰走向終結，北韓政府因而漸漸調整路線，謀求與韓國協商。

然而，金日成於一九九四年過世，他的兒子**金正日**繼任後，利用蘆洞、大浦洞等彈道飛彈擴展外交，並中途退出**六方會談**。

到了二〇一一年，金正日過世，他的第三子**金正恩**就任最高領導人，北韓由於開發核彈而與美國產生衝突，又受國際經濟制裁造成國內經濟惡化，於是北韓開始利用平昌冬季奧運的機會與韓國接觸，並召開睽違已久的南北領袖會談（在板門店舉行），以及首次美朝領袖會談（在新加坡舉行）等，摸索新的外交方針。

韓國歷任總統

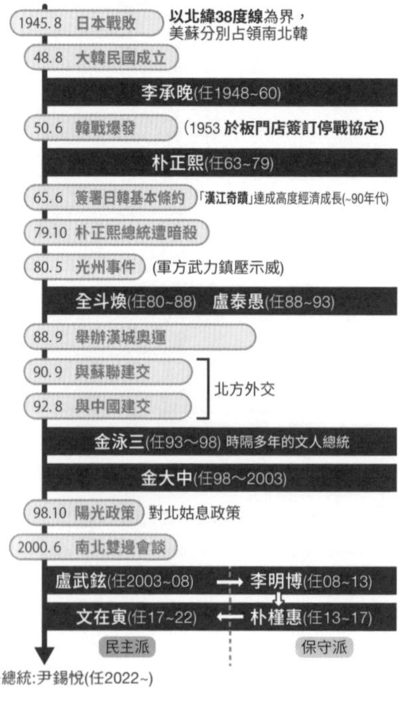

南韓現任總統:尹錫悅(任2022~)

CHAPTER 03

俄羅斯史

contents

俄羅斯史大事紀

伊凡三世 (1440~1505)

凱薩琳二世 (1729~1796)

- 862年　諾夫哥羅德建國⬇882年：基輔公國建國
- 13世紀　蒙古軍進犯⬇欽察汗國統治俄羅斯地區
- 1480年　伊凡三世莫斯科大公國脫離蒙古統治獨立
- 1613年　俄羅斯帝國（羅曼諾夫王朝）建立 by 米哈伊爾·羅曼諾夫
- 1700年　北方戰爭（～1721年）✕瑞典 by 彼得大帝
- 1772年　瓜分波蘭 by 凱薩琳二世
- 1812年　擊退遠征俄羅斯的拿破崙 by 亞歷山大一世
- 1853年　克里米亞戰爭（～1856年：巴黎和約）by 尼古拉1世
- 1861年　發布農奴解放令 by 亞歷山大二世
- 1891年　西伯利亞鐵路動工⬆法俄同盟的影響

列寧 (1870~1924)

年份	事件
1904年	日俄戰爭（~1905年）中戰敗
1905年	第一次俄羅斯革命……「血腥星期日事件」
1914年	坦能堡戰役敗給德軍……第一次世界大戰期間
1917年	俄羅斯二月革命⬇俄羅斯十月革命⬇蘇維埃政權成立
1922年	建立蘇維埃社會主義共和國聯邦
1924年	列寧死亡⬇1927年起：史達林獨裁
1956年	第一書記赫魯雪夫「批判史達林」
1979年	侵略阿富汗（~1989年）by總書記布里茲涅夫
1991年	蘇聯解體⬇成立獨立國家國協（CIS）
2000年	普丁就任總統（~2008年、2012年~現在）

俄羅斯的始祖是來自瑞典一帶的諾曼人，稱為羅斯族。他們向南擴張，並建立諾夫哥羅德公國。
隨著領土擴大，羅斯族與當地的東斯拉夫人逐漸融合，形成了後來的俄羅斯民族。
伊凡三世
然而，十三世紀蒙古人入侵俄羅斯，建立欽察汗國，
史稱「韃靼枷鎖」。
帶領俄羅斯擺脫蒙古統治、實現獨立建國的，
便是莫斯科大公伊凡三世。
嗯……又要納貢，
真是一如既往地貪婪。
大公，你最好不要對抗我們欽察汗國。
那麼，我先告辭……
且慢。
請恕我拒絕朝貢。
請使者大人慢走。
什麼……你知道自己在做什麼嗎？
這可是與我們為敵！
回去告訴你們的王，
俄羅斯不會再向你們屈服了。

您說那種話沒問題嗎？
嗯？
俄羅斯真的會平安無事嗎？
妳也希望如此吧？
畢竟羅馬教宗命妳與我結婚，是想利用俄羅斯。
怎麼會？可是我……
別在意。多虧妳，我學到很多拜占庭的知識，
也才能做出這個決定。
索菲亞，我要成為羅馬帝國的繼承者。
妳是東羅馬帝國末代皇帝的姪女，
這不是名正言順嗎？
從今起，俄羅斯將向羅馬邁進！
您一定辦得到的。
一四八〇年，欽察汗國的阿合馬汗揮師北上，在烏格拉河地區與俄羅斯對峙。
但是，蒙古軍一見到伊凡三世大軍，就迅速撤退。
「韃靼枷鎖」自此結束，
俄羅斯繼承羅馬帝國的皇位，成為拜占庭帝國實質上的後繼者。

俄羅斯 1

伊凡三世

Ivan III

Profile

1440~1505／男性

莫斯科大公

（在位：1462~1505）

人物介紹

十三世紀，蒙古人侵略並統治俄羅斯，直到莫斯科大公伊凡三世時代，他開始力圖脫離蒙古的統治。一四八〇年，伊凡三世拒絕進貢，成功擊敗入侵的蒙古人，俄羅斯終於從蒙古統治中解脫（脫離「韃靼枷鎖」）。伊凡三世的妻子索菲亞是東羅馬帝國末代皇帝的姪女，所以他以羅馬帝國的繼承者自居，自稱「沙皇」，經常表示「莫斯科是第三羅馬」（「第二羅馬」是東羅馬帝國的首都君士坦丁堡），不過他其實只是統一俄羅斯的國王。

小故事

其實，索菲亞才是伊凡三世成功的關鍵人物。索菲亞曾遭到鄂圖曼帝國追趕並流亡到羅馬，在羅馬教宗的建議下與伊凡成婚。她將西歐的先進思想引入觀念保守的俄羅斯，對伊凡三世成為賢君起了關鍵作用。伊凡三世個性積極而機智，也是羅馬教宗看中他的原因。

關係圖

漫畫中的歷史名詞

諾夫哥羅德

由傳說中的北歐維京人首領留里克，率領羅斯族在八六二年建立，後來，留里克的繼任者奧列格帶領隊伍南下聶伯河，建立基輔公國，這些國家就是俄羅斯的起源。

沙皇

俄羅斯皇帝的稱號，源自凱撒大帝的「皇帝」稱號。雖然伊凡三世首先自稱「沙皇」，但是從伊凡四世時代起，這個稱號才成為正式的皇帝頭銜。

欽察汗國

由成吉思汗的孫子拔都遠征歐洲，於一二四三年在俄羅斯地區所建立。歐洲人稱蒙古人為韃靼，所以蒙古的統治又稱為「韃靼枷鎖」。

索菲亞

東羅馬帝國末代皇帝君士坦丁十一世的姪女。一四五三年，鄂圖曼帝國攻下東羅馬帝國首都君士坦丁堡，索菲亞流亡羅馬。

伊凡三世、四世時代的國際局勢

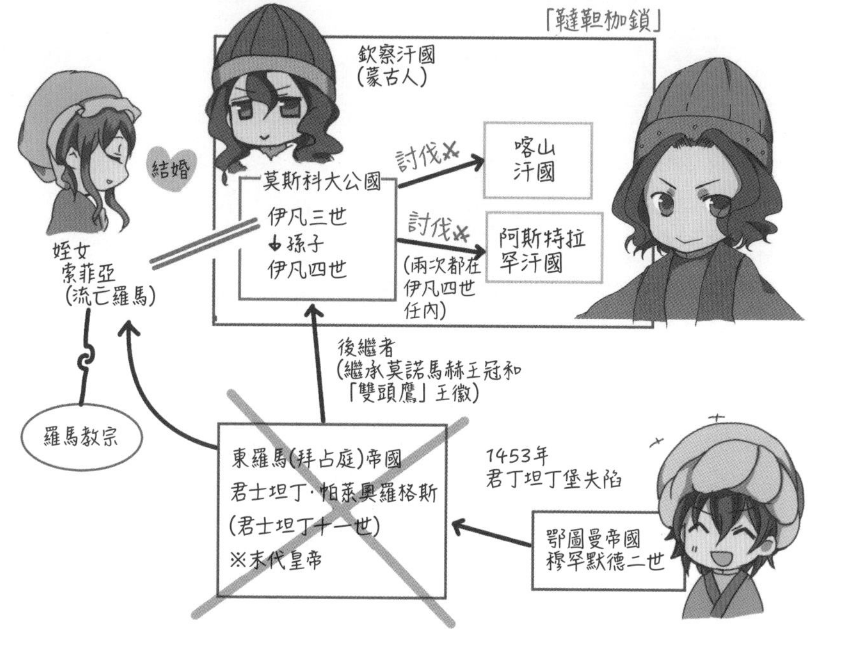

俄羅斯統治體制的演變

斯拉夫人定居

斯拉夫人分布圖

斯拉夫人最早定居於南俄羅斯到黑海北岸地區。這片土地曾被以交易維生的游牧民族**斯基泰人**占據，後來遭到**亞洲的匈人**、**阿瓦爾人**及**印歐語系**的**日耳曼人**及**斯拉夫人**接連入侵。斯拉夫人原本是日耳曼人的奴隸，但是在四世紀時，隨著日耳曼民族遷移和匈人國家瓦解而獨立。

這些斯拉夫人，又分為構成波蘭、捷克的**西斯拉夫人**；遷移到巴爾幹半島定居的**南斯拉夫人**；以及構成烏克蘭、白俄羅斯、俄羅斯的**東斯拉夫人**。

諾曼人入侵與諾夫哥羅德建國

九世紀，**諾曼人**之中的**羅斯族**從瑞典王國穿越波羅的海，來到東斯拉夫人居住地。他們跟隨首領**留里克**的率領南下，建立**諾夫哥羅德國**，並控制了與東羅馬帝國之間，連結波羅的海與黑海北岸的南北貿易路線。最終，羅斯族逐漸與東斯拉夫人同化，後來這個族群成為**俄羅斯人**的祖先（語源為「**羅斯**」）。

基輔公國的興起與滅亡

基輔公國在九世紀末，由南下聶伯河的諾夫哥羅德人所建立。基輔大公**弗拉基米爾一世**與東羅馬皇帝的妹妹安娜聯姻，接納**東正教**和**拜占庭文化**，又以聶伯河作為南北貿易路線，這些文化因此透過基輔公國傳播到俄羅斯。

但是，十三世紀時，基輔公國被**拔都**率領的蒙古軍攻陷，成為定都窩瓦河畔的**欽察汗國**領土（稱為「**韃靼枷鎖**」）。後來，欽察汗國逐漸伊斯蘭化，但依然維持與東羅馬帝國的貿易。

莫斯科大公國崛起

莫斯科大公國在十三世紀時蒙古人的統治下建國，到了十四世紀前期，東正教的中心從基輔遷到莫斯科，莫斯科大公國的地位因此大幅提升。

十五世紀中葉，**伊凡三世**登基為莫斯科大公，併吞周圍各公國，意圖統一俄羅斯。伊凡三世與東羅馬末代皇帝的姪女索菲亞結婚，並於一四八〇年脫離蒙古統治（解除「**韃靼枷鎖**」），更在東羅馬被鄂圖曼帝國攻陷後，宣布自己為東羅馬皇帝繼承者，以「沙皇」自稱，繼承帝國的徽章「雙頭鷹」。

他的孫子**伊凡四世**在十六世紀前期即位，從一五四七年起正式使用「沙皇」稱號，同時鎮壓過去勢力強大的地主貴族們，企圖達成中央集權。這種恐怖統治令民眾恐懼，他因而有了「**雷帝**」的外號。另一方面，頓河哥薩克的首領**葉爾馬克**征服**西伯利亞汗國**（「西伯利亞」的語源），將南西伯利亞獻給伊凡四世，標誌著俄羅斯向東擴張版圖。

14~16 世紀的俄羅斯

小知識　伊凡四世指使祕密警察「特轄軍」逮捕並處死與沙皇對立的貴族，又屠殺三萬多名諾夫哥羅德城的市民，最後甚至親手殺了自己的兒子，實為恐怖的皇帝。

凱薩琳二世
凱薩琳二世是一名道地的德國人，並非俄羅斯出身。
她因與俄羅斯皇太子彼得三世訂婚而來到俄國，成為皇太子妃。
丈夫彼得三世登基為俄羅斯皇帝後，卻在七年戰爭勝利在望之際，
與普魯士簽訂和約。
彼得三世雖身為俄羅斯皇帝，卻一心崇拜先進的普魯士。
俄羅斯的傳統顏色是綠色，他卻偏愛代表普魯士的藍色……
甚至從普魯士聘請軍事顧問……
這樣下去，俄羅斯岌岌可危！
我得想辦法改變現狀才行！
雖然我來自德國，
但我比誰都熱愛俄羅斯！
真正的賣國賊是依附普魯士的彼得三世！
於是，凱薩琳二世成功發動政變，推翻彼得三世，登基成為俄羅斯女皇。
終於走到這一步了……不過，

歐洲各國在君主專制的領導下，產業與文化快速發展，
庶民階級在啟蒙思想下崛起。
相比之下，俄羅斯仍是邊陲的二流國家……
照這種現況，我們無法與歐洲匹敵！
編纂《訓令》
整頓法律
改革農奴制度
俄羅斯領地
普魯士領地
奧地利領地
瓜分波蘭
76
在美國獨立戰爭協助美國
艾米塔吉博物館（&冬宮）
凱薩琳二世積極推動俄羅斯的現代化，被譽為「啟蒙專制君主」。
派遣萊克斯曼出使日本
俄土戰爭
然而，凱薩琳二世因與多位情夫往來過密而被批評「公私不分」，逐漸失去國民的信任。
啊……女皇，我愛妳！
我也是……
晚年，因普加喬夫起義與法國大革命的威脅，凱薩琳二世不得不回歸專制統治。
即便如此，她仍被譽為「大帝」，是俄羅斯歷史上少數獲此稱號的皇帝之一。

凱薩琳二世

Ekaterina II

Profile
1729~1796／女性
俄羅斯皇帝
（在位：1762~1796）

人物介紹

凱薩琳二世的夫君彼得三世皇帝無能治國，甚至崇拜敵國普魯士的腓特烈二世國王，而出生於普魯士的凱薩琳二世則是努力愛上俄羅斯、全心學習俄語，因此受到人民愛戴。她主使軍方發動政變，即位為女皇。凱薩琳二世受風行歐洲的啟蒙思想影響，又被稱為「開明專制君主」。她以彼得大帝為楷模，努力改善農奴制、推動近代化，並且向西瓜分波蘭，在東邊則是遣返遭遇船難的日本人，同時派遣使節到鎖國中的日本。至於南邊，她併吞克里米亞汗國，從鄂圖曼帝國中手奪取黑海的制海權，成功實現俄羅斯期望已久的南下政策。

小故事

凱薩琳二世並非傾國傾城的女子，所以年輕時的肖像畫極少。不過，她對美容和新知充滿好奇心，心高氣傲、風格出眾，是努力型的女性典型。雖然不受丈夫青睞，但是她的情夫無數，因而子女成群，而子女的父親身分似乎也難以推測……一方面，她的聰明過人無可置疑，不論在戰爭、外交或內政上都有條不紊，對朝臣甚至重要人物的想法，都掌控得恰到好處。另一方面，她的情夫一再更換，可知她對愛情十分渴求。

關係圖

漫畫中的歷史名詞

七年戰爭

一七五六年～六三年，奧地利女王瑪麗亞．特蕾莎向普魯士國王腓特烈二世發動的戰爭，目的為奪回奧地利繼承戰爭中普魯士占據的西里西亞。俄羅斯向奧地利倒戈，普魯士因此面臨困境，不得不死守西里西亞。

冬宮

位於聖彼得堡的宮殿，是沙皇的住處。南側的宮殿廣場在一九〇五年發生「血腥星期日」事件，是第一次俄國革命的開端。現在，冬宮的一部分變成「艾米塔吉博物館」。

開明專制君主

十八世紀啟蒙運動的影響下，西歐開始近代化，而「開明專制君主」就是指受啟蒙運動影響，由上至下推動果斷改革的君主，但是本質上仍厲行絕對王權並排除異己，例如普魯士的腓特烈二世與奧地利的約瑟夫二世。

普加喬夫起義

一七七三～七五年，由哥薩克出身的普加喬夫領導的農民起義。他宣揚解放農奴，但是最終遭到鎮壓，農奴制反而進一步強化。

彼得大帝與凱薩琳二世的功績比較

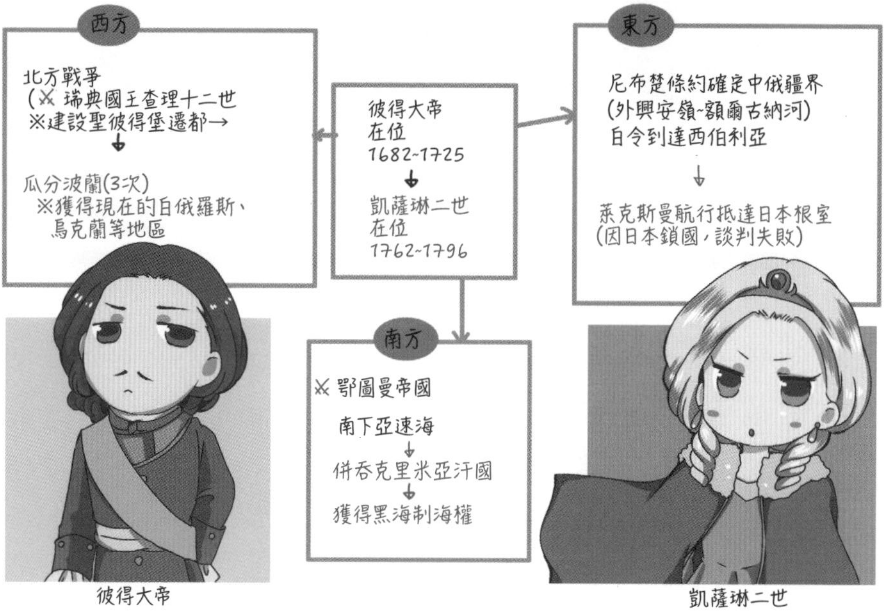

羅曼諾夫王朝的發展與凱薩琳女皇的時代

羅曼諾夫王朝的開始

伊凡四世過世後，俄羅斯發生繼承者爭奪戰，內亂延續長達三十年。一六一三年，**米哈伊爾・羅曼諾夫**平定內亂，受全國會議推選為沙皇，標誌著羅曼諾夫王朝的開始。此後，沙皇的位子由羅曼諾夫家世襲。

十七世紀末，頓河哥薩克首領**斯捷潘・拉辛**率領農民反抗農奴制，但是迅速遭到鎮壓。農奴制衍生的社會問題，一直持續到十九世紀末。

彼得大帝時代

彼得大帝在繼承者戰爭中勝利，從一六八九年開始親政。對於東方國家，他在一六八九年與中國清朝第四代皇帝**康熙帝**簽署**尼布楚條約**，確定俄國以額爾古納河和外興安嶺連成的邊界作為中俄的國界。接著，他又派遣丹麥探險家白令進行探險，發現連結美洲大陸的**白令海峽**，開啟了往來阿拉斯加的門戶。

在南方，彼得大帝向鄂圖曼帝國進攻，成功攻下黑海北岸的亞速海地區。但是，俄羅斯在這場戰役中陷入苦戰，讓彼得大帝深切體會西歐工業和軍事發展近代化的重要性。不久，他便派遣優秀的技師到英國及荷蘭學習造船等技術，自己也前往兩國訪問。

對於俄國西方，彼得大帝向當時掌握波羅的海制海權的瑞典宣戰，這場戰爭始於一七〇〇年，史稱**北方戰爭**。最後瑞典國王**查理十二世**戰死，而彼得大帝從瑞典手上奪取波羅的海制海權，成功壟斷北方貿易。此外，他以奪得的土地建設**聖彼得堡**，以自己名字命名。一七一二年，他將首都從莫斯科遷到聖彼得堡，此地又稱為「西歐之窗」。

凱薩琳二世時代

彼得大帝過世後，俄羅斯經歷近四十年的內亂。彼得大帝的女兒伊莉莎白女皇去世，**彼得三世**即位，他崇拜普魯士，因此立刻在原本由俄羅斯占優勢的**七年戰爭**中向普魯士求和。

這個事件導致凱薩琳皇后得到貴族的支持，並發動政變軟禁彼得三世，自立為**凱薩琳二世**女皇。她模仿彼得大帝的政策，進一步推動俄羅斯的現代化。由於她與法國的啟蒙思想家**伏爾泰**與**狄特羅**有書信來往，受到啟蒙思想的大量影響，成為**開明專制君主**之一。

對於俄羅斯東方的國家，因船難而漂流到俄羅斯的日本商人大黑屋光太夫引薦，凱薩琳二世派遣使節**萊克斯曼**前往根室，但是他與幕府的談判在鎖國期間以失敗告終。

至於南方，凱薩琳二世進攻鄂圖曼帝國（**俄土戰爭**的開端），併吞鄂圖曼帝國統治的**克里米亞汗國**，獲得黑海的制海權。

在西方，她干預波蘭國王選舉，支持自己的情夫即位，與普魯士、奧地利進行三次**瓜分波蘭**，使從地圖上消失。波蘭愛國軍人**柯斯丘什科**帶兵抵抗瓜分，最終受到鎮壓。

內政方面，一七七三年，農奴**普加喬夫起義**持續了三年，叛亂越演越烈，王室甚至必須離開首都聖彼得堡避難，不過起義最終勉強受到鎮壓。凱薩琳女皇晚年時見法國國王**路易十六**在法

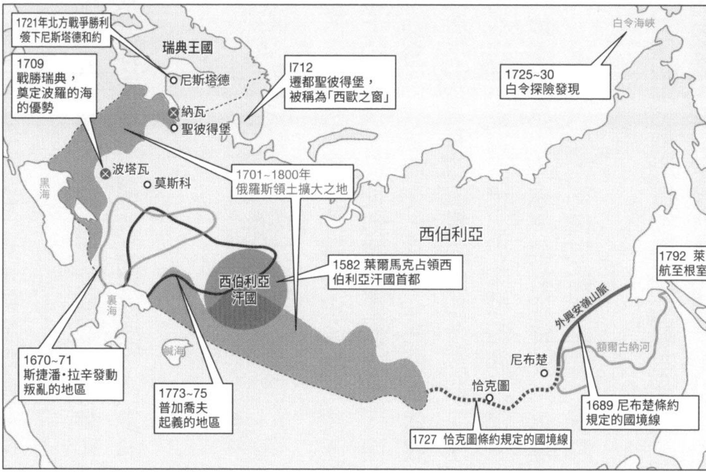

17～18世紀 俄羅斯的擴張

國大革命後被處死，擔心受到革命波及，因此轉而走回保守路線，強化農奴制。

另外，她在首都聖彼得堡建設冬宮，並且以附設建築的形式建設「隱士蘆（**艾米塔吉宮**）」，方便她學習啟蒙思想等學問，這便是現在艾米塔吉博物館的前身。

十九世紀俄羅斯的南下政策

俄羅斯帝國的領土本來只有北部臨海地區，到了冬天，幾乎所有的港口都凍結而無法使用。因此，對俄國來說，獲得**不凍港**是首要目標。這也是彼得大帝時代取得亞速海，以及凱薩琳二世時代奪取黑海制海權的原因。

俄國皇帝**亞歷山大一世**擊退**拿破崙**以「**解放戰爭**」之名對俄國的侵略，接著又在一八二一年的**希臘獨立戰爭**中支援希臘，取得對希臘的影響力，企圖南下愛琴海。

但亞歷山大一世遽然過世，他的弟弟**尼古拉一世**即位，介入**埃及-土耳其戰爭**，虎視眈眈地想獨占連結黑海與愛琴海的博斯普魯斯海峽軍艦航行權，但是被英國阻止。於是，俄國在一八五三年，以聖地管理權問題為藉口向鄂圖曼帝國宣戰，引發**克里米亞戰爭**。然而，拿破崙三世率領法軍前來馳援鄂圖曼帝國，大破俄軍，沙皇尼古拉一世死於戰爭，由**亞歷山大二世**即位。一八五六年，俄羅斯帝國簽訂**巴黎和約**，失去黑海制海權等權力，導致俄羅斯南下政策的進展大幅後退。

農奴廢除令與民粹派運動

沙皇亞歷山大二世在克里米亞戰爭中慘敗，認識到俄羅斯在工業上的落後，促使他推動工業改革。而發展工業需要勞動力，於是他在一八六一年發布**農奴廢除令**。這個政策遭到握有政治權力的地主反對，所以農奴雖然獲得法律上的自由，但土地並非無償分配，農民必須向地主貸款，透過「**村社**組織」（俄語稱為米爾）購買土地。因此，創造自由的勞動力實際上相當花時間。

都市的**知識分子**對農奴制度改革不力感到失望，於是展開**民粹派運動**，試圖啟發農民從底層進行改革。然而由於農民的冷淡反應以及政府的鎮壓，最後運動以失敗告終，部分激進分子轉向暴力行動，最終導致一八八一年，亞歷山大二世遭恐怖份子暗殺。

聖斯泰法諾條約與柏林會議

一八七七年，鄂圖曼帝國的巴爾幹半島發生斯拉夫民族叛亂，俄羅斯介入後引發**俄土戰爭**，最終取得勝利。雙方簽訂**聖斯泰法諾條約**，使塞爾維亞、蒙特內哥羅、羅馬尼亞正式獨立，保加利亞成為俄羅斯的保護國並獲得自治權，俄羅斯在巴爾幹地區的影響力大增，暫時掌控了通往愛琴海的出海口（＝實現部分南下政策）。

但是，英國（欲確保通往印度的地中海航線）與奧地利（**泛日耳曼主義**）反對。德意志帝國宰相俾斯麥為維持歐洲勢力均衡以及孤立法國，於是居中調停，舉行**柏林會議**，並簽訂**柏林條約**，廢止保加利亞成為俄羅斯保護國的條款，賽普勒斯島割讓給英國，波士尼亞及赫塞哥維納的行政權割讓給奧地利。俄羅斯的南下行動再度受挫。

帝國主義時代的俄羅斯

在亞歷山大二世的時期，東西伯利亞總督**穆拉維約夫－阿穆爾斯基**透過兩個條約擴展俄羅斯的領土。一八五八年的**瑷琿條約**讓俄羅斯從清朝獲得黑龍江以北的土地，而一八六〇年的**北京條約**更讓俄羅斯取得烏蘇里河以東地區（沿海省），並於烏蘇里河口建設**海參崴**，作為出入遠東的據點。

到了亞歷山大三世時期，俄羅斯與法國在一八九一年締結**法俄同盟**，使俄羅斯獲得法國的經濟支援。同年，俄羅斯以海參崴為起點修建**西伯利亞鐵路**，加強對遠東地區的控制。隨後，在**馬關條約**中，日本從清朝取得遼東半島。俄國不滿日本擴張，與德

小知識　泛日耳曼主義：主張統一歐洲各地的日耳曼民族（德國人）。與之對立的是泛斯拉夫主義，主張促進巴爾幹半島斯拉夫裔民族的獨立與統一。

國、法國聯手發起**三國干涉還遼**，迫使日本歸還遼東半島。一八九八年，俄羅斯又向清朝租借遼東半島南部的旅順、大連，獲得鋪設東清鐵路的權利，作為西伯利亞鐵路的支線。這起事件加劇日本與俄羅斯的對立，導致一九〇二年**英日組成同盟**，一九〇四年**日俄戰爭**爆發。

在中亞地區，俄羅斯併吞烏茲別克的三個汗國，更嘗試擴展至阿富汗及伊拉克，與英國在南亞的利益產生衝突。到了十九世紀末，德國建設巴格達鐵路，意圖踏足南亞。於是，英俄於一九〇七年達成**英俄協約**，將伊朗分成南北兩半，由英俄分別管理，阻止德國南向擴張。

另外，有「歐洲火藥庫」之稱的巴爾幹半島上，奧地利推動的**泛日耳曼主義**，與俄羅斯支持的**泛斯拉夫主義**激烈對抗。奧地利併吞波士尼亞及赫塞哥維納時，俄羅斯支持的塞爾維亞強烈反對，導致一九一四年的**塞拉耶佛事件**，成為第一次世界大戰的導火線。

凱薩琳二世以後的皇帝年表

- 1762~1796 凱薩琳二世
- 1796~1801 保羅一世
- 1801~1825 亞歷山大一世
- 1825~1855 尼古拉一世
- 1855~1881 亞歷山大二世
- 1881~1894 亞歷山大三世
- 1894~1917 尼古拉二世

19~20世紀的俄羅斯皇帝大事紀

亞歷山大一世 在位：1801 ~ 1825	尼古拉一世 在位：1825 ~ 1855	亞歷山大二世 在位：1855 ~ 1881	亞歷山大三世 在位：1881 ~ 1894	尼古拉二世 在位：1894 ~ 1917
1812 拿破崙戰爭（遠征俄羅斯） 1814 維也納會議 1815 俄羅斯皇帝，兼任波蘭國王 1815 提倡神聖同盟	1825 十二月黨人起義 1830 波蘭十一月起義（~31）→鎮壓 1833 洪基爾－斯凱萊西條約 承認只有俄國軍艦可通過博斯普魯斯海峽、達達尼爾兩海峽 1841 倫敦海峽公約 兩海峽保持中立、阻止俄羅斯南下 1853 克里米亞戰爭	1856 巴黎和約 1861 農奴廢除令 1863 波蘭一月起義 70~80年代 民粹派運動 1877 俄土（俄羅斯－土耳其）戰爭（~78） 1878 聖斯泰法諾條約 1878 柏林會議 俄羅斯南下政策的挫敗 1881 亞歷山大二世被暗殺	1891 法俄（經濟）同盟 1891 西伯利亞鐵路開工→進軍遠東	1898 租借旅順、大連 1904 日俄戰爭 1905 第一次俄羅斯革命

世界史聊天室

凱薩琳二世 × 伊莎貝拉一世

雖說是政治婚姻，可是妳的男人運也太差了……妳老公真差勁。

對呀！不過，妳老公個性強勢又擅長謀劃，跟他談起戀愛也很可怕吧！

沒錯……如果我們換個身分，不必政治聯姻，也許可以更自由地談戀愛。

是啊！當時的我們想都沒想過，女人也有自由戀愛的一天呢！

補充

歷史上的人物③

佛羅倫絲・南丁格爾（1820~1910年）

英國的護士、統計學家與護理教育的先驅。她出生於富裕的鄉紳家庭。幼時接受語言、經濟學等各類教育，旅行途中，她目睹農民貧困的生活，從此決心從事服務人類的工作。她不顧家人的反對，立志成為護士，並在倫敦的醫院就職。

一八五四年，克里米亞戰爭爆發時，她率領修女和護士前往當地醫院照護傷患，因此被稱為「克里米亞的天使」。

列寧
一九一七年，俄羅斯陷入極度混亂。三年前第一次世界大戰爆發，俄羅斯軍遭德軍攻破，
尼古拉二世
貧困引發工人階級起義，士兵也加入叛亂，迫使沙皇尼古拉二世退位，這就是「俄羅斯二月革命」。
革命後，臨時政府成立，但實力薄弱。
為了提高俄羅斯的國際地位，我們必須繼續與德國戰鬥！
流亡瑞士的列寧打算祕密乘坐「密封列車」回國……
我得快點回到俄羅斯才行……
臨時政府沒辦法團結人民的！
不要支持臨時政府！把所有權力交給蘇維埃！
立刻從一戰中撤軍，安定民眾生活才是最重要的！
四月提綱
各位勞工，我們只有一條道路，
那就是讓布爾什維克領導的無產階級革命成功！
十月，響應列寧號召的民眾衝進冬宮，臨時政府垮台，史稱「俄羅斯十月革命」。
臨時政府不可原諒！
打倒臨時政府！
我們窮到受不了！

各位蘇維埃同志！
我們已經掌握國家權力！飢餓的人民有麵包吃了！
哦哦哦！列寧萬歲！
蘇維埃萬歲！
從地下活動到奪得政權真是太刺激了，我頭都暈了！
列寧先生……
隨後，蘇維埃新政府成立，由委員長列寧、外交委員托洛斯基及人民委員會委員史達林領導。
托洛斯基
史達林
他們迅速實施多項政策：立即停戰、土地國有化、建立社會主義的基礎，並在對外戰爭中取得勝利。
然而，為鞏固社會主義，列寧政府利用恐怖分子和祕密警察「契卡」掃蕩異議者，
這也引發反對派反彈……
……！！
叛徒！
你建立的社會主義是錯的！
列寧雖倖免於暗殺，但隨後因中風而病倒，健康每況愈下，於一九二四年辭世。
他的遺體經防腐處理後，安放在莫斯科的列寧紀念堂，至今仍宛如當年般栩栩如生。

俄羅斯 3

列寧

Vladimir Lenin

Profile
1870~1924／男性
俄羅斯政治家

人物介紹

俄羅斯二月革命迫使沙皇尼古拉二世退位，結束了從一六一三年起延續三百年的羅曼諾夫王朝。然而，新成立的臨時政府被資產階級把持，工人及士兵組成的蘇維埃組織意見並不受重視。這時，列寧從流亡地搭乘德國安排的「密封列車」回國，主張立即停戰，並領導農工階級發起十月革命，推翻臨時政府，建立布爾什維克政權。他隨後發表「和平法令」要求俄國退出第一次世界大戰（布列斯特－立陶夫斯克條約），又發布「土地法令」推動土地國有化，奠定社會主義的基礎。不過外國勢力與地主強烈反對，演變成對蘇干涉戰爭。一九二二年，俄羅斯、烏克蘭、白俄羅斯、外高加索結成聯邦，組成「蘇維埃社會主義共和國聯邦」（簡稱蘇聯）。

小故事

列寧的父親是科學家與教育家，熱衷於教育改革，列寧也深受影響。列寧雖然是中產階級出身，但是他的家人堅決反對貧富差距和種族歧視等不公平的行為，經常幫助受到歧視的人。在這樣的環境下，他萌生出對社會不公的反感，逐漸形成反政府思想。列寧的哥哥參與暗殺亞歷山大三世未遂，被處以絞刑，牽連姊姊也遭到放逐，鞏固了他的革命立場。

列寧聰慧過人，而且能說善辯，吸引大批追隨者。他並不是教條式的社會主義者或獨裁者，曾引進部分資本主義，是個具有現實主義思想和自我犧牲精神的人物。

關係圖

漫畫中的歷史名詞

密封列車

列寧從瑞士經德國回國時，德國政府為打亂俄羅斯政局，安排在列寧搭乘的火車掛上黑布遮蔽，車門也上鎖防範保皇黨的暗殺，因此稱為「密封列車」。

蘇維埃

一九〇五年第一次俄羅斯革命時，由士兵和工人在俄國各地組成的組織。在俄羅斯二月革命時由少數派（俄文稱為孟什維克）的左翼社會革命黨主導。

布爾什維克

由俄羅斯社會民主工黨分裂出的激進社會主義政黨，於一九一八年改稱俄羅斯共產黨。布爾什維克在俄語中是「多數派」的意思，但在分裂後，他們實際上成為少數派，並最終在十月革命中成功掌握政權。

托洛斯基

彼得格勒的蘇維埃主席，領導俄羅斯十月革命，在列寧政府中擔任外交人民委員。他創設蘇聯紅軍，又與德國單獨和談，並在創立第三國際（共產黨派的國際聯合組織）上多有建樹。

史達林

在列寧死後，提倡一國社會主義論，並與主張世界革命的托洛斯基對立。史達林在一九三〇年代肅清多名政敵，掌握蘇聯的獨裁權力。他領導蘇聯在第二次世界大戰中勝利，與美國形成冷戰局勢。

俄羅斯革命大事紀

沙皇專制制度(君主專制)

羅曼諾夫家族(米哈伊爾—羅曼諾夫~尼古拉二世)
所實施的君主專制

← 1905.1　第一次俄羅斯革命(失敗)

穩健共和政治

資產階級政黨政治(雙重政權)
(臨時政府+蘇維埃)

← 1917.3　俄羅斯二月革命
(市民革命)

激進共和政治

建立蘇維埃政權
(→1918年起布爾什維克黨獨裁)

← 1917.11 俄羅斯十月革命
(社會主義革命)

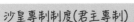

俄羅斯革命到蘇聯建國及現代俄羅斯

第一次俄羅斯革命

隨著**日俄戰爭**戰情惡化，百姓苦於糧食缺乏，於是在一九〇五年聚集於首都聖彼得堡的冬宮廣場，發起反戰請願運動。當時的沙皇**尼古拉二世**命士兵向群眾開火，造成多人傷亡（**血腥星期日事件**）。此舉令人民對沙皇大失所望，紛紛在各地發起暴動，也影響到瀰漫厭戰氣氛的軍隊。各地工人與軍人組成名為**蘇維埃**的罷工委員會，革命擴大到俄國全境（**第一次俄羅斯革命**）。

對此，尼古拉二世立刻結束日俄戰爭，任命受民眾歡迎的**威特**為首相，發布**十月宣言**。宣言中承諾開設**國會（俄語稱為杜馬）**並制定憲法，所以革命一時沉寂下來。但是，一九〇六年威特去職，新首相**斯托雷平**解散國會，開始鎮壓革命派，俄國政治回歸保守。

另外，斯托雷平還解散了革命的起源「**村社**組織」改為農民自耕，但是這反而擴大了農民階級的貧富差距，生活困窘的農民流入都市，形成第二次革命的原因。

俄羅斯二月革命

接著，第一次世界大戰爆發，俄國在首戰坦能堡之役敗給德國，加上戰爭延長，經濟更加惡化。和日俄戰爭時期一樣，民眾再次面臨糧食缺乏的困境。

一九一七年三月，無產階級在首都彼得格勒發起**俄羅斯二月革命**，許多士兵也加入行動，再次組成**蘇維埃**。資產階級代表成立**臨時政府**，並與蘇維埃合作，採取**雙重政權**的體制。不久，尼古拉二世退位，傳承約三百年的**羅曼諾夫王朝**滅亡，俄國從帝制轉變為**共**

和政體。

臨時政府主張繼續參戰（指第一次世界大戰），於是**列寧**從流亡地瑞士搭乘「密封列車」回國，發表**四月提綱**，提出「立即停戰」和「將所有權力交給蘇維埃」，但是迅速失敗，再次流亡芬蘭。

三次革命的過程

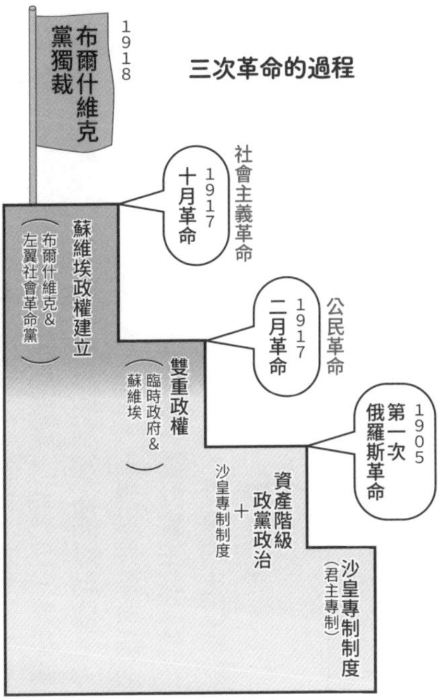

俄羅斯十月革命與俄國內戰

列寧再次流亡後，**克倫斯基**升任總理，他為了鎮壓反革命與保皇派發起的叛亂，借用了列寧領導的**布爾什維克黨**的武力，助長了布爾什維克的勢力。終於，蘇維埃在首都彼得格勒武裝起義，迫使克倫斯基逃亡美國，列寧則**建立蘇維埃政權**（**俄羅斯十月革命**）。

布爾什維克黨組成人民委員會（最高行政機關），由列寧擔任主席，並根據「**和平法令**」，於一九一八年與德國簽訂**布列斯特－立陶夫斯克條約**，退出第一次世界大戰。又根據「**土地法令**」，宣布將全國土地收歸國有，開始沒收地主所有地。

俄羅斯退出第一次世界大戰，等於是對協約國陣營的背叛，英國、法國、美國及日本擔心受到社會主義革命的波及，因此對俄國內戰進行武裝干涉（**對蘇干涉戰爭**）。此外，反對土地國有的地主們組成「**白軍**」，與列寧創立的「**紅軍**」對抗。內憂外患之下，列寧為了促進團結，採取戰時共產主義（「最大限度保障戰線物資供應」），為了擴大革命的效應，又組成**共產國際**（**第三國際**）。

蘇聯的成立與列寧之死

好不容易在俄國內戰中獲勝的列寧，為了恢復經濟，決定採取「**新經濟政策（NEP）**」在社會主義的

小知識　1924年列寧去世，享年53歲，死後遺體立刻進行防腐處理，至今已展示於莫斯科紅場列寧紀念堂中20年以上。

架構中，引進部分資本主義，這個決定博得歡迎資本主義的列國好感。一九二二年，蘇維埃與德國簽下**拉帕洛條約**同意外交正常化。同年底，俄羅斯、白俄羅斯、烏克蘭、外高加索等四個蘇維埃政權，組成**蘇維埃社會共和國聯邦**（簡稱蘇聯，一九四〇年摩爾多瓦加入後，擴大成十五個共和國）。接著，英國首相**麥克唐納**以及西歐各國紛紛承認蘇聯。一九三三年美國正式承認蘇聯政權，隔年蘇聯順利加入國際聯盟。

但是，一九二四年列寧過世，主張世界革命論的外交人民委員**托洛斯基**，與主張一國社會主義論的共產黨總書記**史達林**爭奪繼承人大位。獲勝的史達林就任總書記後，一一肅清威脅政權的人物。

蘇聯經濟政策的變遷

	時期・政策	目的	內容
列寧	1918～21 **戰時共產主義**	確保戰爭物資，實現共產主義	強制徵收穀物、企業國有化
列寧	1921～28 **NAP（新經濟政策）**	向農民妥協，復興戰後經濟	同意剩餘農作物的販賣 中小企業家經濟活動的自由化
史達林	1928～32 **第一次五年計畫**	所有勞動力納入國家管理	農業集體化（蘇聯集體農場、國營農場） 強化農工業生產
史達林	1933～37 **第二次五年計畫**	提升國民生活	完成農業集體化、重視輕工業

史達林的獨裁政權

蘇聯為了達成農業集體化與快速發展工業，從一九二〇年代後期開始實施了十三次**五年計畫**。另外，一九三六年**史達林憲法**發布，宣布不論階級或民族，所有國民都具有平等的權利。至此，蘇聯正式開始建設社會主義國家。

一九三五年，蘇聯為了對抗**希特勒**的崛起，舉行**共產國際第七次代表大會**，史達林提倡以蘇聯為中心，建立反法西斯的政治團體「**人民陣線**」，取代過去的世界革命思想。

但是，第二次世界大戰爆發前夕，史達林不再信任對納粹德國採取姑息主義的英、法兩國（與蘇聯同為同盟國），決定主動接觸希特勒，在一九三九年八月與德國簽下**德蘇互不侵犯條約**，以及瓜分波蘭的密約。**第二次世界大戰**開打後，蘇聯旋即占領波蘭東半部，接著進攻芬蘭，於是遭到國際聯盟除名。

一九四一年，蘇聯與德國的對立升級，於是蘇聯與軸心國日本簽下**日蘇中立條約**。不久後，**德蘇戰爭**爆發，蘇聯在一九四五年五月攻下柏林，迫使德國無條件投降。

另一頭，在德國投降前夕舉行的**雅爾達會議**中，蘇聯依據與美國及英國的密約，在一九四五年八月**向日本宣戰**，出兵占領滿洲、千島群島和朝鮮半島北部。這也成為現在俄羅斯與日本之間領土爭議的原因之一。

冷戰開始

一九四七年**杜魯門主義**（抵抗共產勢力）引發冷戰，於是蘇聯在政治方面設立**共產黨情報局**，經濟上設立**經濟互助委員會**，軍事上於冷戰中期設立**華沙公約組織**對抗北約，將社會主義陣營組織化。在冷戰初期，西方陣營與蘇聯對立的代表事件有一九四八到四九年的**柏林危機**，以及一九五〇到五三年的**韓戰**等。

冷戰時期的三個對立結構

政治	杜魯門主義	VS	共產黨情報局
軍事	NATO	VS	華沙公約組織
經濟	歐洲經濟合作組織 OEEC	VS	經濟互助委員會

赫魯雪夫時代

一九五三年史達林過世，由**赫魯雪夫**在馬林科夫之後繼任第一書記。他在一九五六年發表祕密報告**譴責史達林**，並調整蘇聯的外交方針，向美國釋出善意，主張**和平共存**政策。一九五九年，赫魯雪夫成功訪美。但是在一九六二年**古巴危機**中，赫魯雪夫與美國總統**甘迺迪**之間面臨一觸即發的核戰危機，最終在赫魯雪夫讓步下解除危機。這個時代，被稱為「**低盪**」時期。不過，中華人民共和國堅守史達林的獨裁路線，因此與蘇聯交惡，導致**中蘇對立**以及**中蘇邊界問題**。

布里茲涅夫時代

一九六四年赫魯雪夫下台，**布里茲涅夫**接任第一書記，**柯錫金**成為蘇聯總理。這個時代，蘇聯經濟進入停滯期。一九六八年，捷克爆發**布拉格之春**民主化運動，布里茲涅夫以武力鎮壓。另一方面，他於一九七二年與美國總統**尼克森**會面，一九七五年參加**歐洲安全與合作會議**，這段時期稱為**低盪時期**。

然而，一九七九年蘇聯**入侵阿富汗**，導致與美國關係惡化，進入**新冷戰（第二次冷戰）**，並且再次引發核彈危機。

戈巴契夫時代

一九八五年，**戈巴契夫**就任總書記，提倡**經濟改革**，結束共產黨的一黨專制。後來發生**車諾比核災事故**，他發表**開放政策**（資訊公開），並提倡**新思維外交**，否定蘇聯在東歐的優越性，此舉促成一九八九年的**東歐革命**，各國的共產黨一黨獨裁政權垮台，走向民主化。一九九一年，戈巴契夫進一步解散經濟互助委員會與華沙公約組織，削弱聯邦政府對十五個加盟共和國的權限。同年八月，保守派發動政變，將其軟禁，但時任俄羅斯聯邦總統**葉爾欽**代表的改革派出面營救，最終政變宣告失敗。

蘇聯解體與獨立國家國協

九月，波羅的海三小國趁著這次政變失敗，宣布脫離聯邦，十二月聯邦政府解散，**蘇聯解體**。同時，除了波羅的海三小國與喬治亞之外，其他十一個共和國組成**獨立國家國協**（**CIS**），喬治亞於一九九三年加入，又於二〇〇八年退出）。

不過，在十一個共和國中，實質上只有俄羅斯具有強大權力，一九九九年底，葉爾欽辭職後接任的**普丁**總統強化中央集權。進入二十一世紀後，吉爾吉斯共和國發起民主化運動（**鬱金香革命**），喬治亞共和國（**玫瑰革命**）和烏克蘭（**橘色革命**）的親俄獨裁政權也接著垮台。俄羅斯以保護烏克蘭境內俄國人為由介入紛爭，並發展成軍事衝突。

在烏克蘭，俄羅斯至今仍然援助東部俄羅斯人居住區的反政府軍，並且實質控治位於黑海北岸的軍事要塞——克里米亞自治共和國。

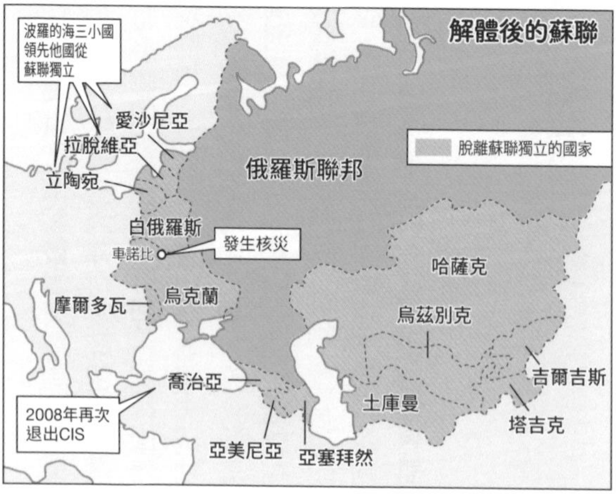

印度史

CHAPTER 04

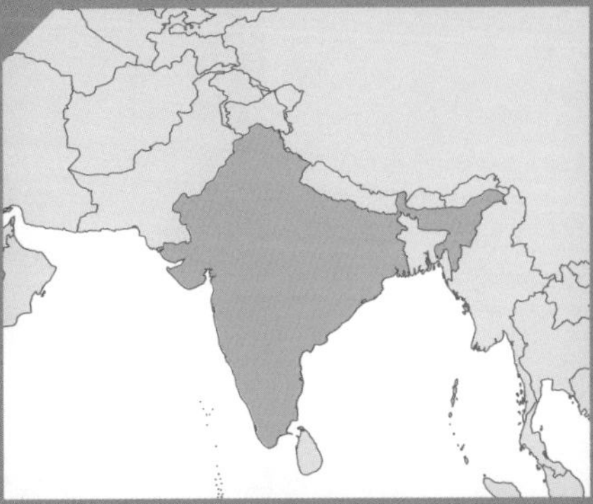

contents

阿育王（約前304~前232）

約前2300年	古印度河文明形成……主要居民：達羅毗荼人
約前1500年	亞利安人南下，入侵旁遮普地區
約前1000年	亞利安人遷移至恆河流域，建立數個都市國家
前6世紀時	佛教、耆那教創立✕婆羅門教．種姓制度
前317年	孔雀王朝建立（~前180年） 首都：帕特那
西元1世紀	貴霜王朝建立（~3世紀中期） 首都：白沙瓦
320年	笈多王朝建立（~550年） 首都：帕特那
7世紀初	戒日王朝建立（~7世紀中期）首都：曲女城
8世紀~	伍麥亞王朝➡加茲尼王朝➡古爾王朝入侵印度西北部
1206年	德里蘇丹國建立 首都：德里 進入德里蘇丹王國時代
1526年	蒙兀兒帝國建立 首都：德里 開國者：巴布爾

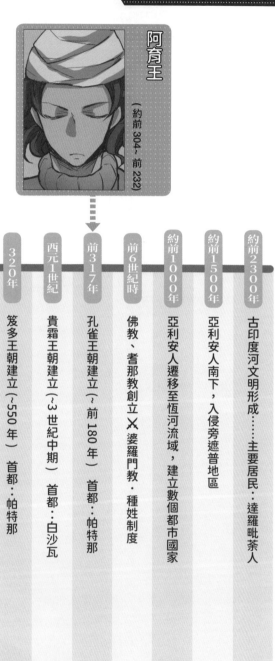

沙賈汗（1592~1666）

甘地（1869~1948）

- **1653年** 泰姬瑪哈陵建成 by 第五代蒙兀兒皇帝沙賈汗
- **1757年** 英國在普拉西戰役獲勝，開始侵略印度
- **1857年** 印度民族起義 ⬇ 1858年：蒙兀兒帝國滅亡
- **1877年** 印度帝國建立　首都：加爾各答　君主：維多利亞女皇
- **1905年** 孟加拉分治 ✕ 1906年：加爾各答大會
- **1919年** 英國通過羅拉特法 ✕ 甘地發起第一次不合作運動
- **1930年** 甘地發起「食鹽長征」（第二次不合作運動）
- **1947年** 印巴分治……印度教 印度聯邦 與 伊斯蘭教 巴基斯坦
- **1965年** 第二次印巴戰爭（喀什米爾戰爭）
- **1971年** 第三次印巴戰爭 ⬇ 東巴基斯坦獨立為孟加拉國

自亞歷山大大帝侵略印度以來，印度人深刻意識到增強國力的重要性。
亞歷山大帝國
巴比倫
蘇薩
波斯波利斯
波斯灣
印度
阿育王
孔雀王朝在此背景下建立，這個王朝的歷任國王大多依靠武力推行恐怖統治。
印度開國國王　旃陀羅笈多
第三任國王阿育王早年以殘酷著稱。
俘虜？當然是全部殺掉！
哼哈哈哈哈！
阿育王征服宿敵羯陵迦國，屠殺十萬俘虜，造成超過一百萬人死亡。
……咦？
這是……達雅河？為什麼……
……河水竟然是紅色的？
不，這不是河水本來的顏色！
呃
河水是被血染紅的……
啊……
啊啊……
啊啊啊啊

我以前殺了成千上萬的人，這個事實已無法改變。
但是……從現在開始，我將禁止殺生，
我要用我的餘生來贖罪……
此後，阿育王皈依佛教，保護佛教，並以「達摩」（法）作為治國方針，努力促進國家穩定。
此外，他修建道路、挖井、設立醫院與藥草園，努力改善百姓生活。
他的統治影響了一世紀時貴霜帝國的名君迦膩色伽王。
迦膩色伽王將佛教傳入犍陀羅地區。佛教由此經由絲綢之路傳播至中國、朝鮮和日本。

印度 1 阿育王

Ashoka

Profile

約前304年～前232年／男性
孔雀王朝第三代國王
（約前268年～前232年在位）

人物介紹

在孔雀王朝建國的十年前，亞歷山大大帝曾率軍侵略印度。印度艱辛地擊退外敵後，深感國家強大的必要性。孔雀王朝第三代國王阿育王早期以武力進行恐怖統治，為了奪取王位更殺害近一百名兄弟，征服各地後更是頻繁進行屠殺。他在征服羯陵迦後，悔恨於自己濫殺無數，決定開始宣揚佛教，在各地建立摩崖碑及石柱碑，並收集釋迦牟尼的遺骨，收藏於桑吉佛塔。此外，他還派遣王子摩哂陀前往斯里蘭卡，向僧迦羅人傳播佛教。

小故事

從歷史壁畫可看出阿育王身材高大魁梧，有軍人般的氣魄。據說，阿育王征服羯陵迦時燒毀了整座城市，更砸毀民宅。在征服羯陵迦時，他下令殺死十萬名俘虜，戰場上的屍首堆積如山。當阿育王從高台眺望這個景象時，湧現前所未有的悔恨，成為他轉向佛教的契機。

關係圖

漫畫中的歷史名詞

孔雀王朝

存在於約西元前三一七～前一八〇年，是印度第一個統一王朝，由旃陀羅笈多推翻難陀王朝後建立。在阿育王時期，版圖幾乎涵蓋印度南端之外全印度。

羯陵迦國

位於印度中部至東部的國家，使用從婆羅米文演變而來的羯陵迦文字，及達羅毗荼語系的語言。

法（Dharma）

最早起源於吠陀時期，意在匡正人民生活秩序。在佛教中，「法」指的是倫理與法律等規範，後來成為印度思想的重要概念，代表個人必須實踐的道德規範。

迦膩色伽王

貴霜王朝在西元二世紀中期的全盛時期的國王，統治範圍包含索格底亞那地區（中亞）到恆河中游，曾舉行過第四次佛經結集，並積極在犍陀羅地區弘法。

犍陀羅國

位於現今巴基斯坦北部到阿富汗地區，首都白沙瓦是當時的中心都市。在迦膩色伽王的時期，印度傳統佛教藝術與希臘藝術技法結合，形成「犍陀羅藝術」，其佛像的特徵包括深邃而寫實的五官與衣服皺褶。

佛教傳入日本

在西元六世紀初，渡來人（三到七世紀時，從中國、朝鮮及越南遷移到日本的人）以個人崇拜的形式將佛像和經典攜入日本。佛教正式傳入日本的年代尚有爭議，一般認為是在繼體天皇沒後，百濟的聖王於欽明天皇時代將佛教傳入日本。

阿育王的功績一覽

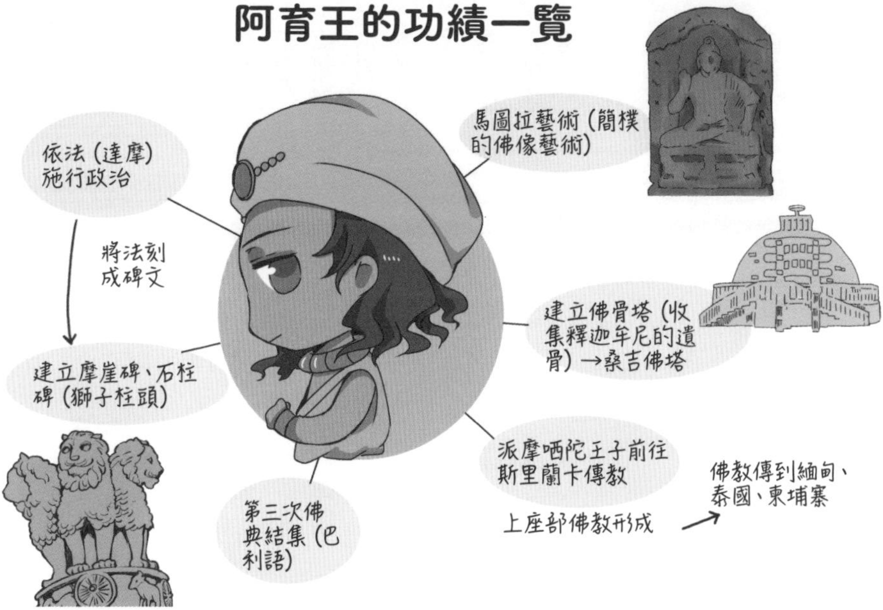
依法（達摩）施行政治
將法刻成碑文
建立摩崖碑、石柱碑（獅子柱頭）
第三次佛典結集（巴利語）
派摩哂陀王子前往斯里蘭卡傳教
上座部佛教形成
佛教傳到緬甸、泰國、柬埔寨
建立佛骨塔（收集釋迦牟尼的遺骨）→桑吉佛塔
馬圖拉藝術（簡樸的佛像藝術）

印度文明的起源與發展

古印度文明興起

西元前約二三〇〇年，達羅毗荼語系的族群（現在主要分布在南印度）在**印度河流域**建立**印度文明**。印度文明遺跡主要分布在現今的巴基斯坦，包含印度河中游的**哈拉帕**和下游的**摩亨佐達羅**地區。印度文明屬於青銅器文明，尚未進入鐵器時代。考古學家曾在此地發現刻有象形符號的印章，這些符號尚未破解，稱為**印度河文字**。

一些現今印度教徒的習俗，如沐浴儀式或將牛視為聖獸等，最早可能起源於印度文明時期。不過，因印度河洪水與土壤鹽化等原因，這個文明約於前一八〇〇年時滅亡。

亞利安人入侵

大約在西元前一五〇〇年，印歐語系的**亞利安人**經由印度西北部的開伯爾隘口，入侵旁遮普地區。初期，他們仍是半農半牧的游牧民族，在西元前一千年時遷移至**恆河流域**定居，轉型為以農耕為主的民族。

隨著**鐵器**普及，農業生產力提升，促進了工商業發展，最終在恆河流域形成了數個都市國家。

亞利安人在印度社會根植了兩種思想：一是**婆羅門教**，屬於多神教，將自然現象與動物神格

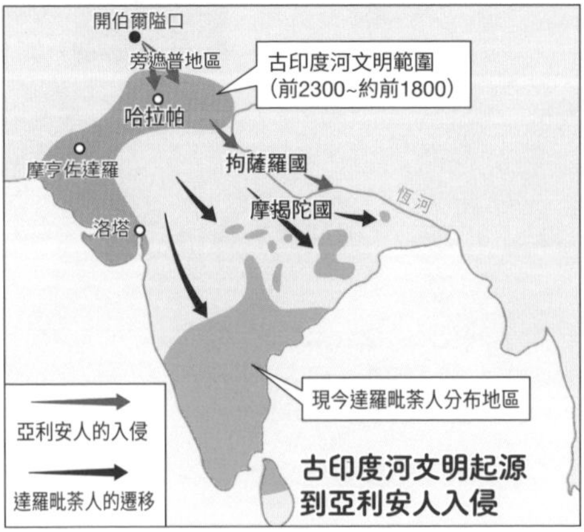

古印度河文明起源到亞利安人入侵

化，並創作四部根本聖典《**吠陀**》，包含最古老的《**梨俱吠陀**》，其中收錄著讚美神明的詩歌。

另一項是**種姓制度**，這個詞原本意指「膚色」，將社會分成**婆羅門**（祭司）、**剎帝利**（貴族、武士）、**吠舍**（商人等一般庶民）與**首陀羅**（奴隸）等四個階級。隨著時代演變，階級變得更加複雜，根據「迦提（孔雀時代的社會制度）」進一步區分成兩到三千個階級。到了十五世紀末到十六世紀初，葡萄牙人來到印度，使用葡語中以代表「血統」的「卡斯特」一詞稱之，因此種性制度也稱為**卡斯特制度**。

種姓制度規定每個人的職業及身分都是固定且世襲的，並且不得跨越階級通婚，是一種排外的階級制度。

佛教與耆那教形成

在恆河流域形成的都市國家之前爭戰不斷，逐漸出現國家統一的趨勢。這個變化使剎帝利戰士和製造及販賣武器的吠舍階級地位提升，然而他們對婆羅門主導的社會體制日益不滿，開始尋求新的價值觀。

在西元前七世紀，**奧義書哲學**誕生，這個哲學源自於對婆羅門中心主義的反省，提出藉由「梵我一如」達成「解脫」的新宇宙觀及平等理念。前六世紀，受奧義書的影響，印度出現了兩個否定種姓制度且追求身分平等的宗教。

其中之一是**悉達多・喬達摩**創立的**佛教**，主張透過實踐**八正道**與貫徹精神修行達成**解脫**。另一個是**伐達摩那**（耆那教徒尊稱其為大雄）創立的**耆那教**，主張藉由苦行、禁欲和極端的不殺生主義得到解脫。前者主要受到剎帝利的支持，後者受到吠舍擁戴。許多古印度王朝都重視佛教，而耆那教則漸漸式微。佛教在五到六世紀達到巔峰，但隨後因**印度教**創立與**伊斯蘭**勢力入侵而衰退。

孔雀王朝　首都：帕特那

摩揭陀國統一恆河流域，接著，在西元前四世紀後期，消滅波斯阿契美尼德王朝的**亞歷山大大帝**越過印度河入侵印度西北部，印度人因此意識到統一並強化國力的重要性。前三一七年，**旃陀羅笈多**成立**孔雀王朝**，並擊退敘利亞塞流卡斯王朝的入侵，占領現今阿富汗地區，雙方達成和解。

孔雀王朝在第三代君主**阿育王**時期達到全盛，首次統一除了南印度（朱羅王朝、潘地亞王朝）之外的地區。阿育王依據「法」統治國家，在各地建**石柱碑**與**摩崖碑**，並皈依佛教。他建造**佛骨塔**，又派摩哂陀王子前往斯里蘭卡（當時稱為僧伽羅國）宣揚佛教。這裡的佛教後來稱為**上座部佛教**，並且傳播至東南亞的緬甸、泰國和柬埔寨等地。

但是，阿育王死後，孔雀王朝逐漸分裂，於前一八〇年遭到盤據在阿富汗北部的巴克特里亞入侵而亡國。

貴霜王朝　首都：白沙瓦

西元一世紀，來自伊朗的貴霜族脫離巴克特里亞地區的**大月氏**國，建立**貴霜王朝**。之後南下，貴霜王朝領土擴大到印度西北部至中部。在第三代君主**迦膩色伽王**時期，貴霜王朝達到巔峰。迦膩色伽國王仿效阿育王，舉行**佛典結集**（源自佛陀弟子為防止遺教散失，將口傳的教法整理成經典），並在犍陀羅地區弘法，對佛教的發展有重大貢獻。這個時期產生的佛教稱為**大乘佛教**，與**上座部佛教**不同。上座部佛教強調個人解脫，而大乘佛教則以菩薩信仰為主，致力於救濟眾生，由佛教大師**龍樹**集大成。

貴霜王朝位在**絲路**的要衝，得以與中國西漢、伊朗的安息帝國還有羅馬帝國相連，促進了經濟繁榮。在文化方面，**希臘化文化**與**印度佛教藝術**融合，發展出新的**犍陀羅藝術**，後來這種藝術也影響了日本（**法隆寺的釋迦如來像**）。

然而，在迦膩色伽王死後，波斯的**薩珊王朝**入侵北印度並納入其版圖。

笈多王朝　首都：帕特那

三二〇年，**旃陀羅笈多一世**為了恢復孔雀王朝的榮景，建立**笈多王朝**。到了第三代君主**旃陀羅笈多二世**時期，笈多王朝統一北印度，進入全盛期。這個時代也是印度古典文化的黃金時代，劇作家迦梨陀娑的戲劇《**沙恭達羅**》，和兩大敘事史詩《**摩訶婆羅多**》、《**羅摩衍那**》奠定了**梵語文學**的基礎。此外，以**阿旃陀**和**埃洛拉**石窟聞名的純印度佛教文化興起，與前朝貴霜王朝時盛行的希臘化犍陀羅藝術對抗。這個時代還建設著名的**那爛陀寺**，確立了大乘佛教在文化上的地位。

但是，隨著學術和藝術發展，這些文化開始貴族化，使佛教漸漸脫離平民的需求。此時，融合佛教、早期婆羅門教與民間信仰（濕婆神、毗濕奴、梵天等）的**印度教**崛起，逐漸成為民眾的主要信仰。此外，中國僧侶**法顯**在此時期到訪印度，並在其著作《**佛國記**》中，稱旃陀羅笈多二世為「**超日王**」。

最終，笈多王朝遭中亞游牧民族**嚈噠族**入侵而滅國。

戒日王朝　首都：曲女城

七世紀前期，**曷利沙伐彈那**統一北印度，建立**戒日王朝**。曷利沙伐彈那皈依且極力推廣佛教，他謁見中國的**玄奘**法師，而玄奘在著作《**大唐西域記**》中稱曷利沙伐彈那為「**戒日王**」以示尊敬。此時期是佛教在北印度最鼎盛的時期之一。

但是在戒日王死後，戒日王朝迅速分裂，印度教王朝以及孟加拉地區的波羅王朝（印度最後的佛教王朝）開始爭奪霸權。接著，伊斯蘭勢力入侵印度西北部，印度逐漸伊斯蘭化。

古印度四大王朝比較圖

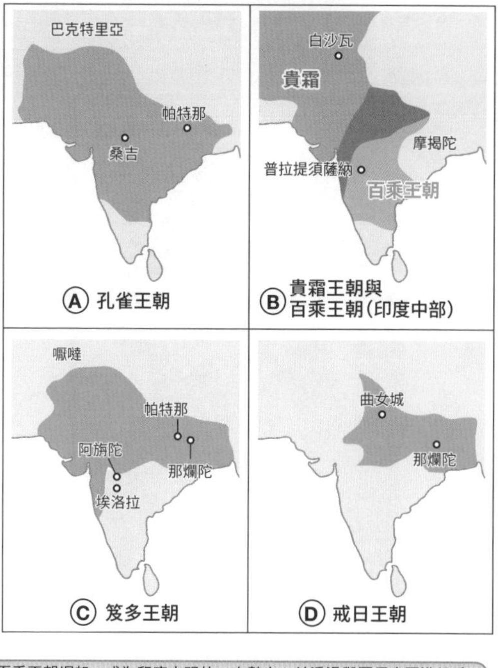

小知識　在貴霜王朝時期，印度中部的百乘王朝崛起，成為印度文明的一大勢力，並透過與羅馬帝國進行季風貿易達到繁盛。

沙賈汗
啊……我心愛的慕塔芝啊……
我死前唯一的心願就是在亞穆納河對岸為自己修建一座陵寢，
再架起一座橋，讓我們在天堂能相聚。
看來，這願望無法實現了。
父王駕崩了……那麼，也請王妃離開吧！
回溯到三十年前
如今終於輪到我當皇帝了。
接下來就只剩哥哥、同父異母的弟弟跟叔叔的兒子……把他們全都處死吧！
蒙兀兒帝國的皇位不是長子說了算，而是強者用實力奪來的！
年輕時的沙賈汗
沙賈汗殺害了自己的兄弟，坐上皇帝的寶座。但不久後，他最愛的妻子慕塔芝・瑪哈因病去世。
親愛的，謝謝你……即使到了最後一刻，仍對我情深不變。
慕塔芝……嗚嗚嗚……
後宮裡有那麼多佳麗，你卻始終鍾情於我……
我好開心……
妳與我苦樂與共，少了妳，就像失去了一半的生命……
我的心裡只有妳……
我只希望妳安詳地睡去……

為了紀念妻子，沙賈汗耗費近二十年的歲月與龐大金錢，建成泰姬瑪哈陵。
然而，他的奢靡生活使帝國財政捉襟見肘。
多年後，沙賈汗病倒，他的四個兒子為爭奪皇位爆發激烈內戰。
把皇帝抓起來！
你……奧朗則布，你竟想推翻我？
……你知道嗎？
我恨你入骨！
你對太子達拉偏愛有加，對我卻不屑一顧！
而且……蒙兀兒帝國的皇位從來不是長子的特權，
最有實力的人才能當皇帝！
如果繼續把國家交給你，財政崩潰是遲早的事！
奧朗則布是虔誠的伊斯蘭教素尼派（又稱遜尼派）信徒，
他恢復印度教徒的人頭稅以解決國家財政困難。然而，此舉引發了印度教徒反彈，間接促使帝國走向衰微。

印度 2

沙賈汗

Shāh Jahān

Profile

1592~1666／男性

蒙兀兒帝國第五代皇帝

（在位：1628~1658）

人物介紹

沙賈汗的祖父阿克巴是蒙兀兒帝國第三代皇帝，生活樸實節約，對印度教徒採取懷柔政策，廢除異教徒的人頭稅，並徹底丈量土地，實施穩定的土地稅政策。而沙賈汗和父親卻奢侈浪費，他在位時促成了細密畫等蒙兀兒帝國藝術的興盛，代表印度伊斯蘭文化的巔峰。最著名的莫過於他興建泰姬瑪哈陵，這使財政進一步惡化。沙賈汗病倒後，他的四個兒子對皇位展開激烈爭奪。

小故事

沙賈汗透過藝術彰顯自己的權威，他從世界採購許多藝術品，使得財政問題雪上加霜，是個沒有經濟概念的統治者。此外，他寵愛妻子慕塔芝而忽略周圍其他人的感受，這導致三子奧朗則布對父親的反感，認為父親偏愛長子，加劇兩人之間的矛盾。

關係圖

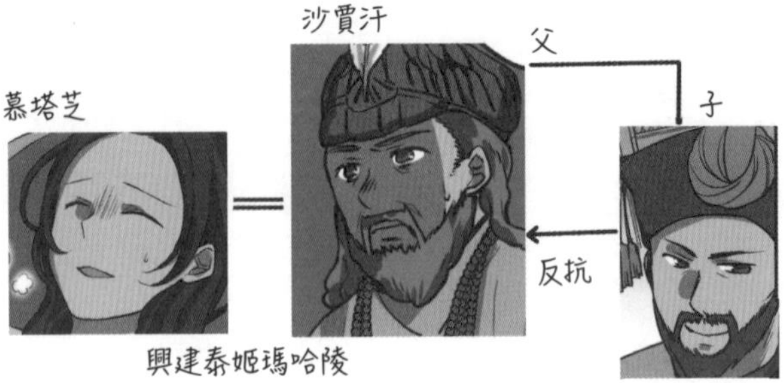

漫畫中的歷史名詞

蒙兀兒帝國

一五二六年，由巴布爾打敗洛迪王朝後建立的伊斯蘭王朝，以復興蒙古帝國為理想。鼎盛時期版圖覆蓋整個印度次大陸。然而，蒙兀兒帝國在十八世紀衰微，地方勢力崛起，英國逐步控制印度，最終導致帝國滅亡。

哈勒姆（後宮）

突厥語中指蒙兀兒帝國宮廷裡，後宮中的女性閨房，原是突厥語詞彙，指伊斯蘭社會中屬於女性的禁地，只有女子的丈夫、子女和親戚可以進入。

泰姬瑪哈陵

由沙賈汗為愛妻慕塔芝．瑪哈而建，完成於一六五三年，位於阿格拉亞穆納河右岸，以白色大理石建造，象徵印度伊斯蘭建築的頂峰。沙賈汗原本計畫在河對岸為自己建造黑色大理石陵墓，但因財政困難而放棄。

奧朗則布

蒙兀兒帝國第五代皇帝，沙賈汗的三子，於一六五八年到一七〇七年在位。他軟禁父親後奪取皇位，自稱「世界的征服者」，將印度疆域擴張至最大。但因為推行嚴格的素尼派政策，遭到信仰印度教的馬拉塔王國與錫克教徒的反抗。

人頭稅（吉茲亞）

對非伊斯蘭教徒課徵的稅。第三代皇帝阿克巴曾主張「萬民平等」，推行宗教包容政策並在一五六四年廢除人頭稅。然而，第六代皇帝奧朗則布因財政困難與極端的宗教信仰而重新實施這項政策。

帝國衰微

十八世紀左右，蒙兀兒帝國衰微，地方勢力如南印度的邁索爾王國、德干高原西部的馬拉塔王國，與旁遮普的錫克教國相繼崛起反抗。

蒙兀兒1~6代皇帝與國力曲線圖

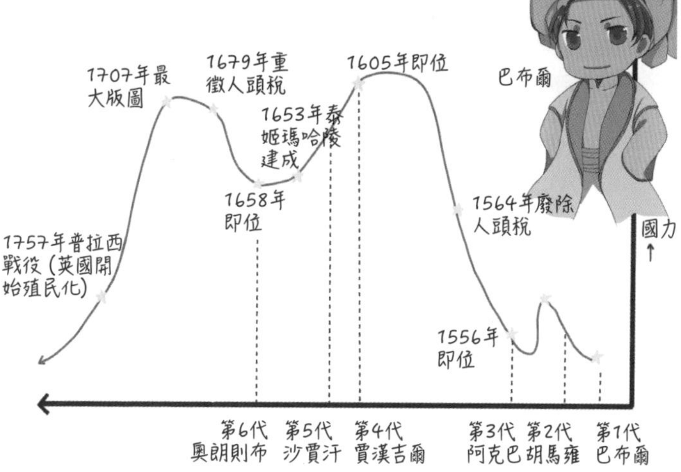

2 蒙兀兒帝國的興亡

伊斯蘭勢力入侵

八世紀初，伊斯蘭勢力開始入侵印度河下游地區。後來，從阿富汗興起的**加茲尼王朝**與**古爾王朝**由西北方入侵印度，促進了北印度的伊斯蘭化。

一二〇六年，奴隸出身的**艾伊拜克**建立**德里蘇丹國**，是印度第一個伊斯蘭王朝。他攻破印度教勢力，在首都德里修建古塔米納塔以紀念勝利。此後，幾個以德里為首都的王朝相繼統治，包括**卡爾吉王朝**、**圖格魯克王朝**、**賽義德王朝**與**洛迪王朝**。

這個時期的王朝並未強制推行伊斯蘭教，也允許印度教等其他信仰，因此，印度各地形成多種宗教共存的情況。十六世紀初，**那納克**創立**錫克教**，這是一種結合伊斯蘭教一神教思想及印度教教義，並反對種姓制度和偶像崇拜的宗教。

蒙兀兒帝國建立

帖木兒帝國受到烏茲別克游牧民族的入侵後滅亡，其後代**巴布爾**逃到阿富汗的開伯爾，積蓄力量，並於一五二六年進攻北印度。在德里郊外的帕尼帕特擊敗了洛迪王朝（**帕尼帕特戰役**），建都德里，創立新的國家。

巴布爾期望重建蒙古帝國，以「蒙古」的波斯語讀音將國家命名為「**蒙兀兒帝國**」，延續三百年以上。蒙兀兒帝國第二代皇帝胡馬雍當政時，曾因阿富汗人入侵而失去首都德里。不過其子**阿克巴**即位為第三代皇帝，驅逐阿富汗勢力並統一大部分印度，強化中央集權。他將首都從德里遷到阿格拉，並**廢除人頭稅**。此外，他還與印度教徒女子結婚，並創立融合伊斯蘭、印度教、祆教與佛教等元素的「神聖宗教」以促進宗教和解。

蒙兀兒帝國的衰微

第四代皇帝賈漢吉爾和五代皇帝**沙賈汗**統治時期，蒙兀兒繪畫與拉傑普特繪畫盛行，修建許多華麗的建築和庭園，是蒙兀兒文化的巔峰期。尤其是建於阿格拉的伊斯蘭建築**泰姬瑪哈陵**，至今仍吸引無數觀光客。

但是，這些奢華的藝術嚴重壓迫蒙兀兒帝國的財政。沙賈汗的兒子**奧朗則布**反對這種奢侈作風，發動政變成為第六代皇帝。奧朗則布篤信嚴格的伊斯蘭素尼派教義，**恢復人頭稅**以增加財政收入，還在擴大領土的戰爭中破壞其他宗教的建築，以武力統治國家。

這種高壓統治導致信奉印度教的馬拉塔族、邁索爾族，以及崛起於印度西北部的錫克教徒反抗。奧朗則布去世後，蒙兀兒帝國進入地方割據的狀態。隨著歐洲列強侵入，領土大幅縮減。

歐洲勢力進軍印度

一四九八年，葡萄牙航海家**達伽馬**首次航行抵達印度西南部的**科欽**登陸，開啟歐洲人進入印度的時代。歐洲殖民者在一五一〇年於**果亞**建設第一個歐洲殖民都市。英國遭荷蘭趕出東南亞後，開始利用**東印度公司**殖民印度。一六四〇年，英國在**馬德拉斯**建設要塞，又在**孟買**、**加爾各答**設置據點。法國為了對抗英國，建立金德訥格爾和朋迪治里據點，經營與開發殖民地。

後來，英國在印度東南部的**卡那提克戰爭**及東北部的**普拉西戰役**（一七五七年）中擊敗法國，確立在印度的霸權地位。接著，英國逐一擊破印度各地的地方政權，建立大量殖民地。

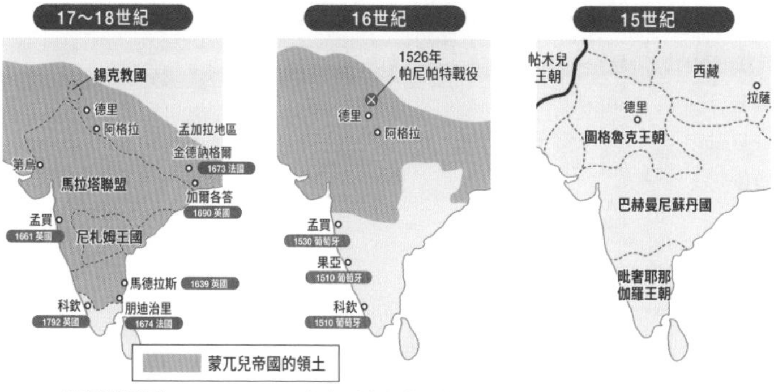

〈奧朗則布過世時〉　〈阿克巴大帝時代的最大版圖〉

15~18 世紀的印度

小知識　**人頭稅：**伊斯蘭國家對非穆斯林課徵的異教徒稅。後來也作為針對占多數的印度教徒課稅的懷柔政策，以維持社會穩定。

英國確立印度統治

英國對印度的統治主要透過英國東印度公司來進行。最初，東印度公司派書記**克萊武**擔任孟加拉省長，隨後，英國從蒙兀兒帝國獲得孟加拉、奧里薩及比哈爾東部三縣的**徵稅權**，企圖擴大領土來增加稅收。

歷史上，從孟加拉省長到孟加拉總督及**印度總督**，殖民地首長的職位名稱與權力一再變化。到了十九世紀，英國國內提倡自由貿易，廢除東印度公司的貿易壟斷權並禁止其商業活動，因此東印度公司從貿易機構轉變為印度的統治機關。

東印度公司通過四次**英邁戰爭**、三次**馬拉塔戰爭**以及兩次**錫克戰爭**的勝利，逐步征服除了蒙兀兒帝國直轄的德里周邊領土之外的印度地區。

英國統治造成印度社會變質

隨著工業革命開始，英國將殖民地作為原料供應地和產品市場，在印度強制栽培**棉花、茶葉**等商業作物，導致印度自給自足的經濟崩潰。在貨幣經濟的滲透下，印度社會的貧富差距擴大。此外，英國生產的廉價棉製品流入印度，造成印度農村傳統的棉織家庭工業大受打擊。

然而，英國統治也促使受歐洲啟蒙思想影響的思想家崛起，其中，**拉姆・莫漢・羅伊**反對印度傳統中歧視女性的**娑提習俗**（寡婦須自焚殉夫），在十九世紀初成功立法廢止這個傳統。此外，英語教育的普及和鐵路建設都對印度的現代化影響甚遠。

蒙兀兒帝國滅亡

一八五七年，**西帕依**（英國東印度公司雇用的印度傭兵）因不滿自己的待遇而發起叛變，占領首都德里，擁立蒙兀兒皇帝，展開脫離英國統治的獨立運動。叛亂立刻蔓延到全印度，曾經屈服於英國的諸王紛紛起義，演變成全**印度民族起義**。

最後，東印度公司出動英國援軍鎮壓叛亂。一八五八年，蒙兀兒帝國滅亡，英國隨之**解散英國東印度公司**。此後，經歷近二十年的過渡期，一八七七年英國維多利亞女王建立**印度帝國**並兼任皇帝，定都加爾各答。

小知識

拉姆・莫漢・羅伊：孟加拉思想家，出身於婆羅門階級，被譽為「近代印度之父」。他批評印度教偶像崇拜，致力於廢除娑提習俗。

印度帝國採取了兩種統治方法：一是英國直轄統治，另一是由具自治權的藩王國統治，對於民族起義中支持英國的藩王國採取懷柔政策，授予自治權，以穩定印度的局面。

英國擴大印度統治範圍

英國依據一八一五年**維也納會議**決議，從荷蘭**取得斯里蘭卡（錫蘭島）**，第二年又在**廓爾喀戰爭**中獲勝並**兼併尼泊爾**。為了對抗俄羅斯的南下政策，英國發動兩次**阿富汗戰爭**，一八八〇年**占領阿富汗，將其劃為保護國**。另外，英國透過三次**英緬戰爭**消滅**貢榜王朝**，於一八八六年**併吞緬甸**並納入印度帝國。英國以南印度為中心逐步控制對亞洲的控制，並進一步擴大支配中國與東南亞。

印度與周邊地區

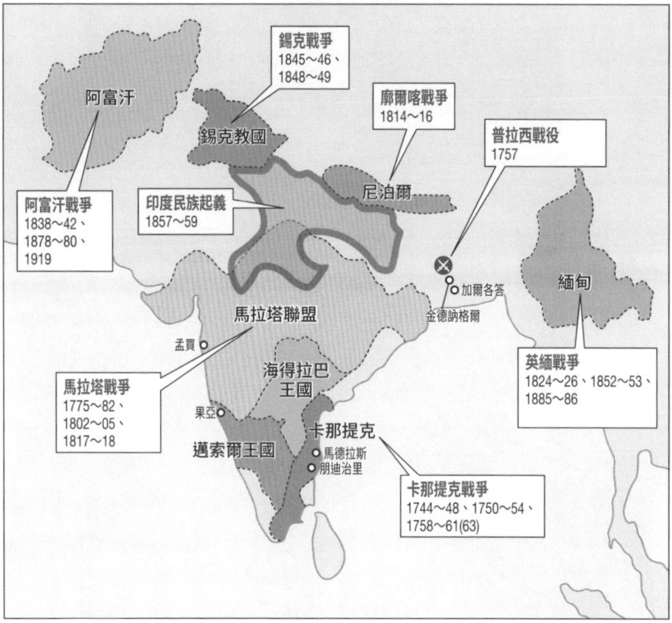

獲得英國律師資格的甘地，決定前往南非工作。
甘地
有十五萬印度人在南非打工，
但當地竟然連一位律師都沒有……
喂，這裡是頭等車廂！
我買的是頭等車廂的票。我是律師，曾經在倫敦的法庭上出庭。
……
印度人就給我去坐三等車廂！
推倒在地
呃啊啊！
呼呼
這是種族歧視……
這裡是白人專用道路！
我們不接待有色人種。
HOTEL
該怎麼辦？該立刻回印度嗎？但我都來到這裡了……
我該為印度人的權利而戰嗎？
還是完成受委託的案子後就離開？

不行！如果連我都離開，這裡的印度人就再也沒有人來拯救了。
他們被惡劣的雇主當成奴隸，我不能棄他們於不顧！
當時南非通過「亞洲人登記法」，八歲以上的印度人必須提供指紋並隨時攜帶登記證明，違反者將被無條件逮捕或驅逐出境。
這……這太過分了！這是把印度人當成家畜管理！
如果發起暴動，只會招來武力報復。
有沒有不訴諸武力也能消除歧視的辦法？
不要服從歧視！我們要燒掉登記法，表示不服從惡法的決心！
議論
議論
議論
你這個傢伙！
重
擊
……！
我們追求的是普通人應有的平等權利！
我願意用完全不抗拒的方式，忍受被毆打的痛苦，讓他們領悟自己的錯誤。
掙扎…
他們也許可以殺了我，
但即使他們奪走我的屍體，也得不到我的服從。
甘地的不合作運動逐漸推廣開來。
他的行動最終引導印度走向獨立。
不合作運動的象徵
手紡車

印度 3 甘地

Gandhi

人物介紹

第一次世界大戰後，甘地成為反抗英國的印度獨立運動領導者，率領國民大會黨（簡稱國大黨）發起獨立運動。他發起第一次不合作運動，放棄工作並以絕食和祈禱反抗英國，最終以失敗告終，導致大量印度國民被屠殺。在第二次不合作運動中，他針對鹽稅發起「食鹽長征」運動，面對英國鎮壓仍堅持不屈，終於在一九四七年贏得印度獨立。然而，由於印度與伊斯蘭教國家巴基斯坦分離，他追求兩國統一，最終遭到印度教激進派青年暗殺。

小故事

甘地被尊稱為「聖雄」，個性堅忍不拔，可以說是正義和信念的化身。他宣揚「斯瓦德希精神」（愛用國貨），並自己紡織衣物以貫徹理念，具有無人能及的強大行動力。英國政府反對逮捕甘地，因為他已經被印度人民神格化，一舉一動都牽動著國民的心。

關係圖

Profile
1869~1948／男性
印度社會運動家

漫畫中的歷史名詞

南非的殖民與移民

自一四八八年葡萄牙航海家狄亞士抵達好望角後，葡萄牙開始控制南非。一六五二年，荷蘭人開始移民並建立開普敦殖民地。一八一五年，南非根據維也納會議決議成為英國領地，並且開放東南亞、中國與印度的移民來此開墾。

印度的勞工輸出

十九世紀，許多來自印度與中國的移民遠渡南非，從事勞力工作。隨著蒙兀兒帝國滅亡與英國統治印度，印度移民南非的人數大量增加。

不合作運動

甘地於一九二〇年與一九三〇年領導的兩次非暴力抗爭，理念源自於印度教《薄伽梵歌》中不殺生的精神，促使印度取得自治權。第二次不合作運動又稱做「食鹽長征」。

印度的獨立

一九四七年，時任印度總督蒙巴頓決定將英屬印度分別獨立為以印度教為主的印度聯邦和以伊斯蘭教為主的巴基斯坦共和國。不久，印巴爆發第一次印巴戰爭，隨後因喀什米爾問題與東巴基斯坦問題，兩國經歷三次戰爭。

手紡車

透過手搖動紡輪來支部的機器，甘地以手紡車作為不合作運動的象徵，提倡促進手工紡織業以抵制外國製品。手紡車代表的精神提高了印度的民族意識，並且成為印度國大黨的標幟。

甘地名言集

甘地留下的思想

・重要的是行為本身而不是結果。即使我們活著時並不知道自己的行動會帶來何種結果，但只須去做你相信正確的事。如果什麼都不做，任何事都不會改變。

・堅強並不是來自肉體的力量，而是生於不屈的意志。

・不求報酬的奉獻，不只令別人幸福，也令自己幸福。

・以眼還眼的思想，只會讓世界更加盲目。

・沒有通往和平的道路，和平本身就是道路。

印度 3

從英國殖民到印度獨立

英國的民族分治政策

一八八五年，**印度國大黨**在英國主導下於孟買組成。最初的目的是在英國的協助下建立一個新國家，但是隨著世界民族運動興起，國大黨漸漸轉變為反抗英國統治的組織。

一九〇五年，英國為了防止印度各教派團結反抗，發布**孟加拉分割令**，將人口最多的孟加拉邦分割為印度教徒及伊斯蘭教徒兩個居住區，挑起宗教對立。國大黨反對這種做法，並於一九〇六年召開加爾各答年會，提出四大綱領：**抵制英貨**、**斯瓦德希**（愛用國貨）、**斯瓦拉吉**（獲得自治）與**民族教育**。為了進一步分裂印度，英國促成少數派伊斯蘭教徒成立**全印穆斯林聯盟**以對抗印度教徒，成為印度與巴基斯坦分裂的原因之一。

第一次世界大戰中的印度

一九一四年，**第一次世界大戰**爆發，印度伊斯蘭教改革派反對協助英國攻打土耳其，因為土耳其由穆斯林所崇拜的哈里發統治，這導致**擁護哈里發運動**興起。一九一五年，**甘地**於英國殖民的南非領導印度移民發起人權運動，隨後回到印度積極推動抵制英國的行動。

隨著反英運動加劇和士兵不足，英國便以戰後開放自治為條件，請求印度協助作戰。約有一百五十萬名印度士兵加入英軍，其中約九萬人戰死，為了追悼他們，英國在德里建造「印度門」紀念碑。

不合作運動

一九一九年，英國屬印度政府通過**羅拉特法**，允許無令狀逮捕和無審判入獄，違反了第一次世界大戰後巴黎和會提倡的民族自決原則，背棄對印度自治的承諾。因此，甘地領導的國大黨以**阿姆利則慘案**為由，與全印穆斯林聯盟合作，展開第一次**不合作運動**，最終迫使英國讓步。但是，運動中期出現部分暴力行動，甘地決定宣布停止運動。不久後，印度教徒與伊斯蘭教徒再次對立，反英運動暫時停止。

一九二九年，**尼赫魯**領導的青年派在**拉合爾大會**上通過**印度獨立宣言**，反英運動再次升溫。一九三〇年英國頒布**製鹽法**（食鹽專賣制度，禁止人民私自製鹽）。作為對抗，甘地發起**第二次不合作運動**，帶領支持者進行「**食鹽長征**」，遊行到海岸自己製作食鹽，象徵對英國的抵抗。

印度走向獨立的過程

	英國	印度
	1914~18 第一次世界大戰	
1915		甘地從南非返回印度
19	羅拉特法（強化鎮壓）	反英情緒升溫
	阿姆利則事件	
	印度統治法	甘地（國大黨）不合作運動（真理永恆）
		（演變為暴動）
22		甘地宣布中止運動
27	設置西蒙調查團（研究印度管理制度的修定）	
29		國大黨在拉合爾大會（尼赫魯領導）上要求完全獨立（印度獨立宣言）
30		第二次不合作運動(~34) 甘地「食鹽長征」
	1935 新印度統治法	
	1939~45 第二次世界大戰	
		國大黨的戰爭不合作聲明
47		印巴分裂
48		甘地遭到暗殺

英國的懷柔政策與第二次世界大戰

英國為了緩解反英運動，從一九三〇年起在倫敦舉行三次**英印圓桌會議**，但是都以失敗收場。一九三五年，英國發布**新印度統治法**，賦予印度各邦自治權，此時將緬甸從印度分離。

第二次世界大戰爆發時，甘地領導的**國大黨**（印度教）發起「**退出印度運動**」，反抗英國殖民。同時，**真納**領導的**全印度穆斯林聯盟**（伊斯蘭教）則以戰後獨立建國為條件，在戰爭中支持英國。這兩股政治勢力加劇宗教對立，促成

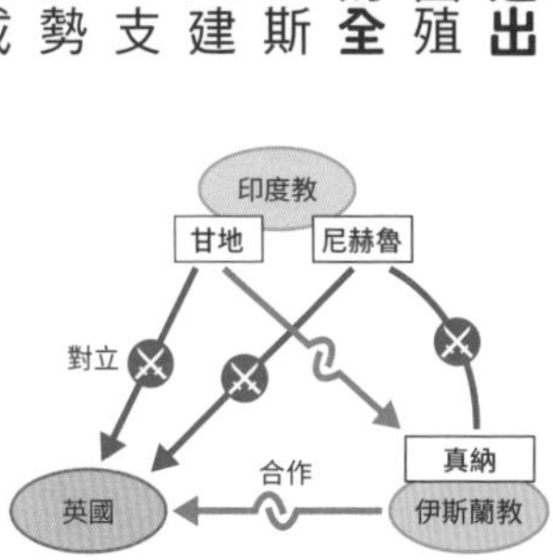

甘地、尼赫魯、真納與英國的關係圖

小知識　**阿姆利則慘案**：印度人民在阿姆利則舉行反英集會時受到英軍武力鎮壓，造成1500人死傷的事件。

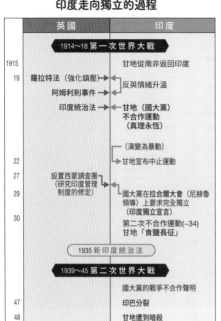

二戰後印度與巴基斯坦分裂。

第二次世界大戰後的印巴分裂

第二次世界大戰末期，甘地主張建立一個不分宗教的「統一印度」，試圖整合印度國大黨，但是遭到真納率領的全印度穆斯林聯盟強烈反對，也導致國大黨內部分派別轉向支持分裂。

一九四七年，英國的艾德禮工黨內閣決定接受印度分裂，由末代印度總督蒙巴頓裁定，印度正式分裂為以印度教為主的**印度聯邦**，與以伊斯蘭教為主的**巴基斯坦共和國**，引發大規模民族遷徙與暴力衝突。甘地在印巴分裂後，進行長期絕食抗議，致力追求印度統一。然而，在**第一次印巴戰爭**一個月後的一九四八年一月三十日，甘地遭到狂熱印度教徒暗殺，使他統一印度的夢想化為泡影。

第三世界的形成與不結盟運動

一九五〇年，印度共和國成立（聯邦⬇共和國），第一任總理**尼赫魯**成為**第三世界**重要領袖，致力於在美蘇冷戰裡保持中立。一九五四年，尼赫魯與印尼總統**蘇卡諾**共同主持**可倫坡會議**，試圖促成**印度支那戰爭（法越戰爭）**早期停戰。同年，尼赫魯與中國總理**周恩來**會談解決西藏問題，並發表**和平共處五原則**。這些原則成為翌年**第一屆亞非會議**（於印尼萬隆舉行）發表的**和平十原則**的基礎以及**不結盟運動**的核心思想。

然而，一九五八年，巴基斯坦發生軍事政變並建立親美的軍事政權，與尼赫魯在印度推行的社會主義政策對立，兩國關係更加緊張。

三次印巴戰爭

【第一次】一九四七年印巴分裂，引發大規模宗教人口遷移（印度教徒遷往印度，伊斯蘭教徒移居巴基斯坦）。同年爆發**第一次印巴戰爭**。**甘地**成功促成雙方停火，卻遭到極端民族主義者暗殺。

【第二次】**喀什米爾地區**位於印度西北部與中國、巴基斯坦邊界，由信仰印度教的藩王統治，然而當地七〇%以上的居民都是穆斯林。按照分裂協議，統治者若為印度教徒，則該地歸屬印度；若為伊斯蘭教徒，則歸屬巴基斯坦，所以喀什米爾地區成為印度領土。然而，當地居民以穆斯林為主，巴基斯坦軍趁暴動時入侵喀什米爾，引發一九六五年**第二次印巴戰爭**（**喀什米爾戰爭**）。最終在聯合國的調停下，喀什米爾被分割為巴基斯坦和印度領土。

【第三次】印巴分裂過程中，穆斯林為主的區域被劃入巴基斯坦領土，導致該國由地理上不連續的東、西兩部分組成。首都伊斯蘭瑪巴德所在的西巴基斯坦（現巴基斯坦）是政治中心，而東巴基斯坦則與印度經濟關係密切，且使用孟加拉語，因而逐漸對西巴基斯坦的統治產生反抗。一九七一年，印度在**東巴基斯坦叛亂**中支援叛軍，引發**第三次印巴戰爭**。戰後，東巴基斯坦獨立為**孟加拉人民共和國**。

喀什米爾戰爭與東西巴基斯坦分裂

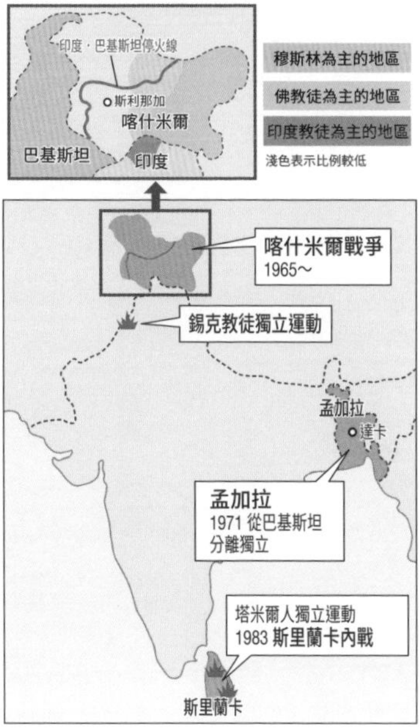

核試驗與恐怖主義威脅

一九七〇年代，印度在蘇聯的技術協助下進行**核試爆**，成為繼中國後世界第六個**擁核國家**，加劇了印巴之間的緊張局勢。儘管一九八九年**冷戰結束**後，世界各國紛紛裁減核子軍備，但是印巴兩國仍未簽署一九九六年的**全面禁止核試驗條約**。一九九八年，印度進行第二次核試爆，巴基斯坦為了抗衡也成功進行核試爆，成為擁核國家。

除了核武問題外，印度國內**伊斯蘭激進派**策劃多起**恐怖攻擊**，而巴基斯坦進入二十一世紀後，**塔利班**和**蓋達組織**也曾發起多次恐怖攻擊，威脅國家安全。

世界史聊天室

甘地 × 路易十四

你的光明磊落令我感到佩服，實在是太了不起了。

謝謝，畢竟我曾以不屈的精神引導三億人投入獨立運動。

回想起來，我統御人民的方式完全不一樣呢！當然，我不認為自己的做法有什麼錯。為了守護國土、建立不輸給敵國的強大國家，國王必須擁有絕對的權力，即使手段強硬，也要把民眾統一起來。

在你的時代，不論哪一國的國王想法都一樣吧？但是，我認為應該從人民的角度領導國家。相信自己所見、所感的正確道路，就付諸行動。

美國史

CHAPTER 05

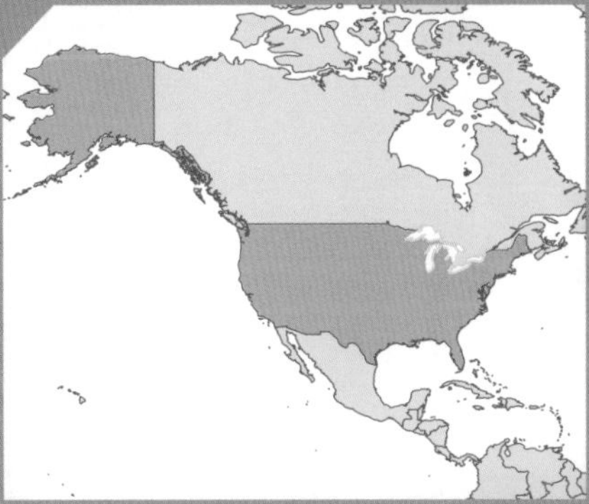

contents

美國史大事紀

湯瑪斯・傑弗遜 (1743~1826)

亞伯拉罕・林肯 (1809~1865)

1607年	英國開闢維吉尼亞殖民地（13個殖民地中最早成立）
1682年	法國宣布占領密西西比河流域，命名作「路易斯安那」
1732年	英國建設喬治亞殖民地（13個殖民地中最後成立）
1754年	七年戰爭（～1763年）英國獲勝
1773年	茶稅法的制定➡發生波士頓茶黨事件
1775年	美國獨立戰爭➡1776年草擬《獨立宣言》
1783年	《巴黎條約》……英國承認美國獨立、取得密西西比河以東大部分領土
1823年	門羅宣言……美歐互不干涉內政
1848年	淘金熱……促進西部開拓
1861年	南北戰爭（～1865年）➡北方勝利
1869年	大陸橫貫鐵路通車➡1890年邊疆消失
1898年	美西戰爭……「加勒比海政策」的一環

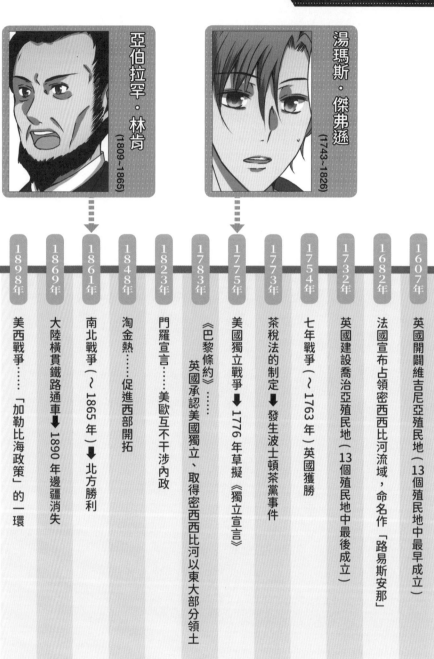

富蘭克林・羅斯福
(1882~1945)

- 1917年　加入第一次世界大戰……放棄孤立主義，避免干預歐洲事務
- 1929年　金融恐慌（紐約華爾街）⬇經濟大恐慌
- 1933年　羅斯福新政發軔
- 1941年　太平洋戰爭（～1945年）×日本
- 1947年　發表杜魯門主義⬇冷戰開始
- 1962年　古巴危機✕赫魯雪夫（蘇聯）
- 1965年　軍事介入越戰（～1973年：撤退）
- 1979年　應對伊朗革命，並援助阿富汗對抗蘇聯入侵
- 1989年　馬爾他會議＋戈巴契夫（蘇聯）……冷戰結束
- 2001年　美國發生多起恐怖攻擊事件　by賓拉登
- 2008年　雷曼風暴⬆次級貸款引發金融危機

湯瑪斯・傑弗遜
我們必須站出來推翻英國的暴政！
拿出我們的實力對抗他們！
美國獨立戰爭自一七七五年展開，但在首戰——萊星頓戰役中，美軍未能如願取勝。
有三分之一的人民支持獨立，三分之一支持留在英國，
還有三分之一保持中立。
如果無法說服中立派支持獨立，這場戰爭絕不可能贏。
但是該怎麼做？
議論
……我們擬定一份獨立宣言如何？
喧嘩
好主意！來寫一份能夠說服中立派支持獨立的宣言！
湯瑪斯。
《獨立宣言》的初稿原本應由委員會成員富蘭克林撰寫，
但他現在臥病在床，
這個任務只好交給你了。
約翰・亞當斯
……在。
這怎麼行？我的資歷太淺了。
不，你比我更受國民信任，
而且你的文筆比我好多了。

你可以接下這個任務吧？
……
如果你堅持，我會盡力完成這個任務的。
緊握…
湯瑪斯，拜託你了！
好吧。
我想要在這份《獨立宣言》中傳達平等與自由的理念，
還必須成立政府來保護這些權利。
如果這些目標無法實現，那麼革命也就沒有意義了。
人皆生而平等，
享有造物主賦予他們不可剝奪的權利，
包括生命、自由和追求幸福的權利。
傑弗遜完成初稿後，經過討論與修訂，《獨立宣言》於一七七六年七月四日正式通過。
這份宣言揭露了英國的暴政，宣揚平等與自由的理念，成為美國獨立的重要基石。
後來，獨立軍在法國等國的支援下取得勝利，美國成功獨立。
傑弗遜則在華盛頓的政府中擔任首任國務卿，
負責與歐洲的外交事務。

美國 1

湯瑪斯・傑弗遜

Thomas Jefferson

Profile

1743~1826／男性

美利堅合眾國第三任總統

（在位：1801~1809）

人物介紹

一七七六年，在與英國獨立戰爭中，傑弗遜是《獨立宣言》的主要起草者。之後，美國獲得法國及許多義士的支援，成功獨立。在第一任總統華盛頓政府中，傑弗遜擔任國務卿，積極處理法國大革命後動搖的對歐洲外交關係。

他擔憂一七八七年制定的合眾國憲法造成聯邦政府（總統）權力過大，組建民主共和黨，並在一八〇〇年的總統選舉中當選第三任總統。隨著聯邦黨衰退，民主共和黨形成一黨獨大的政局。

小故事

傑弗遜與華盛頓都出生於維吉尼亞的傳統農場主家庭。傑弗遜是虔誠的基督徒，但是他主張政教分離，宗教觀較為理性。另外，他由律師轉任維吉尼亞州長的經歷顯示出他能言善辯，具有獨特的氣質。他與許多知識分子往來，並創立維吉尼亞大學。據說他曾向雇用的奴隸授予許多知識，展現教育學者的一面。

關係圖

漫畫中的歷史名詞

萊星頓戰役

美國獨立戰爭的第一場戰役，發生於一七七五年四月。英軍得知殖民地人民在康科德蒐集武器，便派兵前往摧毀殖民地軍火庫，雙方爆發軍事衝突。

富蘭克林

外交官、作家及科學家，被譽為「最有名的美國人」。他曾參與起草《獨立宣言》，後來出任駐法大使，成功遊說歐洲各國提供援助此外，他也因發明避雷針及玻璃琴而聞名。

約翰·亞當斯

第二任美國總統以及美國海軍創始人之一。他是麻薩諸塞殖民地的代表，一七八三年代表美國與英國簽訂《巴黎條約》。一八〇〇年總統選舉中，與同為聯邦黨的漢彌爾頓對立，敗給反聯邦黨的傑弗遜而連任失敗。他的兒子約翰·昆西·亞當後來成為美國第六任總統。

法國援軍

在富蘭克林的外交努力下，由法王路易十六提供的軍事及經濟支援。《法國人權宣言》的起草者拉法葉也率領義勇軍參戰。不過，這卻加劇了法國的財政危機。

華盛頓

一七五四年開始的七年戰爭中，華盛頓作為殖民地民兵指揮官名聲鵲起，於第二次大陸會議中被任命為殖民地軍總司令。他擔任制憲會議主席，並於一七八九年在紐約就任首任美國總統。

國務卿

負責美國外交事務的最高內閣成員，也是美國國務院的院長，於一七八九年設置。歷代國務卿都在美國歷史中發揮關鍵作用。

1776年改變美國局勢的兩篇文章

① 1776年1月《常識》作者湯瑪斯·潘恩

「……也就是說，分離獨立才是美洲大陸的真正利益，其他一切都只是一時的蒙騙……」

↓

英國政府在工商業和貿易上的剝削！

② 1776年7月4日《獨立宣言》起草者湯瑪斯·傑弗遜

「……人人生而平等…。造物者賦予人們生命、自由及幸福的追求。而且……不論什麼形式的政治對這個目標有破壞作用時，人民就有權力改變或廢除它，建立一個新政府。而奠基的原則……」

- 人人生而平等 → 不包含原住民跟黑人
- 人人生而平等 → 《法國人權宣言》(1789)中提到人人生而自由且平等，否定「造物主」
- 就有權力改變或廢除它 → 此處意指英國哲學家洛克提倡的革命(抵抗)權

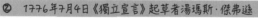

大航海時代與殖民地建設、脫離英國獨立

大航海時代以前的美國

距離今天兩萬到三萬年前，居住於歐亞大陸的**蒙古人種**狩獵民族，經由當時與北美洲相連的白令海峽，從阿拉斯加南下洛磯山脈，在此定居。這些人被認為是**美國原住民印地安人**的祖先。十到十一世紀，部分北歐諾曼人從格陵蘭一帶渡海至美洲東北部，但是並未長期定居。

大航海時代的美國

日內瓦航海家**哥倫布**熱衷於天文學家**托斯卡內利**的「**地圓說**」，他在西班牙女王**伊莎貝拉**的援助下，於一四九二年駕駛聖塔瑪利亞號向西航行，尋找印度。約七十天後，哥倫布抵達現今**巴哈馬群島**的**聖薩爾瓦多島**（有「神聖救世主」之意）。哥倫布共進行了四次加勒比海域探險，且始終相信他所到達的島嶼是印度。

十五世紀末，佛羅倫斯航海家**亞美利哥**多次探險南美與北美之間的地區，並宣布這片大陸並非亞洲。後來，人們以他的名字將這片土地命名為「**亞美利加**」。但是，為了紀念哥倫布的功績，至今加勒比海地區仍稱作**西印度群島**，當地原住民也被稱為**印地安人**。

英國的殖民地建設

十六世紀後期，伊莉莎白一世時代的英國曾在北美東岸建設殖民地，以失敗結束。直到一六〇七年，英國才成功在東南部沿岸建設了**維吉尼亞殖民地**，是英國在北美的首個殖民地，也是首次進口黑奴及舉行

第一次**殖民地議會**（由鎮民會議代表參加）的地方。之後，在母國遭受迫害的清教徒團體（稱為**朝聖先輩**）在**普利茅斯**登陸，成立**新英格蘭殖民地**。這塊土地發展為**麻薩諸塞殖民地**，成為美國獨立革命的中心。

一六六四年，英國占領荷蘭在北美的殖民地，改名為**紐約殖民地**。一六八一年，英國建立**賓夕法尼亞殖民地**，範圍涵蓋現今費城與其周邊地區。一七三二年，又在北美洲最南端建設**喬治亞殖民地**，形成後來獨立的**十三個殖民地**。

13個殖民地與美國獨立戰爭

法國的殖民地建設

在十六世紀法蘭索瓦一世時代，法國探險家卡蒂亞前往北美聖羅倫斯河探險。一六〇八年亨利四世時代，探險家尚普蘭在聖羅倫斯河口建立**魁北克**，是「**加拿大**」發展的開端。此外，在一六八二年（路易十四時代），探險家拉薩勒前往密西西比河流域探險，將此地命名為「**路易斯安那**」，獻給路易十四。

英法殖民地戰爭

十七世紀末開始，英法兩國為了新大陸與印度殖民地問題爆發四次殖民地戰爭。英國在第二次的**安妮**

女王戰爭中獲勝，簽訂一七一三年**烏特勒支條約**，獲得哈德遜灣沿岸、紐芬蘭島及阿卡迪亞。在第四次的**七年戰爭**，英國再次獲勝，於一七六三年簽訂的**巴黎條約**中，取得法屬**加拿大**和**密西西比河以東的路易斯安那地區**，還從西班牙手中得到佛羅里達，成功將法國趕出北美，並加強對殖民地的壓迫。

殖民地的反抗

英國雖然在七年戰爭中勝利，但國內卻陷入財政困難。於是，英國政府推行重商主義，課徵重稅並抑制殖民地工商業發展。另一方面，殖民地居民戰勝法國和印地安人，消除了外來威脅，也降低了對英國軍事及經濟援助的依賴。

然而，英國陸續宣布**砂糖法**、**印花稅法**，引發殖民地人反抗，並主張「**無代表，不繳稅**」原則（若英國不允許殖民地代表參與議會，殖民地就不必遵守議會通過的法案）。一七七三年，為了拯救財政吃緊的東印度公司，英國發布**茶稅法**。憤怒的殖民地居民發起**波士頓茶黨事件**（激進派衝入波士頓港的船隻，將東印度公司的茶葉箱倒進海中）。作為報復，英國**封閉波士頓港**，並剝奪麻薩諸塞殖民地的自治權。

一七七四年，北美十三個殖民地的各代表齊聚費城，召開第一屆**大陸會議**，發表反對英王喬治三世的聲明。隨後，維吉尼亞州的派翠克·亨利在一場著名的演說中喊出「不自由，毋寧死」的名言，**獨立戰爭**的氣氛更加熱烈高漲。

獨立戰爭

一七七五年，**萊星頓**與**康科德**戰役揭開獨立戰爭的序幕。第二年，作家**湯瑪斯·潘恩**發行《**常識**》小

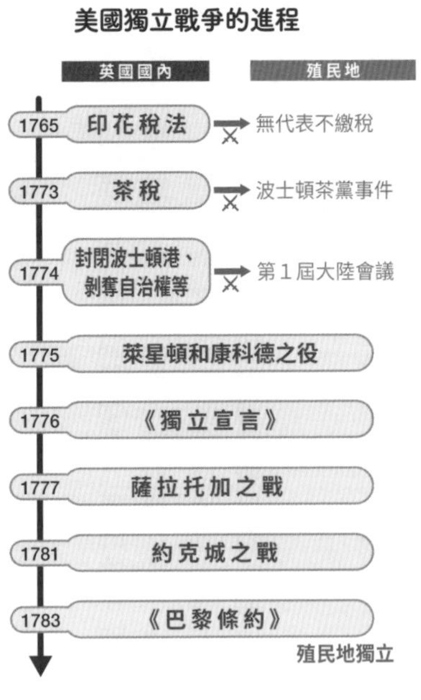

冊，強烈主張獨立的必要性。同年七月四日，第二次大陸會議通過了**傑弗遜**等人起草的《**獨立宣言**》。隨著戰爭進行，占殖民地人民近半數的中立派逐漸轉向支持獨立。

此外，駐法大使**富蘭克林**成功爭取到法國等反英國家的支援，法國貴族**拉法葉**和波蘭愛國志士**柯斯丘什科**等義軍也伸出援手。一七八一年**約克城之戰**中，殖民地軍大勝，最終通過一七八三年的**巴黎條約**，美國正式脫離英國獨立，並取得密**西西比河以東的土地**，成為日後領土擴張的基礎。

美國獨立戰爭的勝利被視為十八世紀末到十九世紀初革命浪潮的開端，對日後的法國大革命和中南美洲獨立運動產生深刻影響。

美利堅合眾國建國

在獨立戰爭期間的一七七七年，大陸會議通過《**美國邦聯條例**》，將十三個州以較鬆散的邦聯形式結合，然而並未授予聯邦政府徵稅權和設置常備軍的權利。一七八七年又制定新的《**美利堅合眾國憲法**》，改行聯邦制（權力歸中央），大幅強化聯邦政府權限。

一七八九年，**華盛頓**（殖民地軍總司令官）當選首任美國總統，由湯瑪斯·傑弗遜就任國務卿，**漢彌爾頓**擔任財政部長。

但是，憲法在政府內部引發爭議。北部工商業者支持合眾國憲法，主張聯邦主義（由漢彌爾頓領導）；而以南部農民為代表的反聯邦派則強調州政府權力，主張削弱聯邦政府權限。這兩大派系，成為後來美國兩大政黨的雛形。

最終，反聯邦派的傑弗遜在選舉中打敗第一、二任總統的聯邦派，當選第三任總統，並促成**民主共和黨**形成，加速了美國民主化。

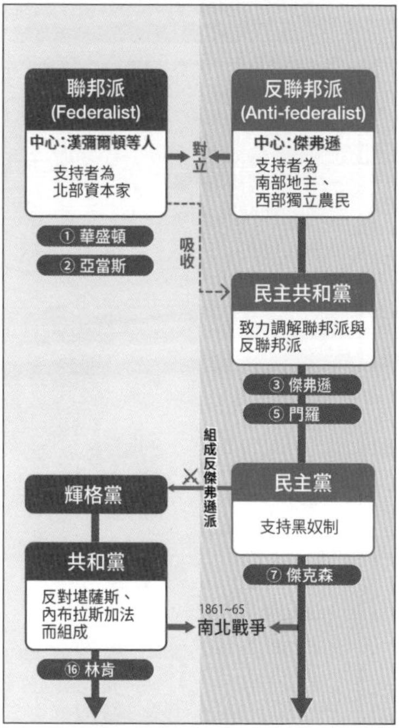

小知識　美國紙鈔上的圖案是過去總統的頭像，如華盛頓(1元鈔)、傑弗遜(2元鈔)、漢彌爾頓(10元鈔)與富蘭克林(100元鈔)。

一八六一年，美國南北戰爭爆發。一八六三年，北軍在蓋茨堡戰役中取得勝利，局勢逐漸明朗。
同年十一月，在蓋茨堡國家公墓揭幕式中，
林肯
美國第十六任總統亞伯拉罕·林肯發表了著名的演說。
八十七年前，
我們的父輩們，
在這片土地上建立了一個新國家。這個國家誕生於自由，
並奉行人人生而平等的信念。
我們最初為了脫離英國的統治而戰，
北部
工商業發達
主張保護貿易
反對奴隸制度
支持聯邦制度
為何現在卻要彼此對立？
南部
農業發達
支持自由貿易
贊成奴隸制度
強調州自治權
在南北戰爭初期，南方占有優勢。
但作為北軍的領袖，我必須堅持到底，絕不能失敗。
透過《公地放領法》，西部的開拓者加入了我們的陣營。
《公地放領法》
凡年滿21歲以上的合眾國國民，不分男女，皆可租借公有土地，耕作滿5年後，可免費獲得160英畝的土地。
《解放奴隸宣言》更讓我們爭取到道德的正當性與國際支持。

那些光榮戰死者盡了最後的全力，奉獻他們的生命。面對他們偉大的犧牲，
我們這些生者必須繼續完成未竟的事業。
我們將不會、絕不會讓犧牲者白白獻出生命。
我們將使這個國家在上帝的庇佑下，從自由中獲得新生。
而……
那為民所有、
為民所治、為民所享的政府，
也絕不會從這片土地上消亡。
一八六五年，北軍在格蘭特將軍的英勇指揮下勝利，南北戰爭結束，
這象徵美國統一的開始。
然而，戰後不久，林肯在劇院遭到支持南方的演員暗殺。那名演員擔心林肯會成為獨裁者。
戰後黑人雖曾獲公民權與參政權，但很快遭剝奪，並受歧視近百年，直到馬丁·路德·金恩的民權運動，才實現法律平等。
隨著南北戰爭結束，大陸橫貫鐵路完成，美國宣布「消滅邊疆」，原住民失去原有的土地。

美國 2

林肯

Abraham Lincoln

Profile

1809~1865／男性

美利堅合眾國第16任總統

（在位：1861~1865）

人物介紹

隨著美國西部領土擴張，南北對立也日益加劇。一八六〇年，北部支持的共和黨候選人林肯當選總統，引發南部十一個反對貿易保護且支持奴隸制的州脫離聯邦，組成美利堅邦聯，迅速演變為南北戰爭。戰爭初期，南軍占優勢。然而，林肯採取公地放領法，得到西部開拓者的支持，又在一八六三年發表《解放奴隸宣言》，鞏固北方在國際上的道義形象。同年，北軍在蓋茨堡戰役中告捷，林肯在國家公墓揭幕式上發表著名的演說。

一八六五年，北軍在格蘭特將軍的率領下大勝，南北戰爭結束。不過，戰後結束後不久，林肯就遭到恐怖分子暗殺。

小故事

據傳，有一位小女孩曾建議林肯蓄鬍，結果他真的採納此建議後成功當選。他是少數受到民眾普遍愛戴的總統之一，這源自於他兒時生活困苦，又失去三個孩子後所展現出沉靜又堅毅的性格。據說，他原本個性陰沉，但一站上台演講就像變了個人似的。

儘管林肯最初並不支持種族平等，但是他在內戰中仍站在人道主義的角度提倡解放奴隸。

關係圖

漫畫中的歷史名詞

蓋茨堡戰役

南北戰爭中最激烈的戰役，於一八六三年七月爆發在賓夕法尼亞州最南端的小村。此外，據統計，南北戰爭總共造成約六十二萬人死亡。

聯邦制度（聯邦主義）

強調中央政府（聯邦政府與總統）權力的制度。相對地，「反聯邦主義」則主張州權主義，認為州政府自主權應高於中央政府。

《解放奴隸宣言》

林肯於一八六三年一月一日發表的宣言，宣布解放南部地區奴隸。這是美國廢奴運動重要的一步，同時也確立美國北部「解放奴隸」的戰爭目標，提升國內外對北軍的支持。

格蘭特將軍

北軍的總司令官。他與南軍總司令官李將軍對決，並在一八六五年迫使對方投降，結束南北戰爭。戰後，他成為美國第十八任總統，主導南方重建。五十美元紙鈔上印的正是格蘭特將軍的頭像。

金恩牧師

美國黑人解放運動的領袖。他以甘地的非暴力主張為模範，領導許多公民運動。金恩牧師因聯合抵制蒙哥馬利巴士運動（反對公車上種族隔離制度）而嶄露頭角，在《解放奴隸宣言》一百周年的一九六三年華盛頓遊行中發表著名演講「我有一個夢」。一九六四年，他獲得諾貝爾和平獎，一九六八年，在「窮人運動」期間被刺殺。

橫貫大陸鐵路

一八六九年，第一條橫貫美國大陸的鐵路通車，連接內布拉斯加州奧馬哈到加州沙加緬度，全長約二八二六公里，由聯合太平洋鐵路與中央太平洋鐵路公司，分別從東、西端開始鋪設，並在洛磯山脈東方的普瑞蒙特瑞接軌。

美國黑人問題的歷史源流

南方熱帶種植園
奴役黑人

約17世紀 菸草、米 → 18世紀末 棉花

19世紀前期
北部
反對蓄奴…斯托《湯姆叔叔的小屋》(1852)

南部
支持蓄奴

1863年 《解放奴隸宣言》(南北戰爭中) by 林肯總統
1865年 南北戰爭北方勝利
65年 解放✕ 3K黨(Ku Klux Klan) (反黑人祕密組織)
68年 公民權
70年 參政權 } 之後被剝奪

1920年代 排外主義流行，加劇黑人歧視
1955年 抵制巴士運動
63年 華盛頓大遊行(前往林肯紀念館) by金恩牧師
64年 制定民權法 by詹森總統 (重新獲得公民權、參政權!)

3K黨
金恩牧師

淘金熱與南北戰爭、美國的繁榮

英美戰爭與影響

一八一二年，**英美戰爭**爆發，部分原因是英國正身陷歐洲的拿破崙戰爭，阻礙了美國與歐洲大陸通商。許多印地安人因為土地被美國剝奪，轉而支持英國。英美戰爭最後以雙方簽訂和平條約告終（根特條約）。戰爭後，美國進一步向西擴張並迫害印地安人。不過，戰爭也激發美國經濟自立。尤其是在一八一六年**關稅保護法**推動下，美國東北部的工商業迅速發展，隨著**動力織布機**與**蒸氣船**的發明，**工業革命**逐漸展開。

美國領土擴張及外交政策

美國反對歐洲干涉中南美洲獨立與俄羅斯在太平洋的南下政策，於是在一八二三年發布**門羅主義**聲名，強調歐洲與美洲大陸互不干涉。

一八〇三年，美國向法國購買密西西比河以西的路易斯安那，一八一九年又從西班牙獲得佛羅里達，隨後德克薩斯與奧勒岡也接連併入。美國殖民者主張擴張領土是上帝給他們的

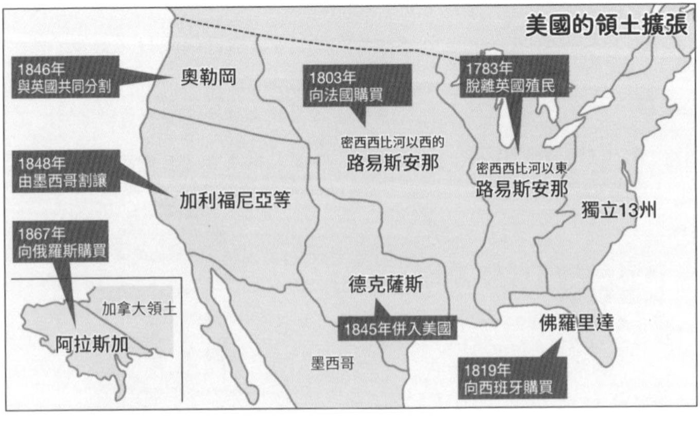

使命，稱為**天命昭彰**，依此合理化對印地安人的迫害。

第一位出身西部的第七任總統**傑克森**主導「**傑克森式民主**」運動，強調男子普選，但原住民和黑人卻不能參與。此外，他在一八三〇年發布《**印地安人遷移法案**》，迫使許多原住民遷移到密西西比河以西，這條西遷之路稱為「眼淚之路」。

淘金熱與南北對立的開始

德克薩斯併入美國後，美墨產生邊界爭議，引發**美墨戰爭**。美軍獲勝，從墨西哥取得加利福尼亞等廣大的北部領地。一八四八年，加利福尼亞發現金礦後爆發**淘金熱**，美國東部居民蜂擁移居西部。

美國的南北對立

	北部	南部
經濟基礎	工商業	熱帶栽培園
貿易政策	保護貿易	自由貿易
奴隸制	反對	支持
政體	聯邦主義	州權主義

美國逐漸區分成三個區域：以工商業為重心的北部（東北部）、採行奴隸制的南部，與充滿開拓精神的西部。隨著經濟與社會結構差異擴大，北部的**輝格黨**和南部的**民主黨**間對立加劇，奴隸制度、貿易政策及政治體制等都成為衝突的導火線。《**湯姆叔叔的小屋**》的發行及**堪薩斯－內布拉斯加法案**（允許居民自由蓄奴）的通過都突顯了奴隸制的問題，促使輝格黨中的人道主義者組成新的**共和黨**，形成與民主黨的政治對立。

南北戰爭

一八六〇年，主張反蓄奴與保護貿易的共和黨候選人**林肯**當選總統。南方十一個州反對林肯的政策而脫離美國，組成**美利堅邦聯**，並於一八六一年引發南北戰爭。

戰爭初期，南方由**李將軍**領軍，取得多次勝利。一八六二年，林肯發布**公地放領法**，鼓勵西部拓荒者改當自耕農，西部農民轉而支持北方。第二年林肯又發表《**解放奴隸宣言**》，確立廢奴為戰爭目標之一，促使國際輿論轉向支持北方。一八六五年，北軍攻陷美利堅邦聯的首都里奇蒙，南北戰爭由北方獲勝。

小知識　**眼淚之路：**指依據《印地安人遷移法案》，切羅基族被強迫遷移的苛刻旅程。

邊疆消滅

一八六五年，依據**憲法第十三條修正案**，奴隸制廢除，隨後，黑人也獲得公民權和參政權。但是，祕密組織**3K黨（Ku Klux Klan）**持續迫害黑人。許多黑人留在南部，成為收益分成的**佃農**，向地主租用土地並繳交一半的收穫，生活依然貧困。

一八六七年，美國向俄羅斯**購買阿拉斯加**，一八六九年，連結東西部的**橫貫大陸鐵路**通車促進了西部開拓。最終在一八九〇年，美國政府宣布「**邊疆消滅**」，意味著美國已無未開發之地，成功統一國內市場，開始把目光轉向國外。

加勒比海政策

第二十五任共和黨總統**麥金利**擴大解釋**門羅主義**，推行**加勒比海政策**（宣稱加勒比海為美國的內海，意在排除西歐列強對美洲的影響），這也是美國帝國主義政策的一部分。一八九八年，美國在**美西戰爭**中戰勝西班牙，幫助古巴獨立，並取得菲律賓、關島及波多黎各。接著，美國**併吞**從王國轉型為共和國的**夏威夷**。

一八九九年，國務卿**海約翰**為了確保在中國的利益，主張**門戶開放政策**。第二十六任共和黨**老羅斯福總統**則提倡**巨棒外交**，強調美國有權擔任「世界警察」，監督歐洲列強對美洲的干預。此外，老羅斯福總統意圖進軍中國，因此出面調解日俄戰爭和第一次摩洛哥危機（也因此贏得諾貝爾和平獎）。另一方面，他協助巴拿馬脫離哥倫比亞獨立，並促成**巴拿馬運河**興建，為美國建立通往太平洋的通道。

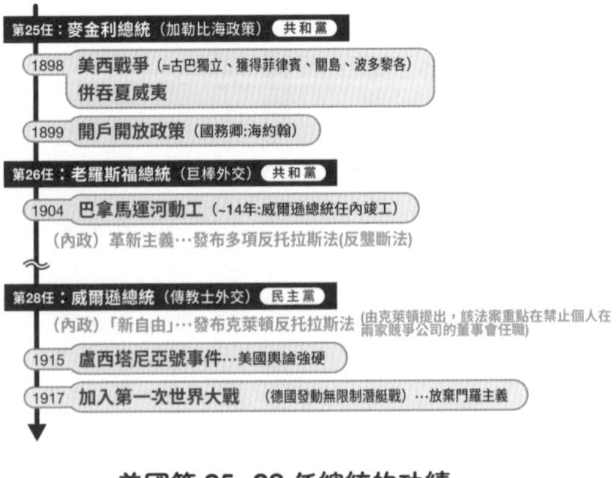

美國第25~28任總統的功績

小知識 **巴拿馬運河**：穿越巴拿馬地峽，連接太平洋與大西洋的運河。於1914年威爾遜總統任內啟用。

一戰與一九二〇年代美國的繁榮

第一次世界大戰開始時，美國保持中立，但**盧西塔尼亞號沉船事件**（犧牲者多為美國人）與德國宣布**無限制潛艇政策**（無差別攻擊波及美國籍船隻）加劇美國對德國的不滿。第二十八任民主黨總統**威爾遜**以此為由，放棄傳統的**門羅主義**，在一九一七年參戰。美國對協約國戰勝起到關鍵作用，但在巴黎和會中，威爾遜主張理想主義（勝敗皆處罰），與法國基於現實主義要求嚴厲制裁德國的立場形成對立。威爾遜在戰後不要求領土和賠款，也引起美國國民抗議。他在一九二〇年總統選舉中敗選，由共和黨的**哈定**繼任。隨後，共和黨連續三任掌握政權十二年，推行**孤立主義**外交及支持壟斷資本政策。

美國在第一次世界大戰中因大量武器出口而獲利，形成經濟榮景，稱為「**永遠的繁榮**」。但由於大量生產及消費，最終導致一九二九年**華爾街股災**，間接促成**經濟大恐慌**。

小羅斯福

富蘭克林・羅斯福
一九〇〇年代，美國經濟空前繁榮。
第31任美國總統
胡佛
我們打擊貧困的努力，已接近最後的勝利！
1929華爾街股災
1929.9.3
最高點
381.17
1929.10.24
黑色星期四
1929.10.29
黑色星期二
但在一九二九年十月二十四日，紐約華爾街的股市突然暴跌，
從此開始了長達十年的經濟大恐慌。
當時的共和黨總統胡佛束手無策，經濟進一步惡化。
一九三三年，民主黨第三十二任總統富蘭克林・羅斯福（又稱小羅斯福）上台。三十九歲起，他因罹患小兒麻痺而以輪椅代步。
小羅斯福提出一系列新政，透過由政府主導的經濟政策挽救了美國經濟。
……現在不宜採取自由放任的經濟政策。
我要成立田納西河谷管理局、民間植林治水隊、公共工程局、公共事業開發局，利用公共事業創造就業機會。
還要提升勞工地位，並加強社會保障制度。
此外，小羅斯福總統還透過廣播與國民直接對話。
把錢存在重新開張的銀行，比藏在家裡的地毯下更安全！
美國經濟的重建，最需要的，
是你們的信任與勇氣。
只要團結一致，我們一定能成功。

小羅斯福打破了美國總統只能連任一次的慣例，成功連任三次，總計四個任期。
他在第二次世界大戰期間也發揮卓越的領導力。
我們期待建立一個
基於四大基本自由的世界，
第一是言論與表達的自由；
第二是每個人以自己的方式敬拜上天的自由；
第三是免於匱乏的自由；
第四是免於恐懼的自由。
為了守護這四大自由，我們必須對抗獨裁者！
接著……
什麼？日軍竟然攻擊珍珠港！
隨後，美國加入第二次世界大戰。
日本終於還是挑戰我們了……讓日本見識我們的力量，
抗戰到底！
接下來，美國投入長達三年半的太平洋戰爭。

美國
3
富蘭克林・羅斯福
Franklin Roosevelt

Profile
1882~1945／男性
美利堅合眾國第32任總統
（在位：1933~1945）

人物介紹

經濟大恐慌不斷蔓延，民主黨的富蘭克林・羅斯福（前紐約州長，又稱小羅斯福）相隔十二年取代共和黨執政，成為新任總統，立刻展開新政。他放棄自由放任主義，採取國家干預經濟，推行保護勞工、管制生產以提高價格、建設水壩提高就業機會等政策，嘗試復甦美國經濟。

一九四四年，第二次世界大戰期間，小羅斯福第四次連任總統。他對珍珠港事件感到激憤，向國會演說並決定對日本宣戰。他在太平洋戰爭中與日本作戰，但在勝利前夕的雅爾達會議後過世。

小故事

小羅斯福曾罹患小兒麻痺，導致半身不遂。在擔任紐約州長與總統選舉時，他都乘坐輪椅進行街頭演講，民眾認為不屈不撓的他是美國救星。他因高血壓引起的腦中風過世。小羅斯福善於制定戰術，日本參戰完全在他掌控之下，但他的某些觀點反映了過去的種族偏見思想。

關係圖

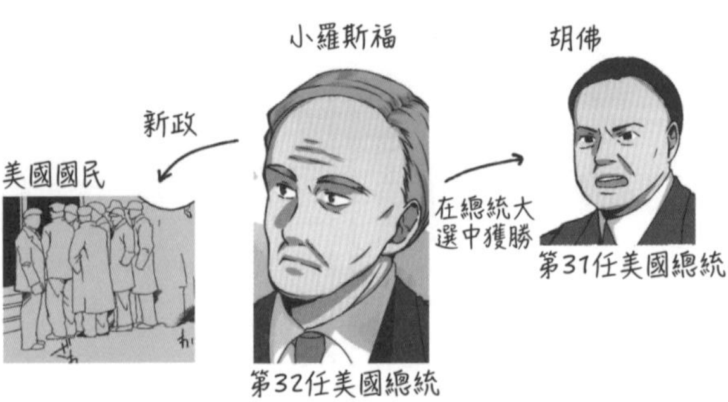

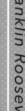

漫畫中的歷史名詞

胡佛總統

美國第三十一任總統（一九二九～三三年在位）。是共和黨在一九二一年開始的全盛期中最後一任總統，在就任演說上預言美國「永遠的繁榮」而名噪一時。一九二九年十月二十四日，華爾街股價暴跌引發經濟大恐慌，胡佛政府採取自由放任主義，被批評無所作為。

華爾街

全球金融市場的中心之一，位於紐約曼哈頓，集中著紐約證券交易所和眾多重要金融機構。名稱起源自十七世紀中期，荷蘭殖民者為了與印地安人分隔居住地而建造的城牆（wall）。

羅斯福新政

「新政」有重整國家機制之意，包含強化聯邦政府權限，積極介入經濟等政策。主要政策有農業調整法（AAA）、全國工業復興法（NIRA），以及一九三五年為保障勞工權利而制定的華格納法案。

廣播演說

美國首次廣播演說發生在一九二〇年。一九三三年，小羅斯福著名的《爐邊談話》廣播節目開始，成為他與國民的溝通管道，他善於利用大眾媒體操作輿論，更因為演說風格親切又充滿力量，提升了民眾的支持。

法西斯主義

政治及思想形態的一種，主張反民主、反社會主義，通過民族主義團結國家及合理化排外政策。法西斯主義興起於一九二〇年代戰後蕭條的義大利，隨著經濟大恐慌蔓延，最終導致德國納粹黨崛起。

珍珠港

位於夏威夷州歐胡島的峽灣，美國海軍在此設有基地。一九四一年，日本海軍派軍偷襲美國太平洋艦隊和基地，次日美國對日宣戰，開啟太平洋戰爭。

戰後美國歷任總統

任	共和黨	民主黨	年代
33任		杜魯門「公平政策」「圍堵政策」	1950
34任	艾森豪「推回政策」		
35任		甘迺迪「新邊疆政策」、古巴危機	1960
36任		詹森「大社會」、干預越戰	
37任	尼克森「法與秩序」		1970
38任	福特 召開第1次高峰會議		
39任		卡特「人權外交」	
40任	雷根「強大的美國」		1980
41任	老布希 馬爾他峰會(1989冷戰終止)		1990
42任		柯林頓 IT泡沫崩壞	2000
43任	小布希 美國同時多起恐怖攻擊		
44任		歐巴馬「無核化和平（布拉格）宣言」	2010
45任	川普 美朝領袖會議		
46任		拜登	2021
47任	川普		2024

經濟大恐慌到太平洋戰爭、冷戰時期

經濟大恐慌與美國的對策

共和黨的**胡佛**總統，面對一九二九年爆發的金融恐慌仍無法提出有效應對措施，導致危機迅速發展成**經濟大恐慌**，工業生產減至五〇%，失業人口超過一千五百萬人。一九三三年就任的民主黨**小羅斯福**總統提出**新政**，基於「修正資本主義」透過政府干預經濟，政策包括制定生產管制、提高價格、創造就業機會、改善勞工條件等。

此外，小羅斯福一改過去的孤立主義，提倡**睦鄰政策**，採取更靈活的外交政策。接著又通過**中立法案**，延續**門羅主義**外交政策以避免捲入歐洲的衝突。

內　政(3R政策)			外　交
救濟(Relief)	復興(Recovery)	改革(Reform)	
全國工業復興法(NIRA)(所有工業都由政府監督)		田納西河谷管理局(TVA)	•對拉丁美洲採取睦鄰外交
農業調整法(AAA)(生產的限制、價格的調整)		華格納法(保障團結權、團體談判權)	•1933年 承認蘇聯
停止金本位制		產業工會聯合會(CIO)	•1934年 菲律賓獨立法(承諾10年後完全獨立)
			•1934年 承認古巴獨立
			•1935年 中立法案

羅斯福新政

二戰與太平洋戰爭

基於中立法案，美國最初並未直接參與**第二次世界大戰**，然而，為了支援在歐洲遭孤立的英國，美國在一九四一年三月通過**武器租借法案**，同年八月，小羅斯福總統與英國首相**邱吉爾**在**大西洋會談**中確認戰爭目的，並提出戰後設立「聯合國」的構想。

同年十二月，日軍偷襲美國**珍珠港**，引爆**太平洋戰爭**。一九四二年，美國在**中途島海戰**中獲勝，隨後加入歐洲戰場。一九四五年，**雅爾達會議**決定戰後德國將被分割占領。會中，美國與蘇聯**史達林**簽訂**雅爾**

達密約，協定雙方分割占領朝鮮，間接促成**冷戰**。

然而，小羅斯福總統在雅爾達會議後不久就猝逝。接任的**杜魯門總統**參與**波茨坦會議**，並在會後下令於廣島與長崎投下原子彈，迫使日本無條件投降，結束二戰。

冷戰開始

一九四七年，杜魯門發表**杜魯門主義**，宣布對土耳其和希臘提供經濟援助以防止社會主義擴張，這也標誌著**「冷戰」**正式開始。隨後，國務卿**馬歇爾**提出金援歐洲戰後重建的**馬歇爾計畫**。同時，社會主義陣營設立**共產黨情報局**和**經濟互助委員會**，雙方陣營的對立更加組織化。一九四九年，資本主義陣營組成**北大西洋公約組織（NATO）**，蘇聯也在一九五五年設立**華沙公約組織**作為回應。

低盪時期

一九五二年美國總統選舉中，民主黨的杜魯門並未競選連任，由共和黨艾森豪總統繼任。一九五三年史達林過世，世界情勢隨之劇變。**艾森豪**與蘇聯總書記**赫魯雪夫**關係緩和，進入**「低盪」**時期。一九五五年的**日內瓦高峰會**（戰後東西方領導人首次會晤）、一九五六年赫魯雪夫公開**批鬥史達林**，與一九五九年**赫魯雪夫訪美**，都是低盪時期的重要事件。

冷戰緩解的「低盪」時期

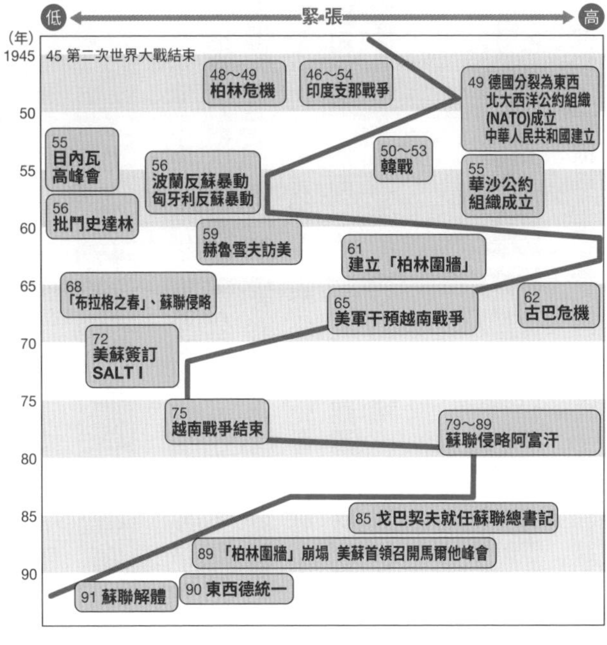

甘迺迪到詹森的民主黨政權

民主黨的**甘迺迪**在總統競選中，以**新邊疆政策**從共和黨手中重新奪回政權。他一方面致力於擴大公民權和社會福利，同時對抗古巴革命後發表社會主義宣言的**卡斯楚**政權。蘇聯在古巴建設核彈基地引發**古巴危機**，導致核戰一觸即發，最終赫魯雪夫讓步，一九六三年，美蘇雙方簽署**部分禁止核試驗條約**，局勢暫時緩和。

甘迺迪遭到暗殺後，副總統**詹森**繼任總統，繼承甘迺迪的內政政策。一九六四年，詹森推動**民權法案**，保障黑人參政權，進而推動**「大社會計畫」**。

干預越南造成經濟困境

為了阻止東南亞發生「社會主義骨牌效應」，美國決定軍事介入越南的南北對立，這個決策嚴重打擊美國經濟。面對一九七一年發生的**財政惡化**，共和黨尼克森總統宣布暫停黃金與美元的兌換（尼克森衝擊），暴露美國經濟的困境。一九七二年，**尼克森訪問中國**，促成**中美建交**。隔年簽訂**越南和平協定**，美軍全面撤出越南。

一九七〇年代後期的緩和政策

民主黨的**卡特**是南北戰爭後第一位南方出身的總統，他努力提出振興景氣方案及能源政策，並提倡**「人權外交」**，在他的任內簽訂巴拿馬運河返還協定，推動中東和平，實現美中關係正常化等，在外交上採行**緩和政策**。然而，一九七九年**伊朗革命**和**蘇聯侵略阿富汗**發生，卡特由於拖延處理危機，失去國民的支持。

新冷戰與冷戰結束

共和黨**雷根**以「**讓美國再次偉大**」的口號贏得總統選舉，最初對蘇聯採取強硬姿態，試圖削弱社會主義，因而引發**第二次冷戰（新冷戰）**。然而，軍費擴張導致美國出現財政和貿易的**雙重赤字**。

另一方面，蘇聯因侵略阿富汗而陷入政治及經濟衰退，就在此時，**戈巴契夫**上任成為重要轉捩點。雷根的外交政策轉為與戈巴契夫和平共存，由一九八七

小知識　「大社會」計畫：詹森雖然致力廢止種族歧視、解決貧困問題及改善生活環境，但是越南戰爭造成支出過高，使許多構想都無法實現。

年中程飛彈條約開始，最終促成冷戰結束。一九八九年十二月，繼任的共和黨**老布希總統與戈巴契夫在馬爾他峰會上宣布冷戰終止**，隨後，東西德也步向統一。

單邊主義與對抗恐怖主義

在**伊拉克入侵科威特**後，一九九一年爆發**波斯灣戰爭**，美國擔任多國部隊的領袖，目的是恢復科威特的主權。同年十二月，隨著**蘇聯解體**，全球局勢開始由美國主導。

二〇〇一年九月十一日發生**九一一事件**。共和黨**小布希總統**宣布啟動「反恐戰爭」，然而美國並未獲得國際機構的廣泛認同便單方面推行政策，而被稱為**單邊主義**，在阿富汗戰爭、伊拉克戰爭及**退出京都議定書**等事件中尤其明顯。

二〇〇九年，第一位黑人總統、民主黨**歐巴馬**因廢除核武演說（**布拉格宣言**）而獲得諾貝爾和平獎。二〇一一年，他下令擊斃國際恐怖組織「**蓋達**」首腦**賓拉登**。但是，他在任期結束前，都無法解決因**阿拉伯之春**蔓延而加劇的敘利亞內戰和難民問題，以及新興恐怖組織**伊斯蘭國**造成的混亂。

二〇一七年，共和黨**川普總統**主打**美國優先**口號，推動以民意為中心的獨特政策，並且反對全球化，導致美國民族主義抬頭。

曾受美國軍事干預的主要國家

1950~53	朝鮮半島	韓戰
1953	伊朗	⚔ 伊朗政變，推翻摩薩台
1954	瓜地馬拉	⚔ 反對阿本斯的社會主義政策
1961	古巴	⚔ 反對卡斯楚的社會主義宣言
1965~73	越南	越南戰爭
1970~73	智利	⚔ 反對阿葉德的社會主義政策
1979~90	尼加拉瓜	⚔ 反對桑迪諾左翼政權
1983	格拉納達	⚔ 反對奧斯汀的社會主義政變
1986	利比亞	⚔ 對抗格達費政權
1989	巴拿馬	⚔ 反對諾瑞嘉
1991	伊拉克	波斯灣戰爭
2001	阿富汗	⚔ 對抗塔利班政權
2003	伊拉克	伊拉克戰爭
2013	敘利亞	敘利亞內戰

歷史上的人物④

老羅斯福

(1858~1919年)

美國軍人、政治家。一九〇一年，時任第二十五任美國副總統的老羅斯福因麥金利總統遭到暗殺，因而代位成為第二十六任總統。他在內政上採取革新主義，運用反托拉斯法和勞工保護政策進行改革。外交上，他積極推動帝國主義，例如加強控制加勒比海地區等。

中國史

CHAPTER 06

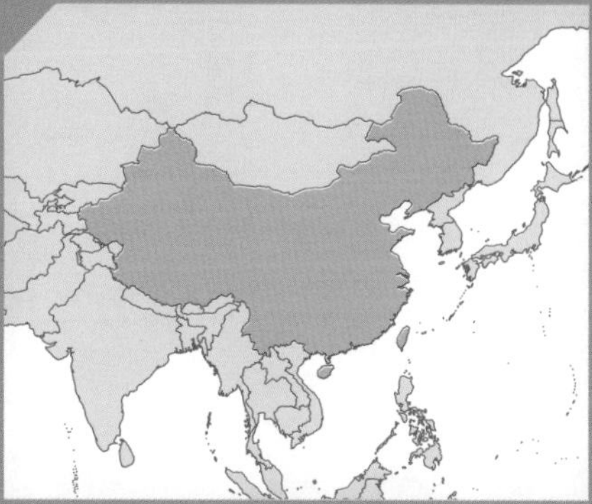

contents

漢高祖（劉邦）
（前 247~ 前 195）

武則天
(624~705)

- 前5000年～前2000年：黃河文明 & 長江文明
- 前16世紀：商朝建國　首都：殷
- 前11世紀：周朝建國　首都：鎬京
- 前770年：從鎬京遷都洛邑……進入東周（春秋時代）
- 前221年：秦始皇統一中國　首都：咸陽
- 前202年：西漢（～後 8 年）建國　首都：長安
- 25年：東漢（～ 220 年）建國　首都：洛陽
- 220年：三國時代 ➡ 439 年進入南北朝時期
- 589年：隋文帝（楊堅）統一南北朝
- 618年：唐朝（～ 907 年）建國
- 960年：宋朝成立
  ＊北宋 960~1127 年 ➡ 南宋 1127~1276 年

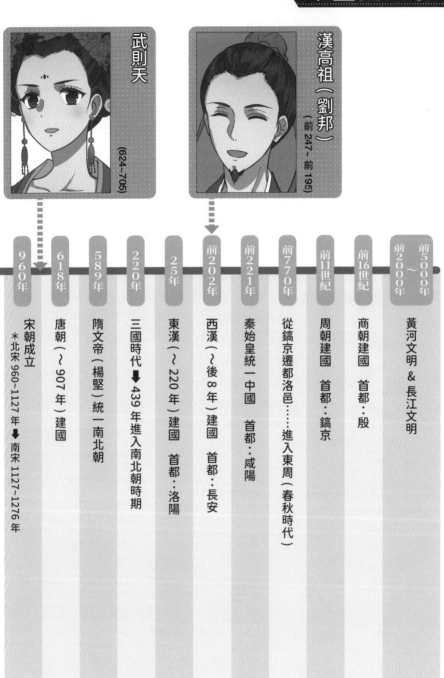

成吉思汗（約 1162~1227）

康熙帝（1654~1727）

孫中山（1866~1925）

- **1206年** 成吉思汗即位，建立蒙古帝國
- **1260年** 忽必烈即位，統治中國（元朝：～ 1368 年）
- **1368年** 明朝建立（～ 1644 年）　首都．南京→北京
- **1616年** 努爾哈赤建立後金➡ 1636 年改名清朝
- **1759年** 乾隆時期，清朝擴展至最大疆域
- **1840年** 第一次鴉片戰爭 &1856 年第二次鴉片戰爭……戰敗
- **1898年** 列強瓜分中國 & 戊戌政變（立憲改革失敗）
- **1900年** 義和團事件（扶清滅洋）➡ 1901 年辛丑條約
- **1911年** 辛亥革命➡ 1912 年　中華民國建立➡清朝滅亡
- **1949年** 中華人民共和國建國　主席：毛澤東 總理：周恩來
- **1966年** 文化大革命（～ 1976 年）
- **1976年** 第一次天安門事件 &1989 年 第二次天安門事件……鎮壓學生運動

秦始皇下令徵用大量農民修建萬里長城、阿房宮以及自己的陵墓，導致百姓苦不堪言。
漢高祖（劉邦）
他重用丞相李斯，推行法家思想，實行高壓統治，甚至下令「焚書坑儒」。
西元前二一〇年，秦始皇去世。
接著，陳勝、吳廣發動農民起義，有兩個人在反秦勢力中崛起。
其中一個是楚國名將的後代項羽，他趁農民起義的混亂，揭竿起兵，意圖推翻秦國；
有朝一日，我要奪下天下，取代秦國！
另一個是沛縣的農民劉邦，雖然武藝、才智和財力都不突出，
秦始皇啊……
但他吸引了許多人追隨。
我們也要追隨你！
哇啊
身為男子漢，誰不想成為打倒暴政的英雄？
好啊！
陳勝、吳廣的農民起義最終失敗，但各地反秦起義如野火燎原，項羽和劉邦也分別在家鄉起兵。
兩人聯手滅秦後，他們之間開始爭奪天下。
劉邦在諸侯的支持下，於垓下之戰跟項羽一決雌雄。
四面都傳來故鄉的楚歌……
竟然有這麼多楚人倒向敵營……
我無路可退了。
大人……

項羽雖勇猛作戰，但仍因寡不敵眾而力竭身亡。
蕭何
兩人勝敗的關鍵是什麼呢？
張良
韓信
項羽死了啊……
直到最後，他都是頂天立地的男子漢。
至少應該厚葬他。
我無法像張良那樣運籌帷幄，決勝千里之外；
無法像蕭何那樣安撫士兵，
確保補給萬無一失；
也無法像韓信那樣統領大軍，百戰百勝。
不過，我能善用張良、蕭何、韓信這三位英才。
但是，項羽身邊只有范增一人輔佐。
因為陛下有一種魅力，讓我們甘心追隨您。
最終，劉邦建立漢朝，國祚延續約四百年，成為中國古代的偉大帝國之一。

中國 1

漢高祖（劉邦）

Emperor Gaozu of Han

Profile

前247～前195／男性
西漢開國皇帝
（在位：前202～前195）

人物介紹

正當秦始皇專制統治、壓迫百姓時，有兩個人物同時崛起。一個是生於富裕將軍世家的項羽，他有著一八四公分的身高，武藝高強，擁有強大軍隊。另一個是留著長鬚且充滿自信的劉邦，他的武藝和智慧雖然並不突出，手頭拮据，性格隨興。然而，劉邦具備非凡的魅力，因此吸引許多人追隨。

秦始皇駕崩後，各地興起起義運動（陳勝、吳廣之亂），項羽跟劉邦也相繼起義響應。西元前二〇六年，秦國滅亡，項羽與劉邦爭奪天下，這就是著名的楚漢相爭。最終，劉邦在漢初三傑的輔助下擊敗項羽，於前二〇二年建立統一的「漢朝」。漢朝延續了約四百年，成為中國古代的大帝國。

小故事

正所謂「桃李不言，下自成蹊」。劉邦看似平凡無奇，其實才華出眾，不過他態度謙恭、性格真誠，善於聽取別人的建議也願意反省，並且重視別人的想法，加上他為人厚道，即使是仇敵項羽過世時，他也悲痛不已，或許這些特質正是他吸引眾人的地方。然而，到了晚年時這些特質卻成了他的弱點，部分武將因為不滿封賞而叛變，此外，他也未能阻止妻子呂后的專橫干政。

關係圖

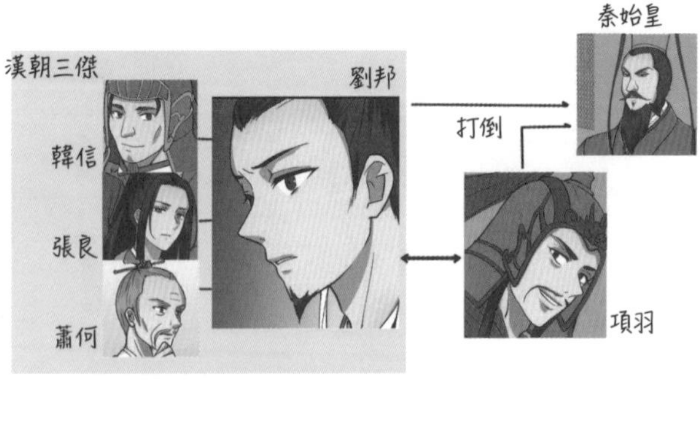

漫畫中的歷史名詞

阿房宮

秦始皇建造的大型宮殿，原本計劃用來取代位於首都咸陽、空間不足的皇宮。然而，阿房宮在秦朝滅亡時仍未完工。據說項羽攻破秦國後將阿房宮燒毀，大火連燒了三天三夜。

秦始皇陵

秦始皇的陵寢，建於西安市驪山北側，四周埋葬著仿製士兵和馬匹的陶製兵馬俑，陵區總面積達兩萬平方公尺。

垓下之戰

西元前二〇〇年，韓信率領漢軍在垓下大破項羽率領的楚軍，結束了長達四年的楚漢相爭。「四面楚歌」的典故就來自此戰役。戰敗的項羽並未渡過長江逃命，而是選擇在江邊自刎。

范增

陳勝、吳廣之亂爆發後，項羽的叔父項梁舉兵響應，由范增擔任軍師。范增得知劉邦率先攻入秦國首都咸陽，於是建議項羽設置「鴻門宴」除掉劉邦，最終此計並未成功。

秦末到西漢建國的相關地圖

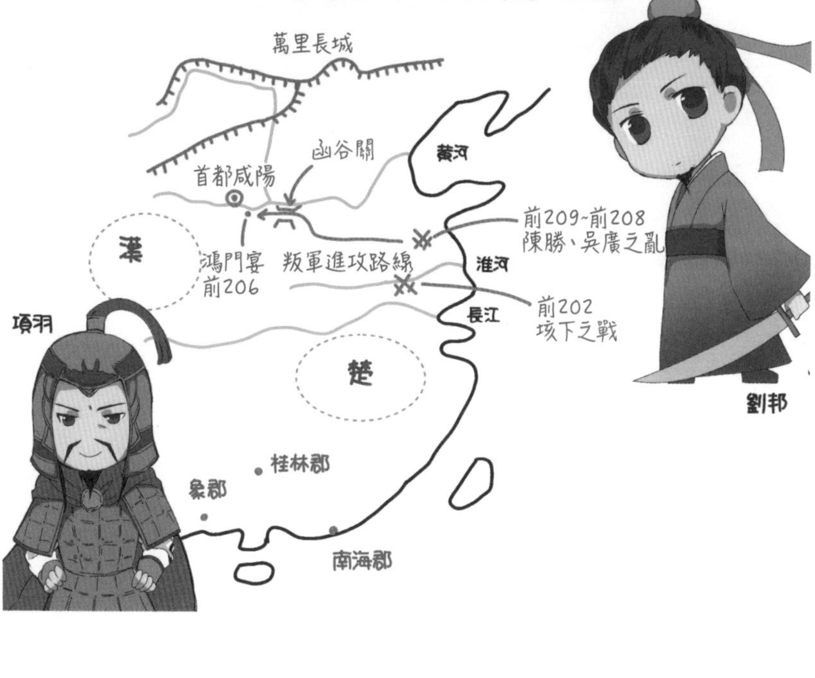

中國 1

從黃河文明、秦朝統一到漢朝

原始人類化石的時代（舊石器時代）

在北京郊外的**周口店遺址**，考古學家發現了距今約一八〇萬～二十萬年前的**北京猿人**化石。這些早期人類已經會使用火，並且過著穴居生活。此外，周口店遺址還出土了生存於西元三．五萬到一．二萬年前的**山頂洞人**遺骸。

黃河文明與長江文明（新石器時代）

中國古文明可分為**黃河文明**與**長江文明**兩大區域。黃河文明進一步分為兩個階段：西元前五千到前三千年發源於黃河中游的**仰韶文化**，與前二五〇〇～前二〇〇〇年出現在黃河下游的**龍山文化**。仰韶文化的特徵是使用**彩陶**，因此稱**彩陶文化**。當時的人居住在半地穴式建築，並在聚落周圍挖掘濠溝進行防禦。

龍山文化以黑陶為特徵，稱為**黑陶文化**。這個時期出現了具有城牆的都市聚落，也開始畜養牛馬等家畜。

同時期在長江流域形成的**長江文明**，與栽培小麥為主的黃河文明不同，是以稻作為主，並且擁有干欄式建築技術，最著名的是**河姆渡文化**和**三星堆文化**。

初期王朝的形成（夏朝與商朝）

傳說中，**堯**制定曆法，並將王位禪讓給發展農業與工業的**舜**。接著，治水有功的**禹**繼位，建立中國史上第一個王朝——**夏朝**。

前十六世紀左右，**商朝**建立。商朝後期的首都「殷」位於現在的河南省安陽市，遺址

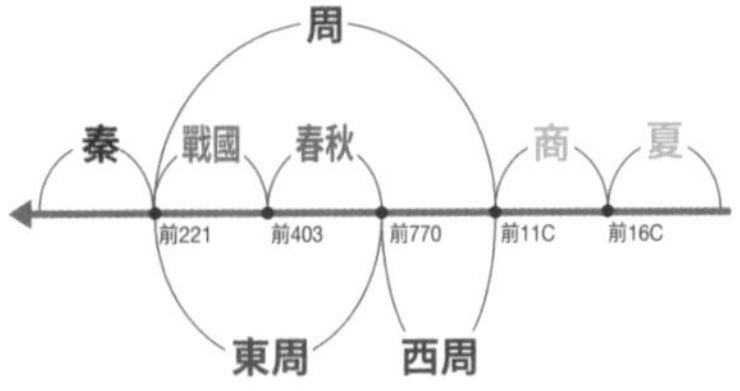

夏～秦的古代中國變化

稱為**殷墟**，其中出土的龜甲及獸骨上刻有**甲骨文**，是漢字的雛型。商朝屬於**青銅器時代**，且實行**神權政權**統治，當時的極權君主會透過占卜詢問天意，並依據占卜結果進行祭祀或軍事決策。

周朝興起與東周的動亂（春秋、戰國時代）

西元前十一世紀，**周武王**推翻了以「酒池肉林」而惡名昭彰的暴君紂王，**建立周朝**。周朝以渭水盆地為中心，統治周邊的**邑**（都市），採行**封建制度**來擴大勢力。但是，在前七七〇年，西方游牧民族攻占周朝首都**鎬京**，周王室被迫遷都至副都**洛邑**，遷都以前的時期稱為**西周**，遷都後則稱為**東周**。東周時，農業技術進步，農業生產力提高，工商業也逐漸發展。青銅貨幣開始流通，中國文化圈隨之擴大。然而，隨著周王室勢力衰落，周朝進入諸侯相爭的戰亂時代。

東周的前半段稱為**春秋時代**，後半則是**戰國時代**。春秋時代，五個有力的諸侯相繼崛起，稱為**春秋五霸**。他們以「**尊王攘夷**」為口號，爭奪霸權。前四〇三年，五霸之一的晉國分裂為趙、魏、韓三國，從此進入**戰國時代**。**戰國七雄**（諸侯）自立為王，周王室的權威蕩然無存。周朝滅亡後開啟了七雄相爭，最終在前二二一年由**秦朝統一中國**。

春秋、戰國時代的諸侯

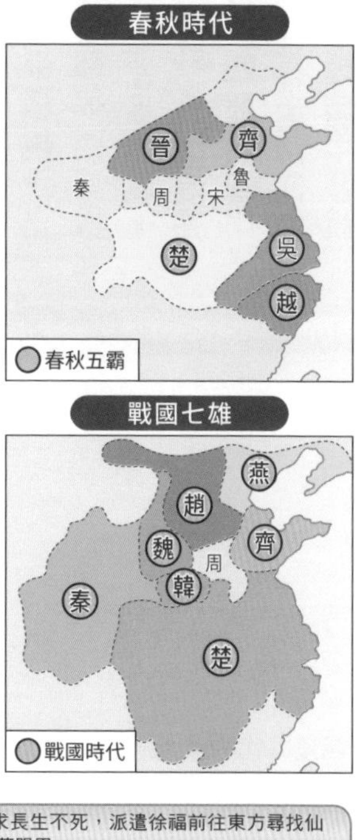

秦朝統一

秦王**嬴政**在十三歲時即位，罷黜可能是他生父的丞相呂不韋，開始親自掌權。前二二〇年，他打敗戰國七雄中僅存的**齊國**，統一中國（建立**秦朝**）。他是第一個使用「皇帝」稱號的君主，所以後世稱他為**秦始皇**。

在內政上，秦始皇引進**郡縣制**，強行實行基於法家思想的中央集權體制，統一度量衡、貨幣、文字，以鞏固政治與社會的統一。他最有名的暴政之一是**焚**

小知識　秦始皇的陵墓中埋葬了約八千具兵馬俑。此外，他生前為求長生不死，派遣徐福前往東方尋找仙藥，但未能如願。據說，為了獲得永生，他還將水銀當做仙藥服用。

書坑儒，將除了醫藥、占卜、農業等技術類以外的書籍全部燒毀，並活埋數百名儒學家。對外方面，他派遣發明毛筆的老將蒙恬，討伐北方的游牧民族匈奴人，並修築**萬里長城**加強北方邊防。另外，秦朝還遠征越南，征服百越，將版圖擴大到越南北部。

但是，秦始皇激進的改革、連年征戰與大興土木使農民日益困苦。秦始皇過世後，前二〇九年爆發**陳勝、吳廣之亂**但遭到鎮壓，武將**項羽**和**劉邦**因此崛起。秦滅亡後，項羽和劉邦開始長達四年的霸權之爭。最後，劉邦在前二〇二年的**垓下之戰**中戰勝，建立**漢朝**，開啟延續約四百年的統一王朝。

西漢時代

西漢的開朝皇帝**漢高祖**劉邦採取**郡國制**，由中央直轄統治各郡縣，在遠離中央的地區則採封建制（設立封國，由諸侯管理）。但是，隨著地方諸侯勢力坐大，西漢景帝時期爆發**吳楚七國之亂**。平亂後，西漢政府開始削弱諸侯權力，加強中央集權。

到了第七代**漢武帝**即位後，**西漢**進入巔峰時期，並制定了中國史上第一個年號「建元」。在內政方面，漢武帝重用**董仲舒**為相，奉儒學為官學；在經濟方面，藉由實施鹽、鐵、酒專賣政策解決財政困難，並推行**均輸法**和**平準法**以穩定物價。

此外，漢武帝改變了西漢前期敗給匈奴後採取的消極外交策略，開始積極征討。他派遣**張騫**前往說服**西域**的**大月氏**與漢朝結盟夾擊匈奴，儘管未能成功，卻因此促進了「絲路」的開展。漢武帝隨後設立**敦煌郡**等西域據點，並在東方滅**衛氏朝鮮**，設**樂浪**等**朝鮮四郡**。在南方，他征服越南北部的**南越國**，並設

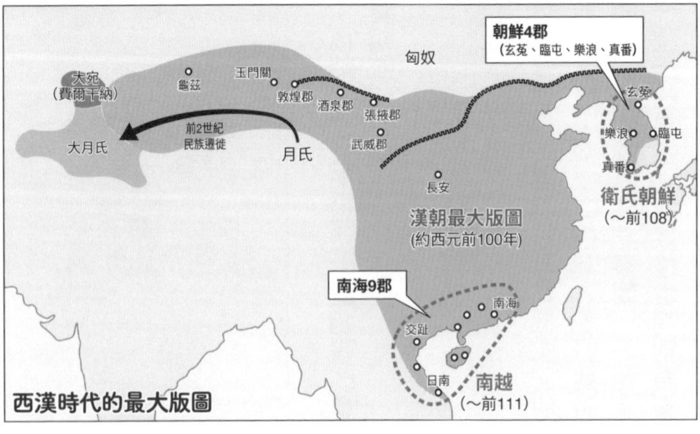

西漢時代的最大版圖

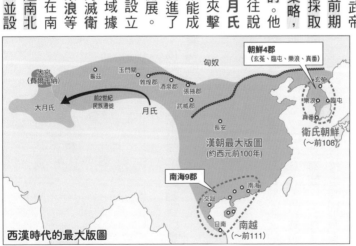

置**南海九郡**作為南海貿易的據點。

西漢末期到新朝

漢武帝去世後，**宦官**和**外戚**勢力坐大導致皇權衰弱。西元八年，外戚**王莽**發動政變，建立**新朝**。王莽仿效周朝政策推行改革，包含依據占卜結果執政以及限制大地主的土地持有，最終引發**赤眉之亂**農民起義，地方豪族也趁著混亂局勢起兵造反。西元二十三年，王莽遭到殺害。豪族出身的**劉秀**鎮壓起義軍，稱帝建立東漢。

東漢時代

西元二十五年，繼承漢室血脈的**劉秀**在豪族支持下建立**東漢**，自稱**光武帝**，政局在光武帝的統治下逐漸穩定。西元五十七年，倭奴國（日本）前來朝貢，光武帝授予**金印**。東漢在初期與鄰近國家互動頻繁，如佛教傳入、任命**班超**為**西域都護**，以及羅馬帝國的使節前來朝貢等，象徵中西交流的萌芽。

但是，到了東漢中期出現多位幼帝，導致宦官干政，朝政敗壞。宦官在朝廷發動兩次彈劾諫言官吏的**黨錮之禍**（一六六及一六九年），而民間則有**太平道**教祖**張角**傳布太平教義，引發**黃巾之亂**（一八四年）。雖然黃巾之亂迅速遭到鎮壓，但各地豪族藉機擁兵自立，東漢政府成了有名無實的空殼。

補充　歷史上的人物⑤

張角 （?~184年）

東漢時代的宗教領袖，太平道的創始人。張角自稱「大賢良師」，以治病與宣揚太平教教義吸引大量信徒。他在西元一八四年發起黃巾之亂，參與人數竟達數十萬。起義者火燒官府、搶奪村落，嚴重威脅東漢朝廷。這場動亂導致諸侯割據，促成東漢滅亡與三國時代的開始。張角死後，動亂失去領導人而迅速平息，不過，後續的數年間，各地仍假藉「黃巾」之名起兵反叛。

小知識　**宦官**：在宮中服務的內侍，通常經過閹割。最初是由俘虜經過去勢後擔任，後來有科舉合格者志願成為宦官。

武氏（後來的武則天）自幼聰明伶俐，精通文學與歷史。唐太宗時期，十四歲的她進入宮中成為才人。
武則天
太宗駕崩，她被送往寺廟出家，但太宗之子高宗對她一見鍾情，將她納入後宮。
你如此美麗，朕不容許你入寺出家。
忘了父皇吧，朕會好好待你的！
聖上恩重如山，
……
咳咳
握拳
臣妾必當報答聖上恩寵。
高宗因體弱多病，無法處理國事，武則天逐漸代為掌權。
就按照你的想法去做。
臣妾遵命，我會好好治國的。
當今大唐，權貴橫行、貪污腐敗。
再這樣下去，大唐恐難以為繼。
我本來也非名門出身。
我要結束自魏晉南北朝以來的門閥貴族時代，透過科舉制度選拔官員，
讓真正有能力的人擔當大任。
武則天真是個麻煩的傢伙……
看來只能除掉她了…
殺了她！
門閥貴族
我絕不容許任何人反對我！
處死他們！
咬牙
為了大唐的強盛，
這點犧牲也是無可奈何的事。我必須保護聖上……
掙扎

高宗駕崩後，武則天進一步清除異己。
國家強盛不能只依靠李氏一族，應該提拔武氏一族，
這樣才能避免叛亂，建設穩定的國家。
處死叛賊！
她甚至設立密告制度，展開恐怖統治。
從今日起，唐朝將改為「武周」，
你們要尊稱我為「聖神皇帝」！
儒教講究上下尊卑，
而佛教則提倡平等，因此我要推動佛教，興建寺廟。
武則天稱帝後，統治天下直至過世，成為聞名天下的中國女帝。
她提拔多位有才幹的官員，奠定堅實的政權基礎。
武則天過世後，其子唐中宗即位，卻遭到妻子韋后毒死。
武則天與韋后專權的時期，後人稱為「武韋之禍」。
一九六六年文化大革命期間，毛澤東的妻子江青曾以武則天為例，
宣稱自己應掌握實權，成為丈夫的繼任者。

中國 2

武則天

Wu Zetian

人物介紹

武則天原為唐太宗的嬪妃，在太宗死後，她曾短暫出家，但後來與太宗之子高宗相遇，再次進入宮廷，最終被立為皇后。隨著高宗的健康惡化，武則天開始掌握政治實權。她派兵消滅中國心腹大患高句麗，將領土擴張至最大，並推行科舉制度，錄用寒門與有能力的人才，改革傳統貴族主導社會的弊病，留下許多政績。

六八三年高宗駕崩，武則天廢除李氏家族的權威，提拔自己家族的勢力，最終於六九〇年建「周（武周）」一朝。她全面剷除政敵，實行密告機制與嚴刑峻法，引起社會不安。

小故事

武則天生於富裕家庭，從小接受英才教育，成為知書達理的才女。她有出色的政治天賦，儘管政敵眾多，她的統治仍獲得多數百姓認可。然而，在她失勢之後，許多被剝奪權力的貴族將她描繪成篡位者，流傳許多關於她的醜聞。從武則天的肖像畫來看，她的五官帶有些許冷峻與自信，給人權謀高深之感。

關係圖

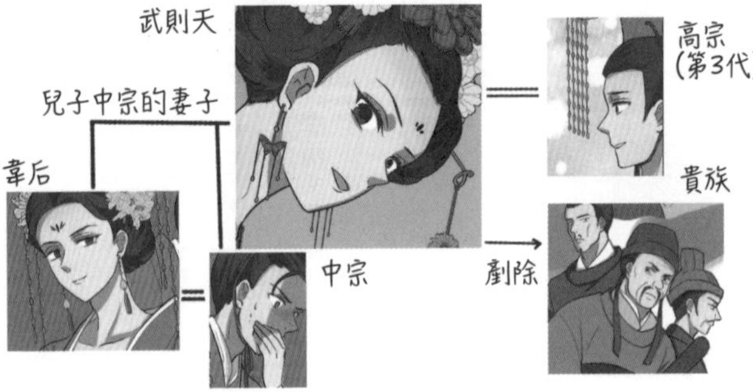

Profile

624~705／女性

武周皇帝

（在位：690~705）

漫畫中的歷史名詞

唐太宗

六二六～六四九年在位。唐太宗在玄武門之變中殺害原為皇太子的大哥，即位為帝。唐朝在他的治理下進入太平時期，史稱「貞觀之治」。他平定北方游牧民族，得到「天可汗」的尊稱。太宗時期，僧人玄奘前往天竺取經，對佛教的影響深遠。

唐高宗

六四九～六八三年在位。高宗在位期間，唐朝於白江口之戰中大破企圖復興百濟的日本，滅亡朝鮮半島北部的高句麗，建立唐朝最大的版圖。然而，當時的政權由外戚與宦官把持。

門閥貴族

門閥貴族的興起可追溯到魏文帝曹丕制定的官吏選拔制度（九品中正），允許地方豪族進入中央，形成世襲的貴族階層。隨著唐朝改革，門閥貴族在唐末戰亂中被剷除。

韋后

唐中宗（武則天之子，唐朝第四位皇帝）的皇后。韋后毒殺中宗企圖篡位，但是中宗的姪子李隆基（第六代皇帝玄宗）發動政變，於七一〇年殺害韋后。

文化大革命

發生於一九六六～七六年，毛澤東為了鞏固社會主義並重新掌權而發起的政治運動。毛澤東動員學生和工人進行鬥爭革命，運動直到一九七六年毛澤東逝世後才結束。

武則天相關世系圖

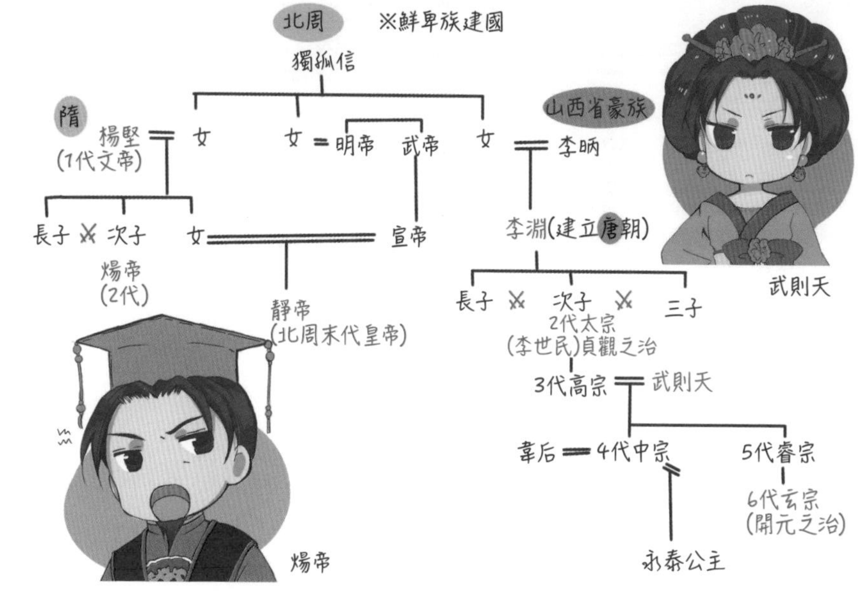

三國時代到隋、唐統治

三國時代與晉朝的統一

東漢末年，**曹操**成功統一華北（中國北部），卻在二〇八年的**赤壁之戰**中敗給孫權與劉備的聯軍，未能統一天下。此後，中國分裂為三個勢力。二二〇年，漢獻帝被迫將皇位「**禪讓**」給曹操的兒子**曹丕**，曹丕建立**魏**國，成為開國皇帝。二二一年**劉備**建**蜀**國；二二二年**孫權**建**吳**國，**三國時代**由此開始。

之後，魏滅蜀國，魏國宰相**司馬炎**篡魏建立**西晉**（二六五年），不久後又滅東吳，統一中國（二八〇年）。西晉建立一系列法律與土地制度來穩定社會，但開國皇帝司馬炎去世後，皇室內部爆發**八王之亂**。為了平定內亂，西晉朝廷仰賴鄰近外族的兵力，導致**五胡**入侵。三一六年，南匈奴攻陷首都洛陽（**永嘉之亂**），西晉滅亡。

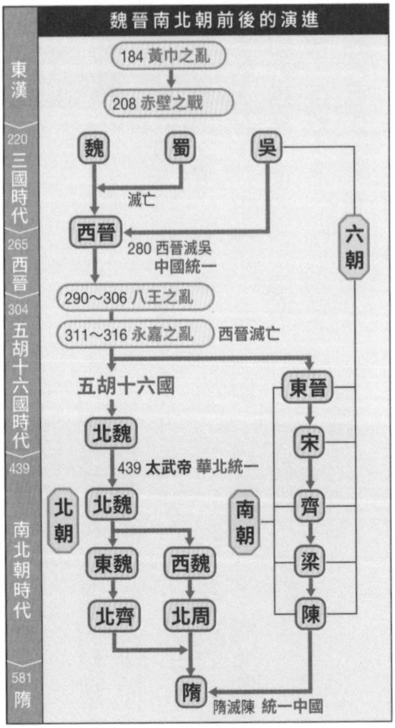

五胡十六國與南北朝時代

西晉滅亡後，華北進入**五胡十六國時代**，匈奴、羯、鮮卑、氐、羌等**五胡**，與漢人建立的十六個割據政權並立。之後，鮮卑族建立的**北魏**統一華北（四三九年：**南北朝時代**開始）。北魏的第三代皇帝**太武**

帝，將老莊思想為教義基礎的**道教**奉**為國教**。第六代皇帝**孝文帝**將首都從平城遷到洛陽，並推行**均田制**，成為中國重要的土地制度。孝文帝還採取**漢化政策**籠絡占多數的漢族，但並未成功。後來，**北魏**分裂成**東魏**與**西魏**，**東魏**隨後被**北齊**取代，**西魏**被**北周**取代。最終，**北周**併吞**北齊**，再次統一北方。

南北朝時代與三大石窟的位置

在江南（長江下游的南方地區），西晉的皇族**司馬睿**逃往南方，建都**建康**（現今**南京**），**建立東晉**（三一七年）。東晉擊退北方的侵略，但是在財政困難和朝政混亂下，**被劉裕所創的南朝宋**（亦稱作劉宋）取**而代之**。從劉宋朝開始，南方經歷**宋**、**齊**、**梁**、**陳**這四個王朝，史稱**南朝**。不過，自三國時代的吳國開始，共有六個政權將首都設於南京，因此這些政權被統稱為**六朝**。

隋朝統一中國

隋朝由北周的外戚**楊堅**於五八一年建立。五八九年，隋朝滅南朝最後的**陳國**，結束中國約三七〇年的分裂局面。楊堅在內政方面施行**均田制**、**租庸調制**、**府兵制**，並且開創**科舉**制度。

隋朝第二代皇帝**隋煬帝**在內政方面大舉建設**大運河**（軍事與經濟目的），對外則征討北方的突厥，更三次**遠征朝鮮的高句麗**，但是均以失敗作終，導致農民和豪族的不滿。隋煬帝於六一八年遭部下暗殺，不久後，豪族**李淵**（**唐高祖**）起兵，建立**唐朝**。

大唐盛世

唐朝在第二代皇帝**唐太宗**（**李世民**）時期統一全國，並在內政方面建立了**律令體制**和**三省六部**的官制，奠定唐朝治理基礎。這段太平時期稱為「**貞觀之治**」。第三代皇帝**唐高宗**時期，唐朝征服百濟與高句

小知識　《三國演義》是以東漢末年到三國時代的歷史為藍本創作的小說，為中國四大名著之一，由明朝的羅貫中所創作。

麗，是版圖最大的時期。

但是，唐高宗臥病後，由皇后**武則天**掌握政治實權。高宗死後，武則天廢黜二個兒子，改國號為**周**，自稱「聖神皇帝」。她早長期不滿門閥貴族，因此重用通過科舉的才子，著手進行改革。武則天死後，她的兒子**中宗**復位，但中宗的妻子韋后奪權並毒死中宗。這段女子掌權的時期，後世稱為**武韋之禍**，唐朝內政與外交都陷入混亂。

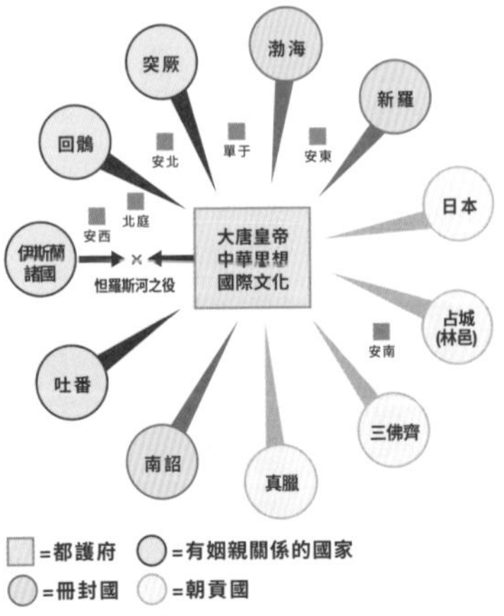

唐朝與東亞文化圈關係圖

唐朝的衰退

唐朝第六代皇帝**玄宗**平定武韋之禍後即位，開創太平時代，稱為「**開元之治**」。他在內政方面採取**募兵制**補充不足的兵力，並在邊境設置十個**節度使**作為警備指揮官。但是唐玄宗晚年寵溺兒子的妃子**楊貴妃**，重用楊貴妃家族成員，任用堂兄**楊國忠**為相，導致與楊貴妃對立的節度使安祿山和史思明叛變（**安史之亂**），促使唐朝快速衰弱。

八七五年，走私鹽商黃巢起義，擴大為延續十年的**黃巢之亂**，最終導致門閥貴族沒落，新興地主勢力（**形勢戶**）擁權自重。黃巢之亂的幹部朱溫背叛黃巢並歸順唐朝，改名**朱全忠**（因其盡忠，唐朝廷賜名「全忠」），最終在九〇七年滅唐，結束這個延續了三百多年的大王朝。

分裂的五代時期

九〇七年，朱溫滅唐，建立**後梁**，將首都設在黃河與運河交會的**開封**。此後直到宋朝建立之間，華北的**後梁**、**後唐**、**後晉**、**後漢**、**後周**這五個短命王朝總稱為**五代**，都是由節度使建國，以武力維持政治。同時期的華中、華南（中國中部、南部）還出現十餘個小國，所以這段歷史稱為**五代十國**時代。

這個時代，北方的**契丹**人耶律阿保機（遼太祖）建立**遼國**，滅亡位於東北的**渤海國**，並協助後晉建國，以換取萬里長城以南的**燕雲十六州**。自此，收復燕雲十六州，成為中國後代多個王朝的重要目標。

宋朝（北宋）的盛衰

九六〇年，後周的武將**趙匡胤**發動兵變建立**宋朝（北宋）**，其弟即位為第二代皇帝太宗後統一全國。

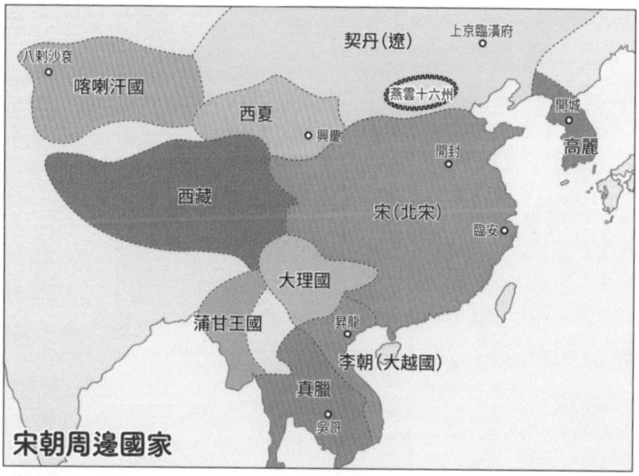

宋朝周邊國家

宋太宗一改過去的武力統治，採用重**文輕武**的政策，他改革**科舉**，禮遇通過科舉的文官，並強化皇帝直屬的禁軍，建立以君主為中心的體制。

在對外政策上，宋朝採取向異族納貢的消極策略以維持和平。然而，官員的俸祿和對異族的銀、絲綢等歲幣，導致國家財政陷入困境。第六代皇帝**神宗**任用宰相**王安石**推動多項**變法**改善財政問題。但是改革內容著重於保護貧民，影響富人的利益，王安石因而與司馬光（史學家、宰相）領導的**舊黨**爆發黨爭。

宋朝國力在皇帝的施政弊病與黨爭激化下衰退，此時，北方的**女真人**建立**金國**，攻陷宋朝首都開封，擄走**欽宗**與其父**徽宗**等數千人，史稱**靖康之變**，北宋滅亡。

南宋的動向

靖康之變時，欽宗之弟**高宗**逃至南方並在南京即位，遷都**臨安**（今**杭州**），建立**南宋**（一一二七年）。南宋初期，主張抗金的武將**岳飛**與主張向金國求和的宰相**秦檜**勢同水火，最終由秦檜勝出，南宋與金簽下和平條約，南宋以**淮河**與秦嶺為國界，向金國稱臣納貢來維持和平。

一二七六年，忽必烈率領元軍占領首都臨安，南宋實質上滅亡。宋軍護送幼帝進行最後的抵抗，但於一二七九年崖山之戰中全軍覆滅。

小知識　宋徽宗有「風流天子」的稱號，還是中國傳統繪畫「院體畫」之祖。

日本平安時代末期的武將源義經遭到兄長源賴朝追擊，據說最後死於日本岩手縣平泉。
成吉思汗
然而，有一則都市傳說認為他當時其實並未死亡，而是逃往亞洲大陸，化名成為成吉思汗，並建立了蒙古帝國的基礎。
這位傳說中的成吉思汗驍勇善戰，深受蒙古諸部族的敬畏與支持。
大汗！探子來報，花剌子模將我們派出的使節團……
全都殺了！
他們的目標應該是貢品……
大汗，我們一定要報仇，把那些伊斯蘭人滅了！
讓他們知道蒙古人的厲害！
不行。
先跟花剌子模王要求使者被殺的賠償，
我們要用正規的外交手段處理這件事。
大汗為此祈禱了三天三夜……
唉……這件事，最生氣的人肯定是大汗。
他的心裡一定燃燒著復仇的火焰……

大汗！花剌子模王穆罕默德，
殺了我們的使者！
他說他們毫無和解之意！
……這樣啊！
既然如此，就不必再猶豫了。
他侮辱了我們蒙古人，
我要讓他後悔至死，
殺光他們！
於是，蒙古對伊斯蘭地區展開大規模遠征。
在攻陷訛答剌城後，蒙古軍隊幾乎屠盡城中生靈，連牲畜也不留。
一二三一年，花剌子模王朝徹底滅亡，周邊的伊斯蘭地區也遭到重創。
成吉思汗於攻打西夏的戰役中病逝，
欽察汗國
察合台汗國
伊兒汗國
西藏
子 察合台
孫 忽必烈
但後來，他的子孫建立了橫跨歐亞大陸的蒙古帝國。

中國 3

成吉思汗

Chinggis Khan

Profile

約1162~1227／男性

蒙古帝國開國皇帝

（在位：1206~1227）

人物介紹

一二〇六年，鐵木真在忽里勒台（蒙古部落大會）中被推舉為成吉思汗，建立蒙古帝國。成吉思汗隨即攻打金朝，拿下首都燕京，掌握華北地區。隨後，他更將勢力擴大到中亞，並消滅花剌子模國，周邊的伊斯蘭城市也成為蒙古軍屠殺的對象。成吉思汗將征服的廣大領地分配給子孫，這就是後來蒙古帝國內數個汗國的基礎。

一二二七年，成吉思汗接受西夏投降，在帶兵前往四川攻打南宋的途中去世。他死前下令保密自己的死訊，只對部下留下遺言，要求固守帝國，以防周邊民族趁機起兵造反。

小故事

日本作家井上靖的著作《蒼狼》中將成吉思汗描寫成一個愛護家人、重視仁義的男子漢。他拚命保護家人和屬下，但遇到蠻橫無理的事時也會變得心狠手辣。小說中的成吉思汗在即位和遠征中的性格迥異，此外，他流傳至今的肖像畫都是在遠征時期繪製的。

關係圖

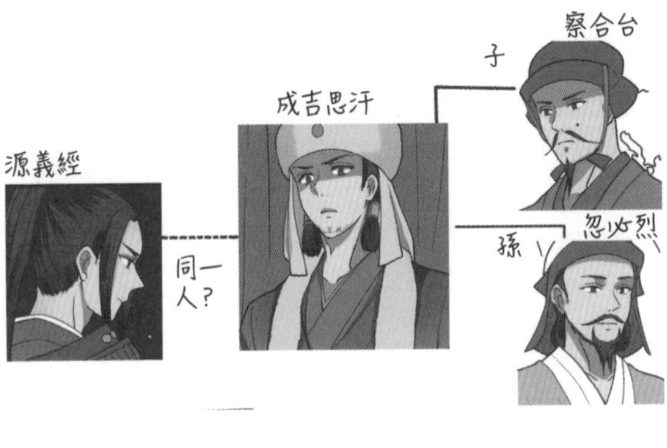

漫畫中的歷史名詞

花剌子模

花剌子模（一〇七七～一二三一年）是脫離塞爾柱帝國後自立的突厥王朝，首都位於撒馬爾罕，在阿拉烏丁．摩訶末統治時期征服印度的古爾王朝，進入全盛時期。

訛答剌

位於現今的哈薩克共和國，是過去蒙古帝國與花剌子模國的邊境重鎮。一二一八年，花剌子模官員在訛答剌殺害蒙古商隊，成為蒙古軍侵略花剌子模的導火線，導致訛答剌化為廢墟。

西夏

西夏（一〇三八～一二二七年）由西藏裔的党項族首領李元昊建立於中國西北部。一〇四四年，西夏與北宋在簽訂慶曆和約，每年接受宋朝朝貢來維持和平。此外，西夏還以漢字為基礎創製「西夏文字」。

察合台

察合台是成吉思汗的次子，因性情火爆且缺乏協調力，未被選為皇位繼承人。然而，他征戰有功，獲得中亞的領地，後來建立察合台汗國。

窩闊台

窩闊台是成吉思汗的第三子、蒙古帝國第二代皇帝。他在一二三四年帶領蒙古滅金，並建設首都哈拉和林，推動驛傳制度（修建系統化的驛站與道路），還派姪子拔都遠征歐洲。

成吉思汗世系圖

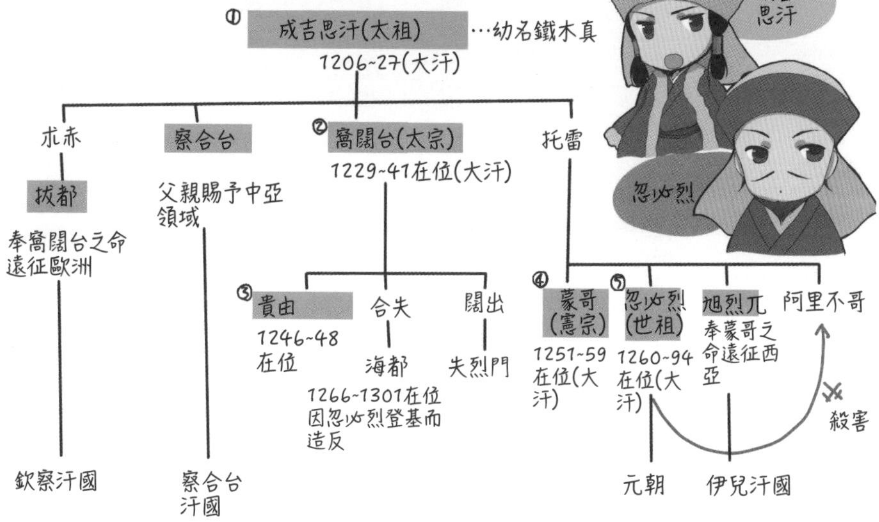

蒙古帝國建立、元朝統治中國

蒙古帝國的形成

一二〇六年，**鐵木真**統一蒙古高原，在**忽里勒台**上被推舉為**成吉思汗**。他隨即出兵討伐中亞的伊斯蘭地區，擴大領土，卻在征討西夏的途中去世。

接著，第二代大汗**窩闊台**繼位，他先消滅華北的**金國**，並於建設首都**哈拉和林**，整建**驛傳制度**，又派遣姪子**拔都**遠征歐洲。拔都在**萊格尼察戰役**中擊敗德國與波蘭聯軍後，建立**欽察汗國**。

成吉思汗的孫子**蒙哥**被選為第四代大汗，他派弟弟**忽必烈**遠征西藏、大理、南宋，派另一個弟弟**旭烈兀**征討西亞。一二五八年，旭烈兀占領巴格達，消滅阿拔斯王朝，建立**伊兒汗國**。蒙哥過世後，忽必烈與弟弟阿里不哥開始爭奪大汗之位。

成吉思汗的子孫世系圖

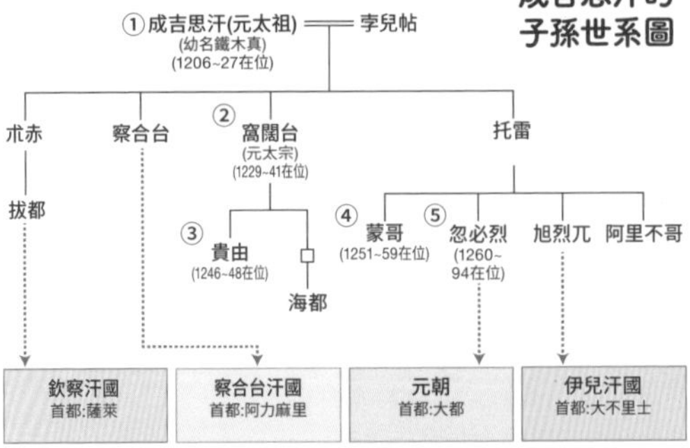

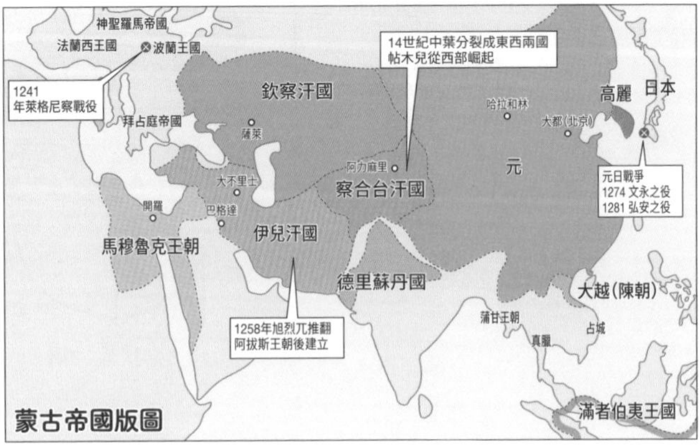

蒙古帝國版圖

元朝的內政外交

一二六〇年，**忽必烈**在上都召開忽里勒台即位為大汗，將首都從哈拉和林遷至**大都**（現今北京），後來改國號為「**元**」。但是，窩闊台的孫子海都反對忽必烈即位，發動叛亂，欽察汗國和察合台汗國也加入其中，忽必烈的弟弟旭烈兀建立的伊兒汗國則支持元朝。內亂直到海都死亡才平息，最終三個汗國承認元朝，進入「蒙古和平」的太平時期，此時期的東西文化與貿易交流頻繁。

元朝在內政方面主要任用蒙古人為官員，**色目人**則在政治、經濟、文化上發揮重要作用。此時期，華北的居民稱為**漢人**，原南宋領土上的百姓稱為**南人**，他們受到歧視，更在科舉中受限制。

對外擴張方面，元朝滅南宋，造成蒲甘王朝衰亡，並企圖遠征日本與東南亞，但多數以失敗作終。

十四世紀中葉，元過度尊奉藏傳佛教造成財政負擔，並胡亂發行**交鈔**（紙幣）填補虧空，造成物價高漲。在這個背景下，民間信仰「**白蓮教**」蔓延，引發**紅巾之亂**。這場大規模農民起義持續約十五年，最終導致元朝滅亡（一三六八年）。元朝滅亡後，蒙古殘餘勢力建立**北元**，但於一三八八年敗給**明**軍後徹底瓦解。

元朝的東西交流

元朝時東西交流頻繁，義大利商人**馬可・波羅**曾受忽必烈接待，方濟會傳教士**孟高維諾**代表羅馬教宗出訪元朝，是第一個在中國傳教的天主教傳道士。摩洛哥旅行家**伊本・巴杜達**也在元朝時訪問中國。此外，忽必烈從西藏邀請僧人**八思巴**，任命他為「國師」，並推廣**藏傳佛教**，建立**八思巴文字**。元朝的天文學受伊斯蘭影響，天文學家**郭守敬**編製**授時曆**，精確度更甚當時的伊斯蘭曆法。

明朝的建立與發展

明太祖**朱元璋**本是貧農出身，曾為流浪僧人，參加紅巾之亂而初露鋒芒，後來平定禍亂，於一三六八年在**南京**建立**明朝**。朱元璋隨後北伐占領元朝首都大都，將元朝勢力逐回蒙古高原，復興漢、唐王朝盛世，確立中央集權體制。他**廢除**輔佐皇帝的**中書省和宰**

小知識　馬可・波羅在1275年抵達元朝首都大都，受到忽必烈的禮遇。他後來撰寫《東方見聞錄》，將亞洲資訊首度傳入歐洲。

相，改革科舉制度，並制定**大明律**與**大明令**等法律。在軍事上，他建立**衛所兵制**，並確立**里甲制**管理戶籍。

朱元璋死後，他的孫子登基為第二代皇帝**建文帝**，引起朱元璋的第四子朱棣不滿。朱棣在北京擁有龐大勢力，於一三九九年發動**靖難之變**，登基為第三任皇帝**永樂帝**。他重用宦官，傾力於編纂《**永樂大典**》與修築**萬里長城**及疏通運河等國家事業。

對外方面，永樂帝派兵**遠征蒙古**與出兵越南，並派宦官**鄭和下西洋**，敦促南海各國向明朝納貢。永樂帝又將首都從南京遷到北京，並在遷都前花費約二十年興建紫禁城（今北京故宮博物院）。

明朝的衰亡

十五世紀以後，北方蒙古各族頻繁進犯中國，加上十六世紀中葉倭寇在東南沿海肆虐（**北虜南倭**），明朝外患不絕。

一四四九年發生**土木之變**，第六代皇帝**明英宗**（正統）被瓦剌首領**也先**俘虜，最後透過支付贖金獲釋。十六世紀中葉，則發生蒙古韃靼首領**俺答汗**率軍包圍北京二十年的事件。

十六世紀後期，**明神宗**（萬曆）即位，拔擢**張居正**推動內政改革，制定新稅制「**一條鞭法**」企圖重振國力、整頓綱紀。不料**豐臣秀吉出兵朝鮮**，明朝為了派遣援軍前往朝鮮王朝，國力大傷。在國內，儒學家與宦官之間的**東林黨爭**越趨劇烈。

一六三五年，**李自成**發起農民起義，並在一六四四年占領北京。明朝末代皇帝**崇禎**與家人自殺，明朝滅亡。

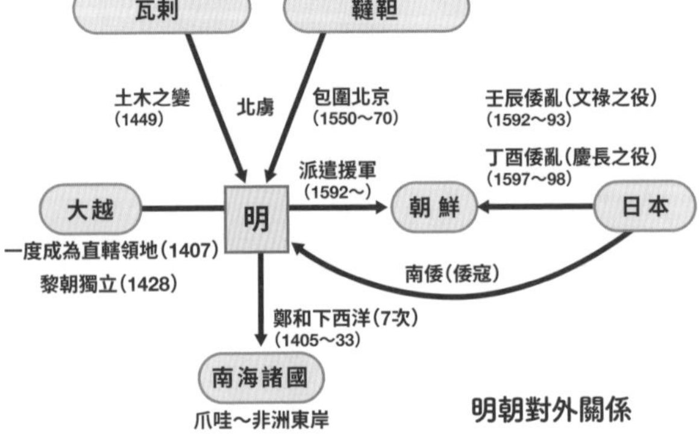

明朝對外關係

世界史聊天室

成吉思汗 × 羅馬教宗英諾森三世

羅馬教宗英諾森三世：我說……成吉思汗大人，您出征我國，把我們的世界搞得天翻地覆，我真的很困擾……

成吉思汗：哈哈哈！你說的是我孫子吧！我也沒想到他會遠征到那麼遠的地方……抱歉了！

羅馬教宗英諾森三世：算了，都過去了。不過，你們的馬可真是出色啊！

成吉思汗：蒙古鐵騎可是我們蒙古帝國的驕傲，這些馬可說是建立偉大帝國的基礎啊！

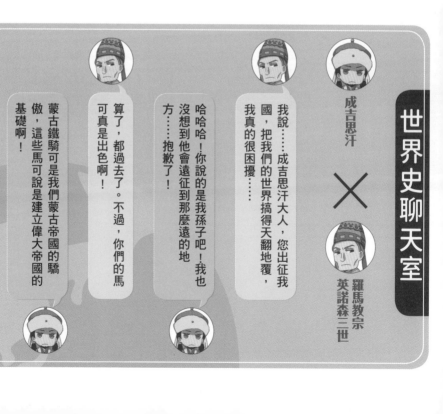

乾隆皇帝在位六十周年紀念典禮，
在巴洛克式花園圓明園舉行。
朕打算在一年後退位。
……為什麼呢？聖上的龍體依然康健呀！
呵……
再過一年，朕的在位時間就與偉大的祖父康熙帝一樣長了。
朕不敢與祖父相提並論啊！
乾隆皇帝果然遵守承諾，於在位六十年時退位，將皇位傳給兒子嘉慶皇帝。
因此，中國歷代在位時間最長的皇帝仍是康熙皇帝。
康熙皇帝七歲登基。
眼下最大的威脅是逃至台灣、試圖反清復明的鄭成功。
此外，曾為先帝效力的三藩，他們一旦與鄭成功聯手，便可能對國家構成重大威脅。
雖然三藩目前臣服於清廷，但畢竟是漢人，隨時可能反叛滿洲人。
北京
南京
西安
吳三桂領地
→雲南省
雲南
廣州
福州
台灣
尚可喜領地
→廣東省
耿繼茂領地
→福建省
話雖如此，沒有適當的理由，也不能對三藩動手，畢竟他們現在還算自己人。
既然這樣，
不如先將鄭成功孤立於台灣吧！

你們看實施「遷界令」如何？
如果成功，再尋找適當機會處置三藩。
笑咪咪
才七歲就這麼有遠見，未來恐怕不簡單啊……
呃……
或許需要十年時間才能解決這些問題，但這也是無可奈何。
?
一六六一年，清廷頒布「遷界令」，將鄭成功孤立於台灣。一六七三年，清廷裁撤三藩，禁止世襲。
三藩果然如康熙所料，起兵反叛，引發三藩之亂。
康熙花費十年時間平定三藩之亂，並征服台灣，徹底掃清反清勢力。
「胡蘿蔔與鞭子」的策略，是鞏固大清必不可少的方法。
百姓不滿清廷直接管轄台灣及廢除三藩，
必須想個好方法化解才行。
康熙後來阻止了俄羅斯沙皇彼得一世的南下政策，
又遠征西藏與蒙古，擴大疆域。
喀爾喀部
清
西藏
在文化方面，他重用耶穌會傳教士，
引進歐洲科學與技術。
同時，他倡導樸實檢約，減少稅賦，安定民生，成為中國歷史上備受讚揚的明君。

康熙皇帝

Kangxi Emperor

Profile

1654~1722／男性
清朝第四代皇帝
（在位：1661~1722）

人物介紹

康熙於一六六一年即位時僅八歲，由四名重臣合議輔政，實際上權力集中於其中一人。康熙十四歲時親政，除掉權臣，征伐三藩（雲南、廣東、福建）和台灣，並與俄羅斯簽訂尼布楚條約，阻止沙皇彼得大帝南下的野心。此外，康熙也出征外蒙古及西藏，擴張領土。

在文化方面，康熙重用耶穌會傳教士，引進歐洲天文、曆法、醫學等知識。在內政上，他奉行質樸節約，減少賦稅，注重國家財政及社會穩定，不只在位時間長，更被譽為中國首屈一指的仁君。

小故事

康熙好學不倦，即使在嚴格教育依然依然求知若渴，事事按部就班，勤奮努力，博聞強記，洞察機先，但謙恭低調。康熙幼年時曾罹患天花，康復後了解到生命的珍貴，對百姓懷有憐憫之心。據說他即位前還曾微服出巡，體察民情，這或許是他獲得國民廣大支持的原因之一。

關係圖

漫畫中的歷史名詞

圓明園

圓明園是巴洛克風格的清朝離宮與庭園，位於北京郊外，由義大利宮廷畫家郎世寧所設計，並第二次鴉片戰爭末期被英法聯軍燒毀。

鄭成功

鄭成功是明朝將領鄭芝龍與日本女子所生的兒子，他曾向日本求援對抗清朝，最終驅逐荷蘭勢力，占領台灣，後來由他的兒子鄭經繼續統治台灣。

三藩

三藩是指歸順清朝並協助管理中國南方地區的三個漢人藩王：雲南的吳三桂、廣東的尚可喜與福建的耿繼茂。他們獲得清朝分封的中國南部領地，逐漸形成割據勢力。

遷界令

一六六一年，清朝發布遷界令，命沿岸居民內遷，以孤立鄭成功在台灣的勢力。

彼得大帝

彼得大帝是十七世紀末即位的俄羅斯沙皇，他在內政方面，極力推動俄羅斯學習西歐的現代化。在北方戰爭中，他擊敗瑞典，取得波羅的海的制海權，並下令探險家白令前往遠東探險。

耶穌會

耶穌會是由西班牙人依納爵・羅耀拉於一五三四年創立的天主教修道會，目的是對抗新教宗教改革，並積極進行海外傳教。

康熙皇帝的功績一覽

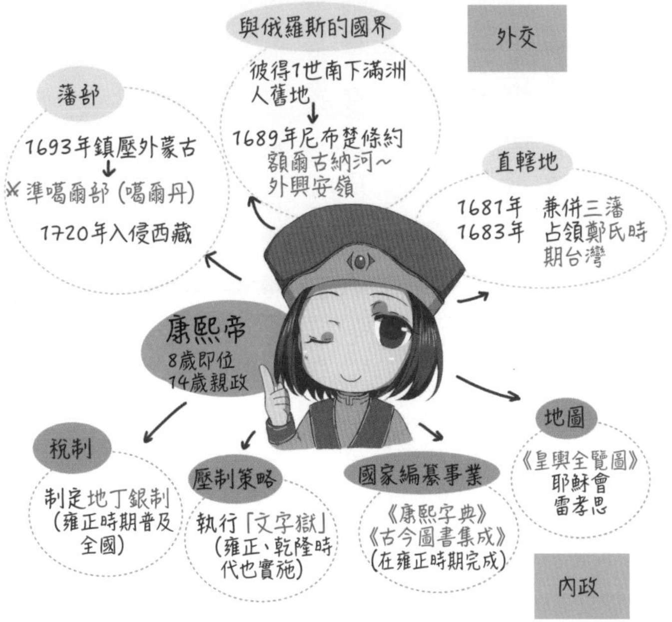

中國 4

明朝到清朝的盛衰興亡

清朝的建立與發展

一六一六年，明朝衰弱之際，**努爾哈赤**統一東北部的女真人，建立後金。隨後，他南下擴張，大敗明朝，逐步控制遼東半島。繼任的第二代大汗**皇太極**平定內蒙古**察哈爾**部，並將朝鮮王朝納為附屬國。一六三六年，皇太極改國號為「**清**」，並改稱「**女真**」為「**滿洲**」族，以利統治中國本土。

此時，明朝派**吳三桂**把守萬里長城的東側要地**山海關**，以防備清軍。但是，一六四四年，**李自成**起義導致明朝滅亡。吳三桂等三名武將為討伐李自成，引清軍入關，隨後協助清軍平定中原，因此受封為**藩王**。

第三代皇帝**順治帝**幼年即位，由攝政王多爾袞輔政。順治在吳三桂的引導下經山海關一路攻到北京，吳三桂等軍隊討伐李自成，奪回北京，又帶領清軍進入北京城。清朝採用**八旗**與**綠營**等獨特軍制，並推行**剃髮留辮**，不過官吏體制主要依循明朝。

清朝的全盛時期

清朝第四代皇帝**康熙帝**先是平定撤藩而引發的**三藩之亂**，接著擊敗統治台灣的**鄭成功**勢力，將台灣納入清朝版圖，奠定清朝的穩定統治。康熙與俄羅斯皇帝**彼得大帝**簽**訂尼布楚條約**劃定中俄國界，是中國史上首次對等的國際條約，隨後又平定外蒙古和西藏局勢。清朝第五代**雍正帝**征服**青海**，第六代**乾隆帝**進一步將**準噶爾**部及**回部**（東突厥）納入版圖，使清朝疆域在十八世紀中葉達到最大範圍。此外，清朝也與泰國、緬甸、越南建立宗藩關係。

康熙、雍正時期，耶穌會等天主教團體質疑中國禮俗不符合天主教教義（**禮儀之爭**），因此清朝於一七二四年**實施禁教**，一七五七年乾隆更採取「一口通商」政策，將對外貿易限縮於**廣州**港，並透過「**公行**」

壟斷貿易活動。

在統治政策上，清朝一方面實施**剃髮留辮**、**文字獄**和**禁書**等高壓政策，同採取懷柔手段，如展開《四庫全書》的編纂和採行**滿漢併用**的科舉制度平衡朝廷中的滿人與漢人，以「剛柔並濟」的政策統治中國。

清朝的內憂外患

十八世紀後期工業革命的背景下，英國國內要求自由貿易的聲浪高漲，英國駐華使節（**馬戛爾尼**、阿美士德）數度向清廷上書要求開放通商，但均遭拒絕。隨後，英國商人利用三角貿易私運鴉片，遭到欽差大臣**林則徐**嚴格取締，英國以此為藉口，於一八四〇年發動**鴉片戰爭**。清朝戰敗，被迫**割讓香港島**並開放**五口通商**。接著，清朝再次於一八五六年開始的**英法聯軍（第二次鴉片戰爭）**中再敗，被迫開放天津等十一個港口，允許外國公使駐華、基督教傳教、鴉片貿易及出航等，並割讓九龍半島南部（後來的香港）給英國，中國淪為半殖民地。

鴉片戰爭後，中國白銀外流造成銀價飆漲，壓迫以白銀繳稅的百姓。一八五一年，**洪秀全**組織基督教祕密結社「**上帝會**」，吸收不滿生活困苦的群眾，以「**滅滿興漢**」為口號起義北上，於**天京**（現今南京）建立**太平天國**。太平天國主張男女平等及土地均分（天朝田畝制），因此受到貧農支持，最終卻因內部的權力鬥爭跟**湘軍**（地主軍）及**常勝軍**（外國義勇軍）的反擊而遭到鎮壓。

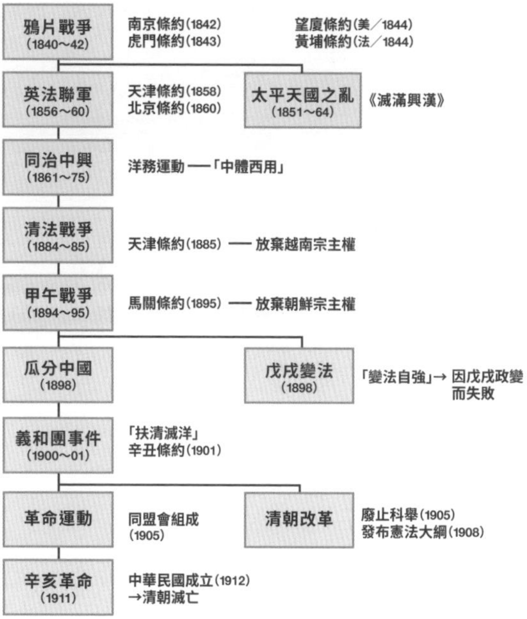

清末的中國

小知識 三角貿易：指英國、英屬印度與中國之間的貿易活動。英國將英屬印度產的鴉片運到中國，再從中國把茶葉運回英國，從中獲取莫大的利益。

洋務運動與變法運動

第十代皇帝同治帝於一八六一年即位，因年紀尚幼，由其母**慈禧太后**攝政掌權，進入相對安定的時期，史稱同治中興。同治晉用鎮壓太平天國之亂有功的**曾國藩**、**李鴻章**等漢族官員，並在「**中體西用**」的口號下展開**洋務運動**。但是，這種虛有其表的近代化未能達到富國強兵的效果，清朝在清法戰爭（一八八四～八五年）中戰敗，失去越南的宗主權；甲午戰爭（一八九四～九五年）戰敗後又失去朝鮮的宗主權。

一八九八年，第十一代皇帝**光緒帝**任用**公羊學派**的**康有為**等人，效法日本明治維新，推動以君主立憲制與制定憲法為目標的**戊戌變法**。但是，慈禧太后等保守派發動**戊戌政變**，變法以失敗告終，光緒帝遭到幽禁至死。

瓜分中國與清末的局勢

一八九八年，列強趁清朝政局混亂之際開始瓜分中國，激發國內反帝國主義的民族意識高漲。一九〇〇年，名為**義和團運動**的武裝排外運動在山東爆發，以「**扶清滅洋**」為口號的起義迅速延燒到全國各地。不久，義和團得到清軍支援，開始攻擊北京的各國公使館，不過這次行動遭到包含日本、俄羅斯在內的**八國聯軍**鎮壓。根據一九〇一年簽訂的**辛丑條約**，清廷同意外國軍隊駐兵北京並支付高額賠款，清朝淪為半殖民地。

在此背景下，知識分子認為清朝已無法起死回生，於是在各地組成革命團體。其中三個主要革命團

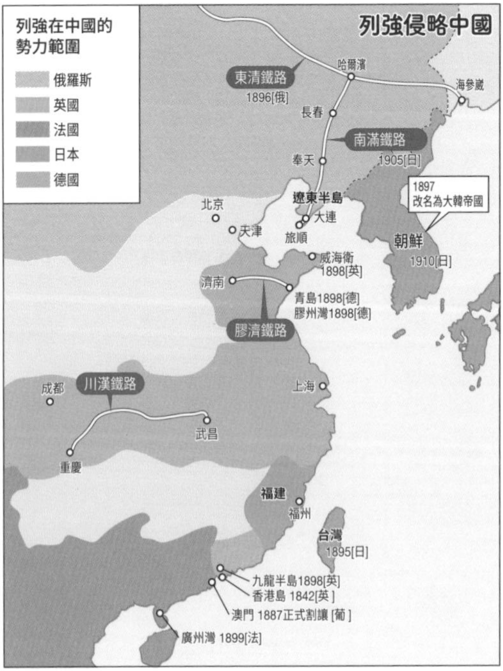

體藉日本於日俄戰爭獲勝的時機，在東京合併為**同盟會**。面對革命勢力，清朝開始實施內政改革（廢止科舉、設置新軍、發布憲法大綱等），企圖保全政權。但是，一切已經太遲，清朝的滅亡進入倒數計時。

補充 **歷史上的人物⑥**

慈禧太后

（1835~1908年）

慈禧太后是清朝晚期咸豐皇帝的妃子。咸豐去世後，她以皇太后的身分，在兒子同治帝與姪子光緒帝在位期間掌握實權。最初她支持洋務運動，帶來一段太平時期，稱為同治中興。甲午戰爭失敗後，面對列強瓜分中國，光緒帝決心推動戊戌變法，遭到慈禧反對。因此，慈禧發動政變，幽禁光緒帝並追捕改革派人士。

一九〇〇年，義和團事件爆發，慈禧藉機向各國宣戰，但清軍敗給八國聯軍，她被迫逃往西安。此後，她開始引進西方文明。

小知識　**組成同盟會的三個革命團體：**興中會（孫中山）、光復會（章炳麟）及華興會（黃興、宋教仁等）。

我們家是客家人，家境極為貧困。
我的哥哥前往夏威夷當苦力，託哥哥的幫忙，我搬到夏威夷生活。
孫中山
後來，我在廣州和香港的大學學習醫學，並在澳門開業行醫。
然而，一八九四年的一則新聞令我震驚，我簡直不敢相信。
怎麼可能……
清朝竟然敗給日本？太荒唐了……
清朝居然衰弱到打不過日本了嗎？這個國家已經徹底腐敗了！
醫病不如醫人，醫人不如醫國……
我應該成為醫治國家的醫生才對！
於是，我立志成為革命家。
我在夏威夷創立「興中會」，後來，受到日本在日俄戰爭獲勝的啟發，將革命據點轉移到日本。
一九〇五年，我在東京成立「中國同盟會」。
只有實現三民主義，國民才能獲得真正的幸福！

推翻滿清，復興中華民族！結束專制，建立共和國家！同志們，奮起吧！
哇啊啊
三民主義
▶民族獨立
→推翻滿清專制政權
建立中華民國
▶伸張民權
→終結獨裁政治
建立共和制
▶安定民生
→平等分配土地
實現生活安定
四川的保路運動成了革命的導火線，隨後武昌的新軍反叛清政府，爆發辛亥革命。
當時，我立刻從美國回到中國，因為人民都在等待我的回歸。
一九一二年，中華民國建立，
我的願望似乎已經實現。
然而，袁世凱等人掌握了實權，北洋軍閥阻礙了我的道路。
袁世凱
但在這之前，我便離開了人世。
遺憾的是，革命尚未成功……
後來，中國國民黨與中國共產黨試圖合作推翻軍閥……
呃……
希望中華民國能在三民主義的指引下，成為一個真正的國家。
我會在天堂守護它。

中國 5

孫中山

Sun Yat-sen

人物介紹

孫中山曾受洗為基督教徒，並在澳門開業行醫。甲午戰爭期間，日本擊敗清軍，清朝的腐敗讓他非常失望。他意識到「國難未已，醫病不如醫人，醫人不如醫國」，於是決定成為革命家。孫中山在夏威夷設立興中會，並受日本在日俄戰爭中獲勝的啟發，與同志在東京組成革命團體「同盟會」。

一九一一年，武昌起義爆發，動搖清朝政權，辛亥革命就此開始。孫中山立刻從美國趕回中國，於一九一二年一月二日宣布中華民國成立，並出任第一任臨時大總統。

小故事

孫中山難以簡單評價，他為了利用周遭的力量達成革命目標，經常改變主策略，這既可說是臨機應變，也可以說是短視。孫中山的革命運動一再受挫，辛亥革命的成就也主要以長江流域為主，並未擴及全中國。因此，孫中山的歷史地位主要體現在他建立了革命的基礎。不論在中國或是台灣，他都被尊稱為「國父」。

關係圖

Profile

1866~1925／男性

中國國民黨總理

（在位：1919~1925）

漫畫中的歷史名詞

苦力
過去歐美人對來自中國與印度等亞裔移民的稱呼，這些移民通常被迫從事艱苦的勞力工作，卻只能領取低薪。

同盟會
受到日本在日俄戰爭獲勝的啟發，中國的三個革命團體（興中會、華興會、光復會）在東京組成同盟會，由孫中山擔任總理，並發行《民報》會刊。

辛亥革命
辛亥革命始於一九一一年十月十日湖北新軍發動的武昌起義。一九一二年一月，中華民國宣告成立，二月時清朝滅亡。袁世凱就任中華民國臨時大總統，隨後逐步實施擴權，最後恢復帝制。

袁世凱
清朝末年的軍人，曾在甲午戰爭中立功。但是，他在義和團事件中背叛慈禧太后，向歐美聯軍靠攏，保持中立。此後，清朝雖努力維持政權，但隨著辛亥革命爆發，袁世凱與革命成員達成協議，加速清朝滅亡，他隨即掌握中華民國的實權。

中國國民黨與中國共產黨
中國國民黨於一九一九年由孫中山在廣州成立，中國共產黨則是一九二一年由陳獨秀在上海成立。一九二四年，兩黨為推翻軍閥決定合作，實現了第一次國共合作。

辛亥革命的進程

清朝（1616～1912）滿洲人的國家
清法戰爭戰敗……失去越南
甲午戰爭戰敗……失去朝鮮
↓
變法運動……走向君主立憲制
戊戌政變（1898）……因保守派政變而失敗
光緒新政……由上而下的近代化……已經太遲！！

中國遭瓜分（1898）
國力衰弱原形畢露
↓
「反清復明」by革命家 → 1905年 同盟會（興中會・華興會・光復會）提倡「三民主義」
（漢民族復興！建立共和制！）

1911年9月 四川暴動
10月10日 武昌起義…辛亥革命（一次革命）
12年1月 中華民國建國（首都：南京）
2月 清朝滅亡（末代皇帝：溥儀）
3月 臨時大總統 孫中山→袁世凱（軍人）

1913年 二次革命……袁世凱VS國民黨
1915年 三次革命……袁世凱帝制運動
↓
樹立軍閥政權 ← 部下的軍人們

辛亥革命、中華民國建立及現代中國

辛亥革命與中華民國的建立

一九一一年，清廷推行鐵路國有政策（作為支付外國賠款的抵押），激起百姓反對，在四川發生暴動。以此為導火線，十月十日（雙十節），湖北新軍在武昌起義，主張打倒滿清，起義進而擴大到全國，爆發**辛亥革命**。隨後，從美國回國的**孫中山**在一九一二年宣布**中華民國**成立，定都南京。不久，支持清廷的**北洋新軍**領袖**袁世凱**與孫中山祕密協商，促成清朝滅亡，並由袁世凱就任**臨時大總統**，遷都北京，開始實施擴權統治。

孫中山等人成立**國民黨**與袁世凱對抗，但是袁世凱解散國民黨並展開帝制。袁世凱死後，他的數名部下建立**軍閥**政權（北洋政府），無視孫中山主張的**三民主義**（民族、民權、民生主義）。

國共合作與北伐

為了打倒獲得歐美列強的支持的北洋政府，一九一九年**中國國民黨**在廣州成立，一九二一年**中國共產黨**在上海成立。一九二四年，在共產國際的牽線下，促成**第一次國共合作**。在孫中山的後繼者**蔣介石**主導下，國民黨發動**北伐**，壓制北方的軍閥政府。一九二七年，蔣介石發起清黨行動打壓共產黨，之後建立**南京國民政府**。一九二八年，軍閥**張學良**因其父張作霖遭日本暗殺而歸順國民政府，國民政府占領北京，完成北伐。

另一方面，受到打壓的共產黨將據點轉移到江西省**瑞金**，但隨後受到蔣介石率領國民黨軍剿共，因此中共展開**長征**（一九三四～三六年），將據點轉移到陝西省**延安**。

一九三一年，日本以**九一八事變**為藉口（日軍爆破南滿鐵路軌道並誣指中國軍所為），扶植「**滿洲國**」在中國東北建國，接著以防共為名，將勢力推進到北京周邊。面對日軍行動，張學良響應中共的「**抗日民族統一戰線**」主張，發動**西安事變**（軟禁蔣介石，要求對日抗戰）。在共產黨的調解下，蔣介石從反共轉變為抗日。一九三七年七月七日，中日兩軍爆發**盧溝橋事變**，促成了**第二次國共合作**，**中日戰爭**一觸即發。

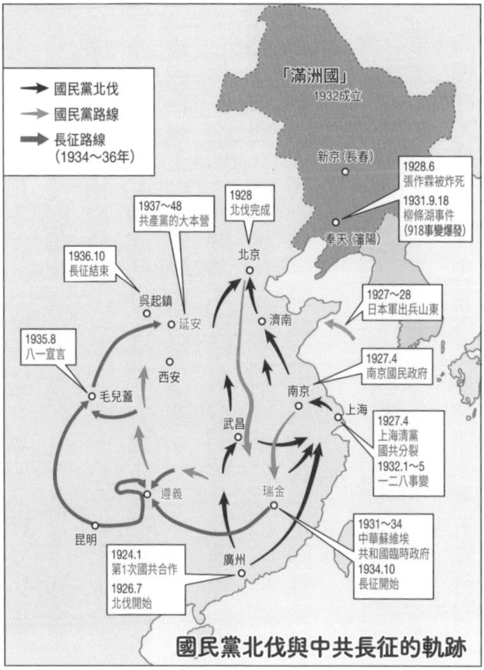

國民黨北伐與中共長征的軌跡

從中日戰爭到太平洋戰爭

日軍占領北京後持續南進，發生**南京大屠殺**，隨後向蔣介石**國民政府**的新據點重慶展開攻擊。然而，日軍久攻不下，於是承認與蔣介石對立的**汪精衛**所建立的**南京偽政權**為合法中國政府，建構「日滿華」的**東亞新秩序**。另外，為取得石油，日本又南進東南亞，導致美、英、中、荷組成**ABCD包圍網**。一九四一年，這個衝突擴大為**太平洋戰爭**。

在中國國內，共產黨的**紅軍**編入蔣介石的國民黨軍，更名為「八路軍」，並在農村地區對日本發動游擊戰，使採用「點與線」統治策略的日軍難以應付。終於，一九四五年八月十五日，日本接受**波茨坦宣言**，無條件投降。日本撤軍後，中國隨即爆發新的內戰。

國共內戰與共產黨的勝利

共同敵人日本戰敗之後，國民黨與共產黨再次對立，美國介入調停未果。一九四六年，長達四年的**國共內戰**爆發。這場內戰的死亡人數超過中日戰爭，導致國民更加困乏。最初，國民黨在美國的支持下占有

小知識　國共內戰：蔣介石率領的國民革命軍與中國共產黨率領的中國工農紅軍之間的戰爭。最初國民黨軍勢力強大，但共產黨獲得農民支持，最終取得勝利。

優勢，但**毛澤東**率領的共產黨軍在獲得北韓支援後，形勢逆轉，最終取得勝利。一九四九年九月，共產黨召開**人民政治協商會議**，並於十月一日在北京天安門宣布**中華人民共和國**成立，建立社會主義國家，由毛澤東擔任黨主席，**周恩來**擔任總理。

另一方面，在國共內戰中戰敗的蔣介石率領國民黨播遷來台，後來更與美國簽訂中美共同防禦條約，保有聯合國代表權，並被納入美國的資本主義陣營。

五年計畫與文化大革命

毛澤東提出**新民主主義**，展開第一個**五年計畫**，並於一九五四年發布**中華人民共和國憲法**，努力建設社會主義國家。一九五八年，**第二個五年計畫**開始，推動**大躍進運動**並設立人民公社，實行集體化農業。但是，激進改革導致社會矛盾，再加上天災與**中蘇對立**引發蘇聯技術人員撤離中國，最終導致計畫失敗，毛澤東也暫時失勢。在**劉少奇**與**鄧小平**的調整政策下，經濟在六年間逐步復甦。一九六六年，毛澤東意圖奪回政權，煽動學生與工人發動**文化大革命**，指控劉少奇等人參與資本主義路線並加以打壓。這場回歸社會主義的大規模運動，導致許多資本家與學者遭到殺害、入獄及勞改。

總理**周恩來**為了突破**中蘇邊界紛爭**之後的國際孤立而向美國示好，於一九七二年促成**尼克森訪中**，簽訂**中美聯合公報**。但是，毛澤東的妻子**江青**領導的政

1949年以後中華人民共和國的軌跡

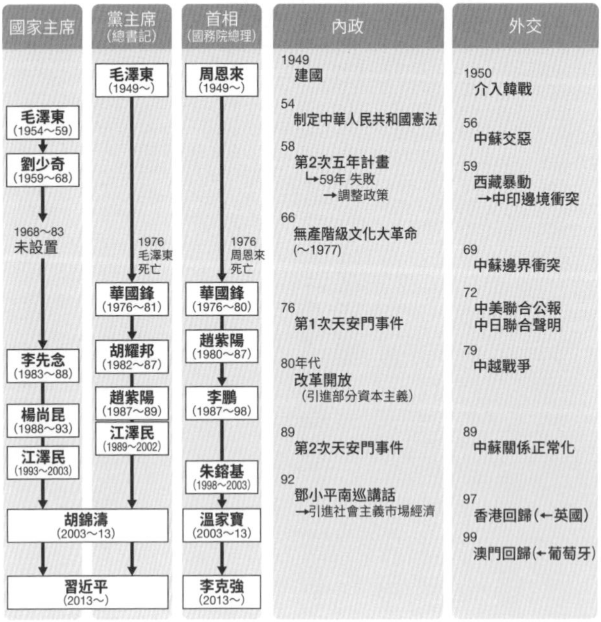

治團體「**四人幫**」試圖推行社會主義式獨裁，與周恩來產生對立。

兩次天安門事件

一九七六年，象徵民主化追求的周恩來逝世，反對「**四人幫**」獨裁的學生聚集在天安門廣場示威，江青下令武力鎮壓（**第一次天安門事件**）。同年九月，毛澤東去世，繼任者**華國鋒**逮捕「四人幫」，幫助因周恩來去世而失勢的改革派鄧小平復出，推動「**四個現代化**」（工業、農業、國防、科學技術）。不久，華國鋒失勢，鄧小平成為最高領導人。一九七〇年代末，提倡**改革開放政策**，**解散人民公社**，改變方針，引進資本主義經濟（**社會主義市場經濟**）。

但是，民主化遲遲沒有進展，引發學生不滿，再次發起行動。一九八九年，學生視為精神象徵的**胡耀邦**過世，反對保守派**李鵬**獨裁的學生，又在天安門廣場聚集，發動示威運動。但是，同年六月四日，學生還是遭到武力鎮壓（**第二次天安門事件**）。

這起事件遭到國際批判，因此最高領導者鄧小平辭職，**江澤民**取代因天安門事件而失勢的**趙紫陽**，就任總書記，後於一九九三年擔任國家主席。他繼承了鄧小平路線，致力活化市場經濟。二〇〇一年加盟WTO，而且也促成後來舉辦的北京奧運和上海萬博。但是，真正的民主化依然停滯不前。之後，**胡錦濤**以及**習近平**時代，依然維持言論限制和部分經濟管制。

補充

歷史上的人物⑦

蔣介石

(1887~1975年)

中華民國第二及第四任國民政府主席，第一任中華民國總統，中國國民黨永久總裁。他繼承孫中山的遺志，完成北伐，統一中華民國。但是，他在國共內戰中敗給毛澤東率領的中國共產黨，於是辭職下野以示負責，遷往台灣，從此不曾再踏入中國大陸，並於一九七五年去世。

小知識 日本殖民時代對台灣的基礎建設和教育注入不少心力，讓民眾生活大幅改善，這可能是台灣人較為親日的原因之一。

世界史聊天室

孫中山 × 伊朗伊斯蘭教領袖何梅尼

何梅尼：不論是中華人民共和國還是台灣，都尊稱孫先生是「國父」吧？

孫中山：其實，我在很多事上都沒完成……所以才得到這種尊稱（笑）。

何梅尼：這樣啊！那麼，大概是因為我對自己的信念太過執著，所以大家才討厭我吧……

孫中山：何梅尼先生也很不容易啊！說起來，現在美國和素尼派的沙烏地阿拉伯似乎也是衝突不斷呢！

戰後的台灣

台灣於一九七一年失去聯合國代表中國的資格，在國際上陷於孤立；美國則在與中國建交後，於一九七九年與台灣正式斷交。

進而，在二〇〇〇年總統選舉中，民進黨的**陳水扁**當選，台灣首次政黨輪替。但是陳水扁提出「**一邊一國**」主張，使兩岸關係惡化，衝突一觸即發。二〇〇八年，政權再次回到國民黨手中，二〇一六年民進黨再度掌握政權，相對穩定的兩大政黨體制成形。

英國史

CHAPTER 07

contents

英國史大事紀

約翰王
(1167~1216)

伊莉莎白一世
(1533~1603)

- **約前1～2世紀**　羅馬時代，於英格蘭和蘇格蘭的國境建築城牆
  ＊同時期也建設了倫蒂尼恩（倫敦）
- **約5世紀**　日耳曼民族的盎格魯－撒克遜人入侵
- **829年**　埃格伯特統一七王國，成為英格蘭王國的國王
- **1066年**　建立諾曼王朝　by 諾曼第公爵威廉
- **1154年**　金雀花王朝建國　by 亨利二世（法安茹伯爵兼任）
- **1215年**　通過《大憲章》……「國王也須遵守法律」
- **1337年**　百年戰爭（~1453年）　by 愛德華三世
- **1455年**　玫瑰戰爭……蘭開斯特家✕約克家
- **1485年**　都鐸王朝建國（君主專制時期）　by 亨利七世
- **1603年**　斯圖亞特王朝建國（公民革命時期）　by 詹姆斯一世
- **1640年**　清教徒革命⬇克倫威爾獨裁⬇王室復辟

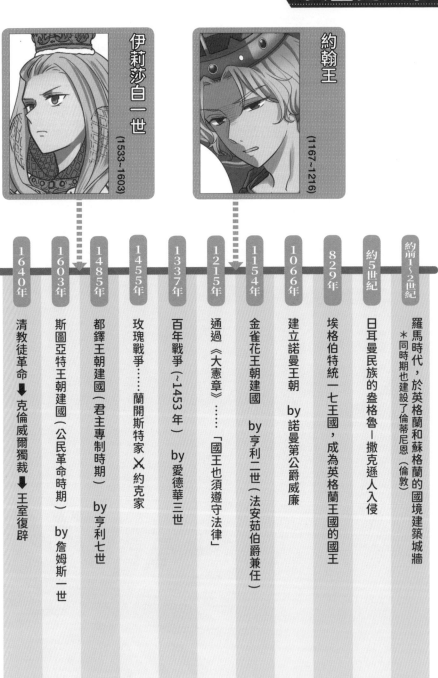

- **1688年** 光榮革命➡89年發布權利法案
- **1714年** 漢諾威王朝建國 by喬治一世
- **1775年** 美國獨立戰爭(~83年英國承認美國獨立)
- **1837年** 維多利亞女王即位……不列顛治世的開始
- **1902年** 英日同盟 04年英法協約 07年英俄協約成立
- **1917年** 改名為溫莎王朝，維持至今
- **1932年** 大英帝國經濟會議……提倡經濟合作
- **1940年** 邱吉爾(保守黨)就任首相 45年第二次世界大戰勝利
- **1945年** 艾德禮(工黨)就任首相……放棄印度、巴勒斯坦
- **1979年** 柴契爾(保守黨)就任首相 82年福克蘭戰爭
- **2016年** 公民投票決定是否脫離歐盟 脫歐派勝利

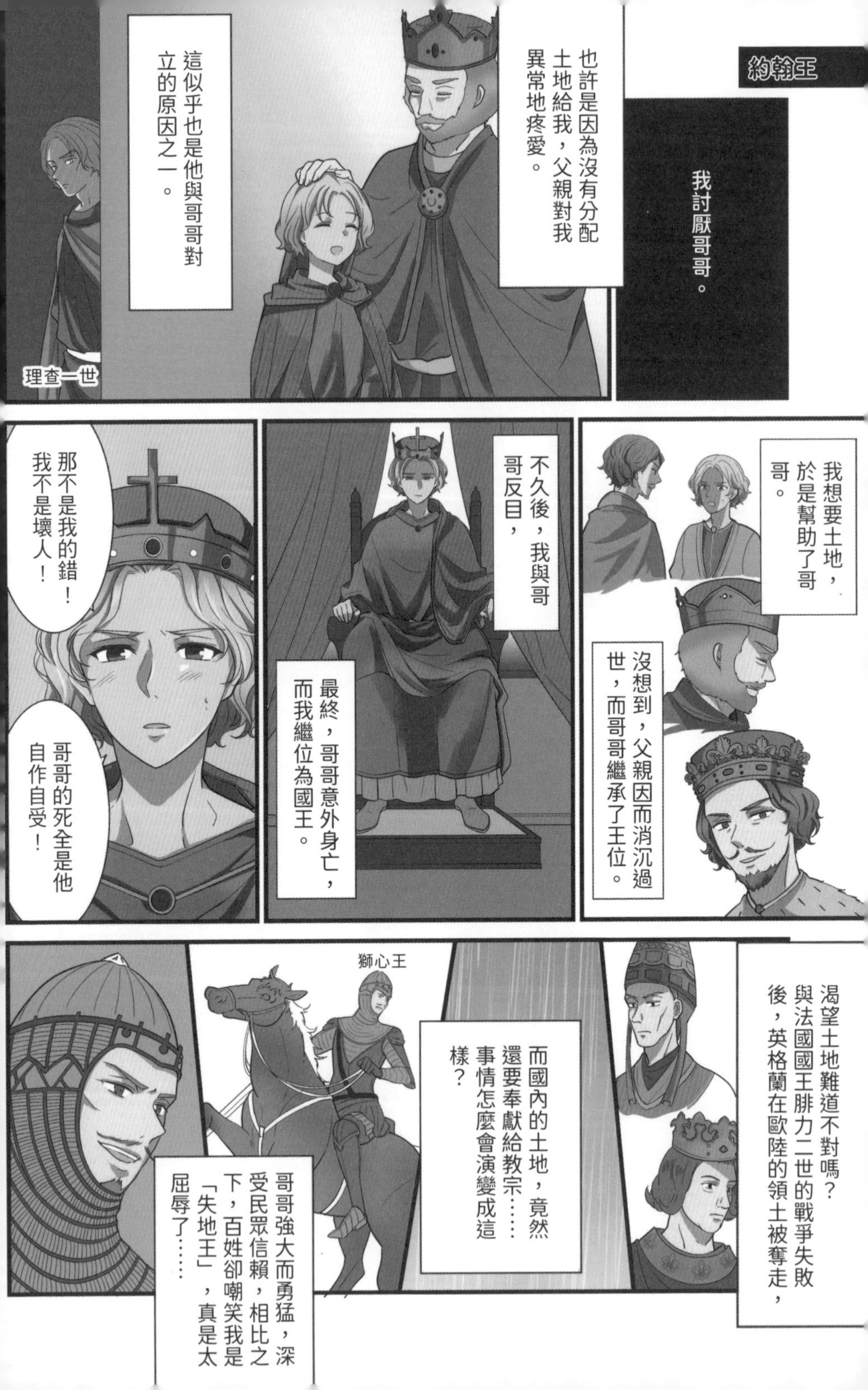
約翰王
我討厭哥哥。
也許是因為沒有分配土地給我，父親對我異常地疼愛。
這似乎也是他與哥哥對立的原因之一。
理查一世
我想要土地，於是幫助了哥哥。
沒想到，父親因而消沉過世，而哥哥繼承了王位。
不久後，我與哥哥反目，
最終，哥哥意外身亡，而我繼位為國王。
那不是我的錯！我不是壞人！
哥哥的死全是他自作自受！
渴望土地難道不對嗎？
與法國國王腓力二世的戰爭失敗後，英格蘭在歐陸的領土被奪走，
而國內的土地，竟然還要奉獻給教宗……事情怎麼會演變成這樣？
獅心王
哥哥強大而勇猛，深受民眾信賴，相比之下，百姓卻嘲笑我是「失地王」，真是太屈辱了……

那些諸侯究竟要什麼？答案竟是《大憲章》……
首先，為了我和我的繼承人能夠永遠得到神的寬恕，我將以這份特許狀確認：英格蘭教會完全享有自由及其各項權利，並確保這種自由不受侵犯。
竟然要我承認這種東西？
未經國民同意，不得徵收兵役免除稅或其他稅捐。
砰咚
這不過是奪走國王的權力，讓聖職者和貴族從中獲益罷了……
我怎麼可能接受這種條款？可是，我無力反駁……
可悲啊，約翰失地王！民眾捨棄了你，諸侯也捨棄了你。
你在歷史上只會留下昏君的名號……
……我只好相信，這份《大憲章》能為未來的英格蘭帶來希望。
於是，約翰王簽署大憲章。
然而，數年後，他廢止大憲章，再次引發動亂。
儘管如此，《大憲章》中限制君權的條款，成為後來英國議會主義的基礎，並演變為英國政治的不成文法。

英國 1 約翰王

John, King of England

Profile

1167~1216／男性
英國金雀花王朝國王
（在位：1199~1216）

人物介紹

約翰王的哥哥理查一世曾率領第三次十字軍東征，因勇猛善戰而獲得「獅心王」的美譽，使約翰王十分妒忌。約翰王即位後，因坎特伯里大主教的敘任權問題（任命主教和修道院院長的權限）與教宗英諾森三世對立，被革除教籍，並一度將英格蘭土地獻給教宗。同時期，他與法國國王腓力二世作戰失利，失去在法國的大量領地，被稱為「失地王」。為了贖金和課稅問題，約翰遭到諸侯反抗，於一二一五年被迫簽署《大憲章》，承認貴族和神職者的權利。這成為後代愛德華一世的「模範議會」和愛德華三世的「兩院制」等議會政治的基礎。

小故事

許多史學家評價約翰王是無能的暴君，不但不受臣民愛戴，還因背叛父兄而被認為是無義的國王。據說約翰王愛善於使用陰謀詭計，短視且笨拙，無能妥善治理國家。後來，英國歷代國王都避免以「約翰」為名號，顯示其評價之差。不過，約翰王與第二任妻子育有五個孩子，為子女的地位做出許多努力。

關係圖

漫畫中的歷史名詞

理查一世

理查一世於一一八九～九九年在位，他的父親是金雀花王朝的開創者亨利二世。理查一世曾參加第三次十字軍東征，英勇地與埃宥比王朝的蘇丹王薩拉丁作戰，獲得「獅心王」的美稱。

腓力二世

腓力二世是法國卡佩王朝國王，於一一八〇～一二二三年在位。他在第三次十字軍東征中途回國，奪下法國國內的英國領土，同時又依羅馬教宗之命，與南法大諸侯聯合派出十字軍討伐日漸強大的阿爾比派。

大憲章

保障貴族各項封建權利的規定。約翰王之子亨利三世無視這部憲章，引起貴族反彈，此時召開的孟福爾議會成為英國議會的起源。

習慣法

依據中世紀以來英格蘭形成的「傳統、風俗或習慣」以及法官判例建立的法律體系，又稱為「不成文法」。《大憲章》中載明，習慣法地位優於王權。

約翰王的國內外勢力關係圖

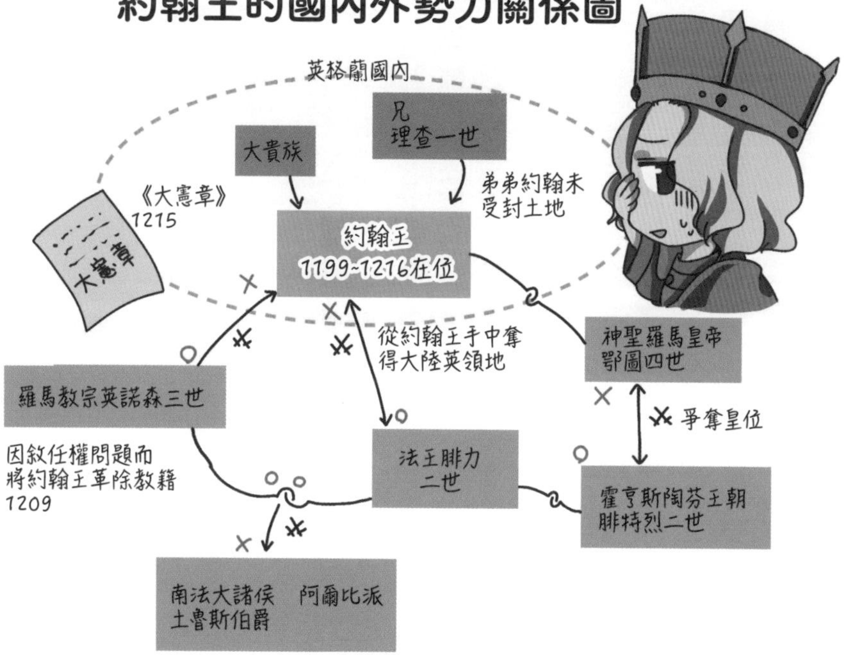

1 英國的建立與發展

古代的不列顛島

約在西元前一世紀，羅馬將軍凱撒兩次登陸不列顛島，但未能完成征服。後來，羅馬皇帝克勞狄烏斯征服了島嶼的大部分，不過，羅馬軍並未控制不列顛北部的蘇格蘭。蘇格蘭邊境現在還留著哈德良長城與安多寧長城等防禦建築的遺跡。另外，羅馬軍在不列顛島東南部建設了羅馬風格的都市倫蒂尼恩，這個城市就是現在的倫敦。

日耳曼人入侵與建國

西元五世紀左右，皇帝霍諾留決定放棄不列顛島，不列顛島成為西羅馬帝國的領土。隨後，**日耳曼民族**中的盎格魯－撒克遜部落入侵並大量遷入，逐漸取代羅馬人，並建立七王國，不列顛地區進入**七國時代**。六世紀末，羅馬教宗**格列哥里一世**向盎格魯－撒克遜人傳播羅馬天主教，在七王國的肯特王國首都坎特伯里設置大主教座，使不列顛島逐步納入基督教世界的範圍。

諾曼人入侵與諾曼征服

八二九年，七王國之一威塞克斯的國王**埃格伯特**統一大部分英格蘭地區。九世紀末，**阿佛烈大帝**成功抵禦進犯英格蘭的**維京人**。一〇一六年，丹麥王子**克努特**率領**維京人**軍隊再度攻打英格蘭，英軍大敗。克努特被推舉為英格蘭王，後來也兼任丹麥王和挪威王，被稱為克努特大帝，建立**北海帝國**。

不過，隨著克努特去世，帝國迅速瓦解，英格蘭的**撒克遜**王朝復辟。一〇六六年，法國北部**諾曼第公國**的**威廉公爵**攻打英格蘭，在**黑斯廷斯戰役**中大破英格蘭王哈羅德二世（**諾曼征服**）。不久後，威廉在倫敦的西敏寺加冕為**威廉一世**，建立**諾曼王朝**。

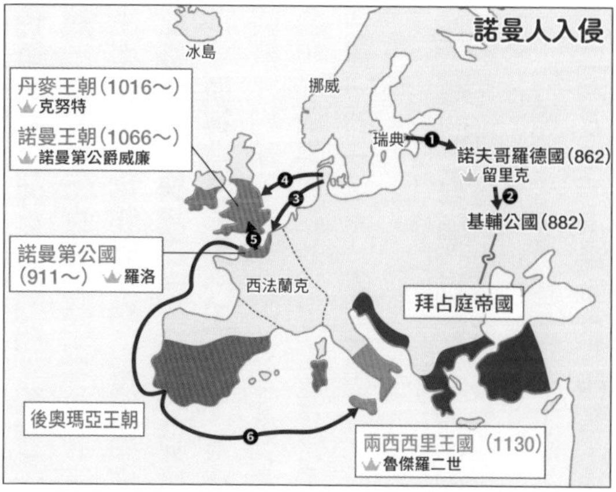

因為諾曼第公爵威廉一世本是法國國王的臣子，他成為英格蘭王後，形成英國國王領有法國部分領土的狀態，成為英法領土爭奪的根源。

從諾曼王朝到金雀花王朝

威廉一世將他從法國北部帶來的騎士封為諸侯，並分配英格蘭的土地作為獎賞，並完成土地普查紀錄**《末日審判書》**，確立英王的徵稅權，藉此建立比法國更強大的集權封建國家。同時，法國文化的傳入也使英格蘭深受歐洲大陸文化的影響。

威廉一世的孫女與法國大諸侯安茹家族聯姻，其子亨利在一一五四年即位為英格蘭王**亨利二世（金雀花王朝開創者）**。亨利又與法國諸侯阿基坦的獨生女結婚，因此他既是英格蘭王，還同時領有法國領地的西半部（史稱「安茹帝國」）。

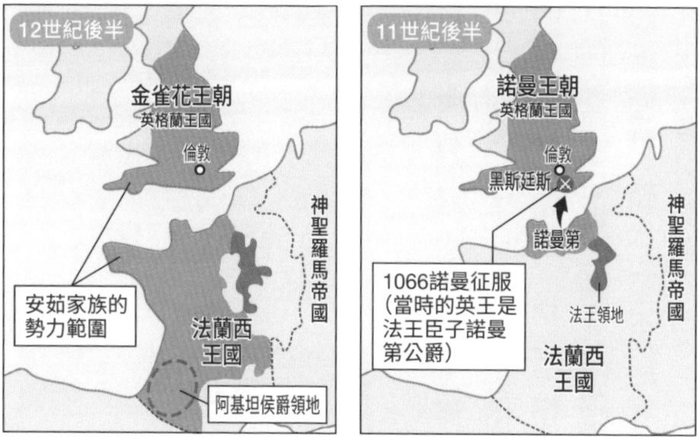

11～12世紀的英法關係

約翰王的惡政

亨利二世之子**理查一世**在**第三次十字軍東征**時，與埃及埃宥比王朝的**薩拉丁**英勇奮戰，因而獲得「**獅心王**」的封號。此外，理查一世還在法王**腓力二世**挑起戰事意圖奪回英王的法國領地時，成功阻擋了法軍入侵。

理查一世死後，他的弟弟**約翰王**即位。因為坎特伯里大主教敘任權問題，約翰王被羅馬教宗革除教籍，他竟獻上英格蘭領土乞求教宗原諒。然而，約翰王與腓力二世作戰失利，幾乎失去所有歐陸領地，因此被稱為「**失地王**」（他在父兄當政時也並未獲得封地，而被稱為「**無地王**」）。最終，由於種種失敗的政策，約翰王在一二一五年遭到貴族強迫簽署《**大憲章**》，承認貴族的特權，這奠定了「國王也必須遵從法律」的「法治」原則基礎。

英國議會制度的演進

約翰王之子**亨利三世**不承認《大憲章》，因此在一二六五年，法國裔貴族**西蒙・德・孟福爾**召開新的議會，新議會的成員除了原有的神職人員與大貴族，還召集了各郡騎士與市民代表。下一任國王**愛德華一世**於一二九五年召開新的身分制議會，稱為「**模範議會**」，確立代表制。其孫**愛德華三世**改議會為**兩院制**，神職者與大貴族組成**貴族院**，騎士與市民組成**庶民院**，成為後來**上議院**和**下議院**的基礎。

英國身分制議會的變遷

1215 **《大憲章》**
約翰王
訂定「國王也應遵守法律」的原則。

↓

1265 **召開孟福爾議會**
亨利三世
代表郡的騎士與代表城市的市民也可以參加貴族與神職者的議會

↓

1295 **模範議會**
愛德華一世
國王首次召集庶民代表參與議會
成為召集議會的模範，此後開始定期召開議會。

↓

1343 **建立兩院制**
愛德華三世
貴族院（上議院）...貴族與神職人員
庶民院（下議院）...騎士與市民

百年戰爭

法國卡佩王朝斷嗣後，由卡佩王朝末代國王查理四世的堂哥**腓力六世**即位，開創**瓦盧瓦**王朝。然而，英王**愛德華三世**藉其母是查理四世的妹妹為由，主張法國王位應該由他繼承，並向法國宣戰，這就是**百年戰爭**（一三三七～一四五三）的起因。愛德華三世的目的是奪取羊毛出口中心的**法蘭德斯地區**及葡萄酒產地**吉耶訥地區**。

戰爭初期，**「黑太子」愛德華**率領的**長弓部隊**節節勝利，英國占據優勢。十四世紀中期，**黑死病（鼠疫）**肆虐歐洲，法國民生凋敝。十五世紀初，英國一度占領法國北半部，但是**聖女貞德**如同救世主般救出法王**查理七世**，戰況也隨之逆轉。最後，英國於一四五三年失去**卡萊**之外的所有大陸領土，百年戰爭以英國戰敗結束。

玫瑰戰爭

蘭開斯特家族的亨利六世在百年戰爭中戰敗，加上**約克家族**主張應由自己繼承王位，引發**玫瑰戰爭**（一四五五～八五年），戰爭名稱源自蘭開斯特與約克家族的家徽：紅玫瑰與白玫瑰。最後，蘭開斯特家族母系的**亨利**—**都鐸**戰勝約克家族的**理查三世**，結束玫瑰戰爭。亨利－都鐸於一四八五年即位為**亨利七世**，建立**都鐸王朝**，並與約克家族的公主結婚，以紅白玫瑰作為都鐸家的家徽。

這兩場戰爭削弱不少諸侯和騎士勢力，王權因此得以伸張，英格蘭進入**君主專制**時期。

百年戰爭與玫瑰戰爭相關家系圖

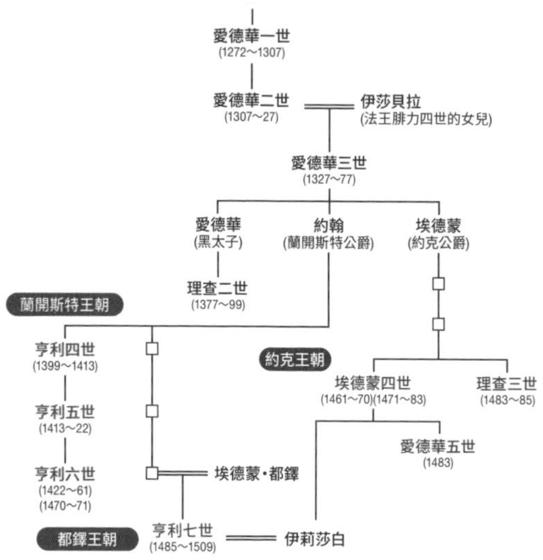

小知識 百年戰爭期間，英國國內也爆發數次農民起義。傳教士約翰・鮑爾是其中一位起義領導者，他曾在佈道中說：「亞當耕地，夏娃織布，那時哪有紳士淑女呢？」表達對封建不平等的質疑。

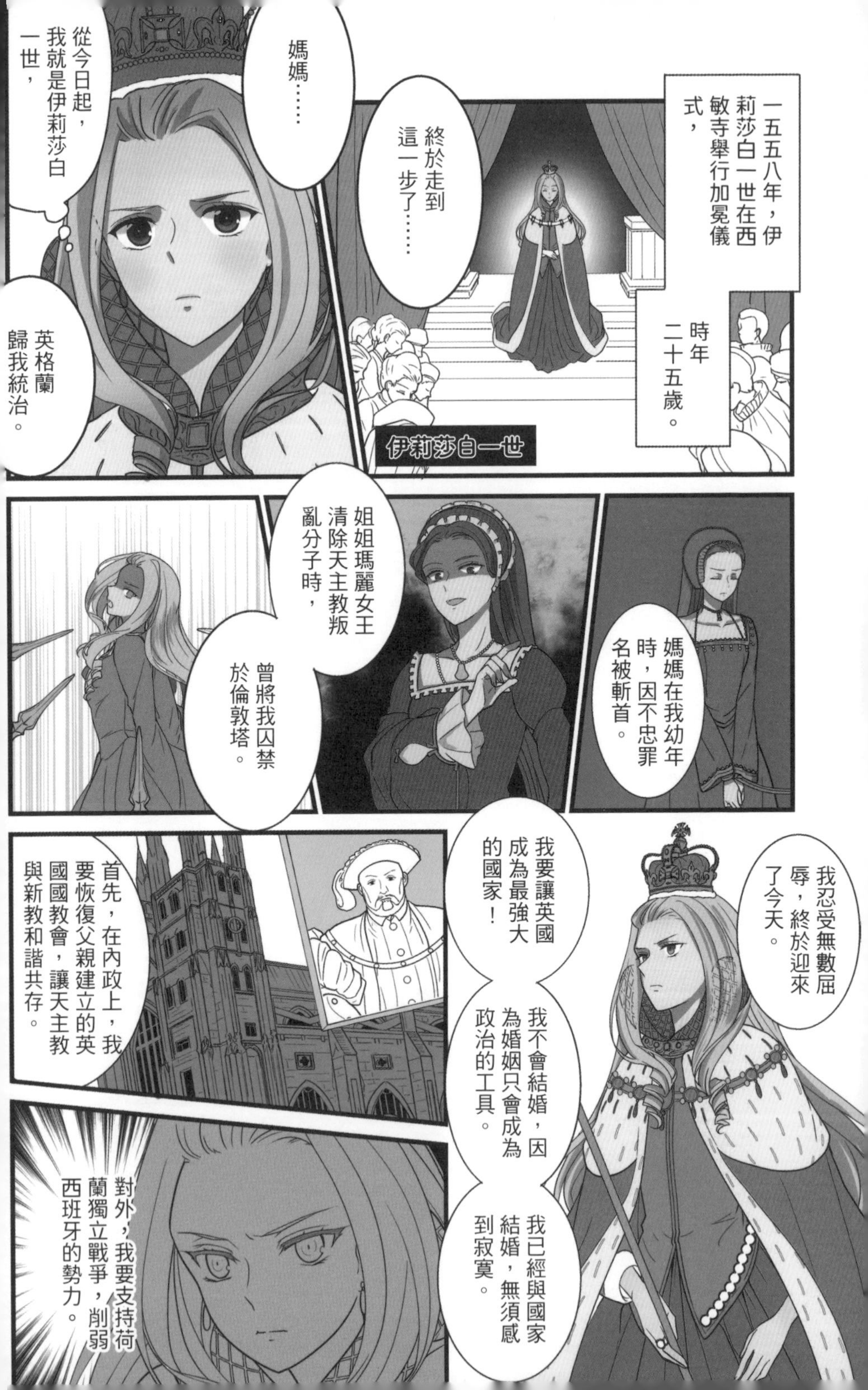
一五五八年，伊莉莎白一世在西敏寺舉行加冕儀式，
時年二十五歲。
伊莉莎白一世
終於走到這一步了……
媽媽……
從今日起，我就是伊莉莎白一世，
英格蘭歸我統治。
媽媽在我幼年時，因不忠罪名被斬首。
姐姐瑪麗女王清除天主教叛亂分子時，
曾將我囚禁於倫敦塔。
我忍受無數屈辱，終於迎來了今天。
我要讓英國成為最強大的國家！
我不會結婚，因為婚姻只會成為政治的工具。
我已經與國家結婚，無須感到寂寞。
首先，在內政上，我要恢復父親建立的英國國教會，讓天主教與新教和諧共存。
對外，我要支持荷蘭獨立戰爭，削弱西班牙的勢力。

你說西班牙艦隊正朝我們的海域駛來？
西班牙的無敵艦隊來勢洶洶，恐怕英國難以取勝。
……但是，如果我們不反抗，就永遠超越不了西班牙。
我才不怕西班牙！我們迎戰吧！
西班牙國王腓力二世大概是想要殺了我，讓蘇格蘭的瑪麗女王登上英格蘭王位……
腓力二世
但我絕不屈服！我一直關注西班牙的動向，這正是為什麼我要跟西班牙開戰。
伊莉莎白女王在荷蘭獨立戰爭和胡格諾戰爭裡都站在新教勢力那一邊，
她是我國的敵人！
我要向全世界展現英格蘭的強大！
英格蘭在英西海戰大勝無敵艦隊，之後，荷蘭成為新的海上強權。
在內政上，伊莉莎白一世頒布救貧法，幫助難民；更在在文化方面，推動英國文學的黃金時代。

英國
2 伊莉莎白一世
Elizabeth I of England

Profile
1533~1603／女性
英國女王
（在位：1558~1603）

人物介紹

伊莉莎白一世成長於複雜的家庭陰影中，她的父親亨利八世因其母安妮・博林未生下男孩，而以私通叛國的罪名處死安妮。伊莉莎白一世即位後，確立融合天主教與新教的英國國教會（一五五九年教會統一法令）。在外交方面，她支持荷蘭脫離西班牙統治，並在英西海戰中擊敗西班牙無敵艦隊。此外，她在法國胡格諾內戰中（新教與天主教的宗教戰爭）支持新教。在內政方面，她頒布救貧法，幫助失去土地的貧民。在文化方面，她創造英國文學的黃金時期，後代國王都視她為理想的典範。

小故事

少女時期的伊莉莎白語言能力出眾，也是一同學習的孩子之中教養最好的女子。因受新教教育，她與信仰羅馬天主教（舊教）的姊姊瑪麗一世女王日漸產生矛盾，同時漸漸展現對政治的興趣。伊莉莎白一世選擇不婚，部分原因是眼看身邊許多已婚女子都遭到處死，姊姊的統治也因婚姻而遭到他國干預。雖然她有交往的男性，但更專注於治理國家。

關係圖

漫畫中的歷史名詞

英國國教

根據亨利八世發布的最高權威法令而成立，由英國國王擔任教會領袖，確立教會臣服於國家的體制。英國國教教義雖然是基於聖經，但部分教義和儀式保留天主教元素。

荷蘭獨立戰爭

一五六八～一六〇九年，喀爾文派為主的尼德蘭地區為了脫離西班牙天主教統治，發起獨立戰爭。尼德蘭北部七省組成烏特勒支同盟，最終達成獨立，形成現在的荷蘭。而天主教徒較多的南部十省則依附西班牙，並於十九世紀獨立為比利時王國。

胡格諾戰爭

一五六二～九八年於法國發生的宗教戰爭，涉及新舊兩派對立與貴族的權力鬥爭。這次戰爭導致瓦盧瓦王朝滅絕，亨利四世建立波旁王朝，並於一五九八年發布南特詔令，承認胡格諾教派的宗教自由，終止戰爭。

英西海戰

一五八八年，西班牙的腓力二世派遣無敵艦隊攻擊英國，試圖在多佛海峽一帶登陸，卻遭英國海軍重創。英軍中的海盜德瑞克大展神威，後被女王授予騎士頭銜。

伊莉莎白一世的功績

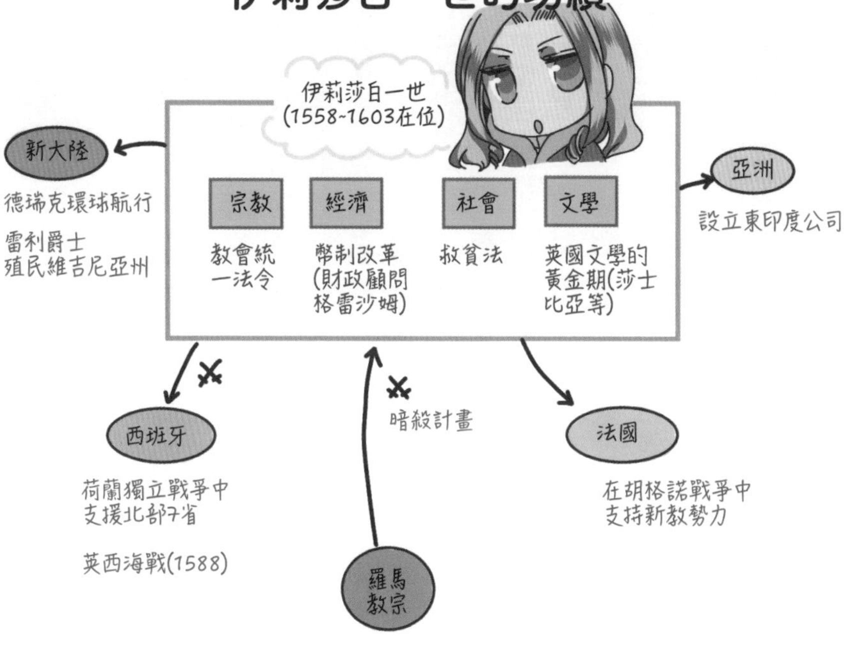

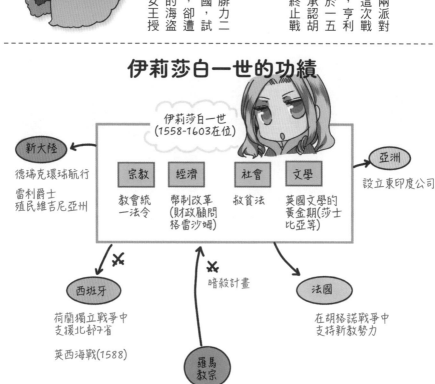

2 君主專制與英格蘭內戰

都鐸王朝的宗教改革

亨利八世原本是虔誠的天主教徒，但是為了與西班牙公主凱薩琳的離婚問題與羅馬教宗對立，並於一五三四年發布「**王權至上法**」，宣布從天主教獨立，並**建立英國國教**。亨利八世解散天主教修道院，沒收教會領地作為君主專制的財源，還處決反對他的大法官**湯瑪斯・摩爾**（《**烏托邦**》的作者）。

亨利八世之子**愛德華六世**繼位後，推行新教改革（喀爾文主義），並制定《公禱書》。但是，隨後即位的**瑪麗一世**重新恢復天主教，重建羅馬教廷地位。瑪麗一世的丈夫**腓力二世**是虔誠的天主教徒，因此瑪麗一世大量迫害新教徒，因而得名「血腥瑪麗」。瑪麗逝世後繼位的**伊莉莎白一世**於一五五九年發布《**教會統一法令**》，確立英國國教（教義偏向新教，但仍保留部分天主教制度），由英國國王擔任最高領袖，以宗教體制推行君主專制。

亨利八世與伊莉莎白一世的君主專制時期

都鐸王朝（一四八五～一六〇三年）由**亨利七世**建立，並在**亨利八世**時代進入君主專制時期。亨利八世利用**星室法庭**打壓反對派貴族，並將地方領主中的**紳士階級**納入統治層擔任治安法官，無薪治理地方事務。同時，毛織品工業迅速發展，為英格蘭建立了資本主義的基礎。

亨利八世的女兒**伊莉莎白一世**繼位後，推行救貧法和貨幣改革以穩定內政，對外則在**胡格諾戰爭**和**荷蘭獨立戰爭**中支持新教勢力。一五八八年**英西海戰**中，伊莉莎白一世擊敗西班牙**無敵艦隊**，踏出掌握大西洋霸權重要的一步。接著，她設立**東印度公司**，依靠對印度與中國的貿易促進英格蘭的繁榮。

斯圖亞特王朝的建立

小知識　劇作家莎士比亞、詩人艾德蒙・史賓塞與哲學家法蘭西斯・培根都是伊莉莎白一世統治的黃金時期裡重要的文化人士。

一六〇三年，伊莉莎白一世去世，因為她沒有子嗣，由蘇格蘭國王詹姆斯六世繼位為英格蘭國王**詹姆斯一世**，建立**斯圖亞特王朝**（一六〇三～一七一四年）。詹姆斯一世深信**君權神授說**，厭惡蘇格蘭的**長老派（喀爾文派）**，因此強行推動英國國教普及化。他的兒子**查理一世**延續專制統治，於是議會於一六二八年提出**權利請願書**要求限制君權，查理一世隨後解散議會，進入為期十一年的無議會時期。

查理一世更進一步強迫長老派（喀爾文派）占多數的蘇格蘭地區改信英國國教，引發蘇格蘭大暴動。為了籌措鎮壓經費，查理一世重新召集議會，但是再次與議會對立。最終，國王以武力鎮壓議會，爆發**保皇派**與**議會派**之間的內戰。

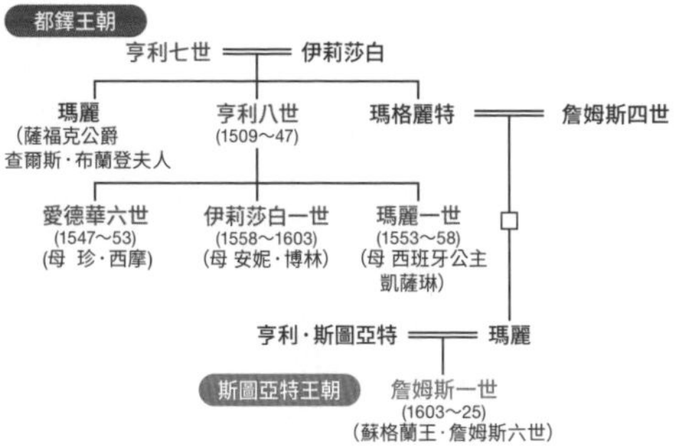

都鐸王朝和斯圖亞特王朝家系圖

清教徒革命

一六四〇～六〇年，英格蘭爆發推翻君主專制的內戰，稱為**清教徒革命**。一六四五年，**克倫威爾**率領的**議會派**在內斯比戰役中戰勝保皇派，並於一六四七年俘虜查理一世。隨後，議會對如何處置國王與未來政體設計意見不一，分裂成四個派系。最終，克倫威爾於一六四九年**將查理一世處死**，驅逐與保皇派關係密切的長老派，**建立共和政府**，由克倫威爾領導的獨立派掌權。

克倫威爾鎮壓蘇格蘭與愛爾蘭的反抗，同時對抗荷蘭在海上貿易的競爭，於一六五一年頒布**航海法案**，規定只有英國所屬船隻可以裝運英國殖民地的貨物，以排除其他國家與英國競爭，引發**第一次英荷戰爭**，由英軍獲勝。克倫威爾還解散議會，宣布自己為護國主，實行嚴厲的喀爾文主義（清教徒主義）和軍事獨裁。

克倫威爾死後，其子理查繼任護國主，受到國民的強烈反抗，因此他決定辭去職位，將政權交還給王室。

斯圖亞特王朝復辟

一六六〇年，保皇派與長老派合作迎回流亡法國的**查理二世**，完成**君主復辟**。查理二世最初支持英國國教，但後來與法王路易十四合作，宣布重新信仰天主教，逐漸走向專制統治，於是議會中支持英國國教的多數派通過**審查法**和**人身保護法**以限制君權。不過，在詹姆斯繼位問題上，議會分裂成支持王權的**托利黨**和支持議會的**輝格黨**，奠定了十九世紀英國兩黨制的基礎。

光榮革命與之後的發展

一六八五年，**詹姆斯二世**在議會承認下即位。不過，由於他強行推動天主教信仰，一六八八年，議會決定驅逐國王，並從荷蘭請回他的女兒瑪麗和丈夫威廉，即位為**威廉三世與瑪麗二世**。英國與荷蘭成為共主邦聯，這場未流血的政變被稱為**光榮革命**。

一六八九年，威廉和瑪麗簽署**權利宣言**並頒布**權利法案**，確立議會權力高於王權的原則。次年，**約翰·洛克**在《**政府論**》中提出革命（抵抗）權的合法性。

威廉三世去世後，瑪麗二世的妹妹安妮女王即位。一七〇七年，安妮見證英格蘭與蘇格蘭議會合併，成立**大不列顛王國**。安妮去世時沒有子嗣，由德國遠親漢諾威侯爵繼位為英國國王，建立**漢諾威王朝**（一七一四～一九一七年）。

漢諾威王朝與議會主義確立

漢諾威王朝第一任國王**喬治一世**與第二任喬治二世都不諳英語，且對政治不感興趣，所以實權落在內

英國革命的過程

君主與議會對立
- 詹姆斯一世（1603～25）
- 1603 斯圖亞特王朝 成立
- 查理一世（1625～49）
- 40 清教徒革命（～60）
- 49 國王被處死 共和政府

共和政府
- 1653 克倫威爾就任護國主

君主復辟
- 查理二世（1660～85） 君主復辟
- 詹姆斯二世（1685～88）
- 1688 光榮革命（～89）

君主立憲制
- 威廉三世（1689～1702） 瑪麗二世（1689～94）
- 1689 頒布「權利法案」 確立君主立憲體制
- 安妮女王（1702～14）
- 1707 與蘇格蘭合併 大不列顛王國成立
- 喬治一世（1714～27）
- 14 漢諾威王朝 成立

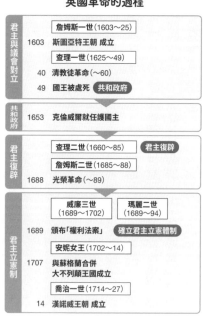

閣手中。在下議院執政的**輝格黨**黨魁沃波爾成為第一任首相，負責管理政務。他的名言**「國王領導但不統治國家」**不僅確立議會政治的原則，也意味著**內閣責任制**的成立，也就是**內閣**應對議會（人民）負責而非對國王負責。

十八世紀後期，第三任國王喬治三世在位時期，美洲殖民地反抗英國暴政而發動**獨立革命**，英國戰敗。隨後，十八世紀末的**法國大革命**也動搖君主立憲制，但英國的議會制越趨穩定。接下來，英國迎來十九世紀維多利亞王朝時期。

第二次英法百年戰爭（英法殖民地戰爭）

從十七世紀末起，法國國王**路易十四**發動的四大侵略戰爭，發展成英法的殖民地戰爭（一六八八～一八一五年），史稱**第二次英法百年戰爭**。英國又在十八世紀初的**安妮女王戰爭**以及一七五四年開始的**英法北美戰爭**中獲勝，獲得大半的美洲大陸和印度殖民地。但是，一七七五年英國在**美國獨立戰爭**中失利，將部分殖民地割讓給新成立的美國和支援美國的法國及西班牙。

隨後，法國大革命演變為**拿破崙戰爭**，拿破崙戰敗，英國獲得最終勝利。一八一五年的**維也納會議**中，英國從荷蘭獲得到錫蘭島跟開普殖民地，從法國得到**馬爾他島**，進入**不列顛治世**（歐洲地區在英國控制下的和平時期）。

第二次英法百年戰爭

主導權	歐洲的戰爭	北美的戰爭	印度的戰爭
法國	1688～97 大同盟戰爭	1689～97 威廉王之戰	
	1697《雷斯威克條約》		
	1701～13 西班牙繼承戰爭	1702～13 安妮女王戰爭	
	1713《烏特勒支條約》		
	1740～48 奧地利繼承戰爭	1744～48 喬治王之戰	1744～61 卡那提克戰爭
	1748《亞琛和約》		
	1756～63 七年戰爭	1754～63 英法北美戰爭	1757 普拉西戰役
イギリス	1763《巴黎條約》		
		1775～83 美國獨立戰爭	
	1783《巴黎條約》		
	1796～1815 拿破崙戰爭		
	1814～15 維也納會議		

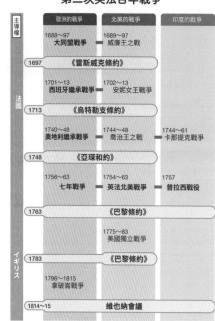

工業革命的發展讓人民的生活日益富足，但隨之而來的是更多樣的需求。
保護勞工！
開放自由貿易！
擴張領土、開拓市場！
縮小貧富差距！
迪斯雷利x格萊斯頓
維多利亞時代是英國的全盛時期，也是兩黨制逐漸確立的時代。
迪斯雷利
格萊斯頓
保守黨代表迪斯雷利與自由黨代表格萊斯頓輪流執政，為英國發展做出貢獻。
我們應該把目光轉向世界，壯大英國！
如果能收購蘇伊士運河股份公司中埃及的股份，那麼蘇伊士運河就是英國的資產了！
英國在英法聯軍中的行為缺乏仁義，這樣的戰爭不應該發生！
我們應該更專注在國內的各種問題！
我們要建立印度帝國，然後納入英國統治！
愛爾蘭土地法、自治法、勞工組織法以及教育法，
這些都需要妥善處理，改善人民的生活！
柏林會議
由英國來統治賽普勒斯島吧！
還要改革選舉法，
農民也該有選舉權！
他們同樣是英國的國民啊！

看哪！是迪斯雷利首相！
呀啊
呀啊
是格萊斯頓首相……實在不太討喜……
鴉雀——無聲
真是絕世帥哥啊～
顏值好高♡
看起來好嚴肅……
好像很兇。
對呀！
唉…
不過他可是一位好首相……
是啊！我們的生活確實慢慢變好了……
沒錯，保守黨執政後，還是會忍不住懷念自由黨的格萊斯頓首相啊……
是啊！
其實，這兩位偉大的政治家在年輕時曾許下約定。
格萊斯頓，我決定離開自由黨，加入保守黨，建設我理想中的大英帝國。
……這樣啊，那麼，以後我們就是政敵了。
哈哈哈！但我們的目標是一樣的，就是讓英國變得更好！
只要我們朝著這個目標前進，英國一定會變成世上最強大的國家。
……沒錯！
儘管兩人政見分歧，但對國家的熱愛從未改變。

英國

3 迪斯雷利、格萊斯頓

Disraeli & Gladstone

人物介紹

維多利亞時代是英國的全盛期，亦是兩黨制逐漸確立的時代。此時期的兩大黨分別是保守黨與自由黨。保守黨主張「大英國主義」，領導前者班傑明．迪斯雷利曾任兩屆首相。自由黨提倡「小英國主義」，領導者威廉．格萊斯頓，曾四次擔任首相。

迪斯雷利與格萊斯頓在修正選舉法上屢屢對立，格萊斯頓主張國內改革，屢屢批評迪斯雷利的帝國主義政策。但是到了晚年，格萊斯頓因英國外交和經濟的需要，也將阿富汗與埃及等國納為保護國，轉而採取帝國主義政策。

小故事

迪斯雷利 (1804~81)

【英國保守黨政治家】

迪斯雷利的名字源自「以色列」，他對身為猶太人十分自豪，生長於富裕家庭，並繼承作家父親的才華，具有很高的文學素養。他在辯論時充滿魅力，帥氣的外貌與穩重性格受到女性支持者青睞。

格萊斯頓 (1808~98)

【英國自由黨政治家】

格萊斯頓是虔誠的英國國教徒，個性勤奮。他的辯才並不遜於迪斯雷利，擁有低沉嗓音，說話風格富有感染力。然而，他給人行事一絲不苟卻效率不足的印象。雖然能辦成小事，但處理大事的成效未必顯著。

關係圖

漫畫中的歷史名詞

法國
朝鮮半島
俄羅斯
印度
美國
中國
英國
埃及
德國
土耳其
義大利
伊朗
西班牙

工業革命

工業革命是指從農業轉移到以工業為基礎的社會變化，包含機械化與採行資本主義經濟。最早在十八世紀後期從英國發端，十九世紀前期以後，擴展到歐美各國。第一次工業革命使用的能源是煤和蒸汽，第二次則是石油與電力。

英法聯軍

一八五六年～六〇年，英法兩國為迫使清朝開放自由貿易而發起的戰爭。英國與法國利用這次戰爭後的《北京條約》，取得在一八四〇～四二年鴉片戰爭結束後簽訂的《南京條約》中未能得到的利益。

愛爾蘭土地法與愛爾蘭自治法

一八〇一年，愛爾蘭完全併入大不列顛王國，該法承認愛爾蘭人擁有土地與獨立議會。格萊斯頓內閣時代兩度制定土地法，但也兩度否決自治法，直到一九一四年才通過。

柏林會議

一八七八年，俄土戰爭之後，俄羅斯擴大在巴爾幹半島的勢力，德國首相俾斯麥為了調停半島上泛日耳曼主義與泛斯拉夫主義的對立而召開這場會議，最終阻止俄羅斯的南下政策。

維多利亞女王時代二大政黨的差別

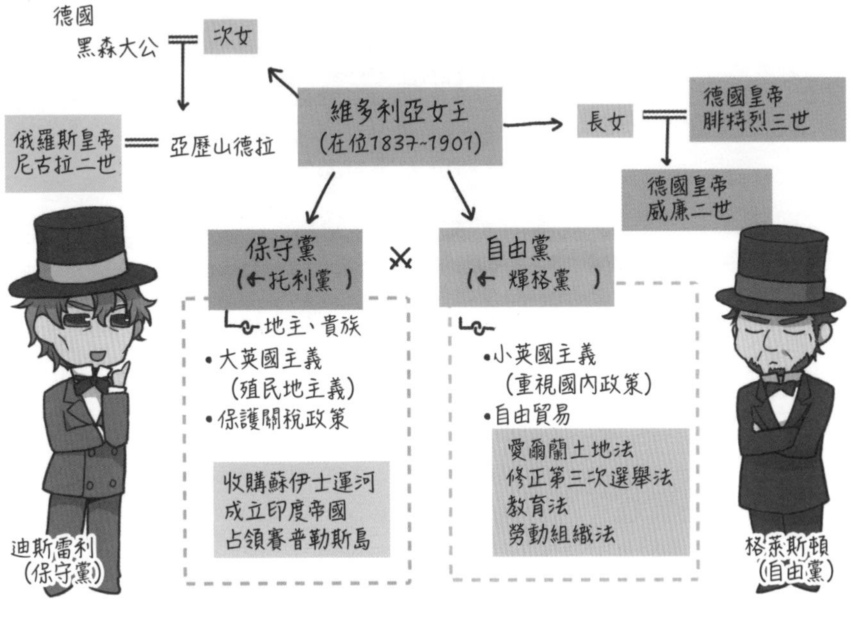

3 兩次世界大戰與現代英國

英國的自由主義改革

英國是最早成功進行公民革命的國家，透過革命，**資產階級**積聚了相當的政治與經濟實力。十八世紀後期的**工業革命**促成以資本家為主的資產階級崛起，並在一八三二年的**第一次改革法案**中獲得選舉權，開始推動內政改革，解除過去的經濟限制政策，向自由主義發展。

自由貿易主義是此時期的政策基調，英國政府廢止**東印度公司壟斷貿易權**、**奴隸制**、**穀物法及航海法**案，推動自由貿易發展。

另外，英國政府對愛爾蘭（一八〇一年**併入大不列顛王國**）的政策差別待遇也在此時期成為社會關注的議題。愛爾蘭人**歐康諾**推動通過**天主教徒解放法**，使天主教徒（大半是愛爾蘭人）也能當選英國國會議員。

然而，**第一次改革法令**中未給予工人階級選舉權，引發工人階級在一八三八年發起「憲章運動」，爭取普選權。提倡制定**一般工廠法**的社會主義者**歐文**也加入聲援，但是憲章運動以失敗告終。都市工人與農村工人分別在一八六七年**第二次改革法令**和一八八四年**第三次改革法令**中才獲得選舉權。

	內閣(黨)	主要修正點 數字為有權者在全國人民中的占比（%）
第一次(1832)	**格雷**(輝格)	**廢止腐敗的選舉區。資本家**也獲得選舉權 (5%)
第二次(1867)	**德比**(保守)	**都市的勞工**與中小型工商業主得到選舉權 (9%)
第三次(1884)	**格萊斯頓**(自由)	擴大到**農民**、礦工 (19%)
第四次(1918)	**勞合・喬治**(自由)	男子**普通選舉權**(滿21歲以上)、女子**限制選舉權**(滿30歲以上) (46%)
第五次(1928)	**鮑德溫**(保守)	**男女普通選舉權**(滿21歲以上) (62%)
第六次(1969)	**威爾遜**(工黨)	**滿18歲以上**的男女普通選舉權 (71%)

英國選舉法改革

維多利亞王朝時期

一八三七年，年僅十八歲的**維多利亞女王**登基，並在位直到一九〇一年過世，帶領英國進入「**不列顛治世**」時代。在她的統治下，英國確立兩黨制，**自由黨**（前輝格黨）執政時重視內政改革，盡力解決勞工權益、教育、貿易、選舉與愛爾蘭問題；而**保守黨**（前托利黨）當政時則強調擴張殖民地，展開許多領土戰爭。

在這個時代，自由黨和保守黨輪流執政，自由黨的代表人物**格萊斯頓**四次擔任首相；保守黨的代表人物**迪斯雷利**則兩次出任首相。

在經濟快速發展的背景下，一八五一年倫敦舉辦了世界首次**萬國博覽會**，展現英國工業革命成就。同時，隨著鐵路發展，**湯瑪斯．庫克**創建世界第一家國內旅行社，促成現在旅遊業興起。

英國帝國主義政策

迪斯雷利領導的保守黨政權採取帝國主義政策，推行三大殖民地措施，包含一八七五年**收購蘇伊士運河股份**；一八七七年**建立印度帝國**；一八七八年透過柏林會議**取得賽普勒斯島**以牽制俄羅斯南下。在之後的保守黨索茲貝利政權下，一八九九～一九〇二年的南非戰爭結束後，英國扶植**南非聯邦**，加強控制南非。為了維持廣大殖民地的穩定，英國先後給予部分殖民地自治權，首先是一八六七年的**加拿大聯邦**，接著是一九〇一年**澳洲聯邦**、一九〇七年的**紐西蘭**，以及一九一〇年的**南非聯邦**。

在維多利亞女王之後，人稱「**和平締造者**」的**愛德華七世**即位，他在一九〇二年締結**英日同盟**，一九〇四年簽訂**英法協約**，一九〇七年簽訂**英俄協約**，形成對抗德國的「三國協商」包圍網。

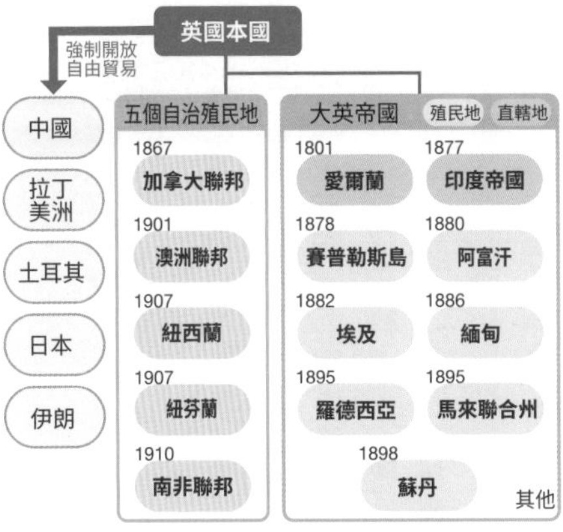

大英帝國的自由貿易體系

一戰與一九二〇年代的發展

在第一次世界大戰中，英國採取靈活的外交手段，透過與義大利和阿拉伯人簽訂密約，置德國與土耳其於困境。此外，英國又以自治和獨立的承諾為交換條件，向廣大殖民地募集士兵。然而，自由黨籍的**戰時內閣**首相**勞合．喬治**違背巴黎和會中的許多承諾，引發後來各地反英運動的擴大。

此外，因為當時的「漢諾威王朝」名稱源於敵國德意志的諸侯名稱，因此英王以城堡所在地將王朝更名為「**溫莎王朝**」，並從一九一七年開始一直沿用至今。

一九二〇年代，受俄羅斯革命的影響，社會主義勢力在歐洲崛起。過去位居第三政黨的**工黨**在英國迅速崛起，一九二四年，工黨黨魁**麥克唐納**與自由黨組成聯合內閣。一九二九年，工黨**組建單獨執政內閣**，由麥克唐納再次出任首相。

在國際協調與軍備縮減方面，一九二五年英國推動《**羅加諾公約**》，促進德法和解以穩定歐洲邊界。同時，英國參與一九二一～二二年的**華盛頓會議**和一九三〇年的**倫敦軍備會議**，與美國組成包圍網，限制日本海軍擴張。

經濟大恐慌與英國的對策

一九二九年，美國爆發金融恐慌，並於一九三一年蔓延到歐洲，引發全球**經濟大恐慌**。工黨的麥克唐納組建由保守黨、自由黨與工黨組成的聯合政府，決定**停止金本位制**，並通過《**威斯敏斯特法**》，確立大英帝國內自治領的平等地位。接著在一九三二年渥太華舉行的**大英帝國經濟會議**中，英國提倡建立**英鎊集團**，這個政策幫助英國經濟在經濟大恐慌的早期階段就開始復甦。

對納粹德國的姑息政策

英國畏懼史達林領導的蘇聯勢力增長，意圖藉由反共的**法西斯政權**與蘇聯對立。此外，**希特勒**期望透過種族的連結與英國組成大日耳曼國，這些因素都導致英國低估納粹德國的威脅。

英國在**西班牙內戰**時採取**不干涉政策**，與德國簽署**英德海軍協定**，默許**德奧合併**，及**慕尼黑協定**的**姑**

息政策，使納粹德國逐漸壯大。

當德國侵略波蘭，第二次世界大戰爆發時，保守黨首相**張伯倫**雖然對德宣戰，但仍試圖透過和平途徑避免軍事衝突，因而被稱為「假戰」。然而，一九四〇年，在敦克爾克戰役之前，保守黨的**邱吉爾**當選首相，他主張對德國抗戰到底，率領英國忍受德國空軍轟炸。直到美國加入歐洲戰線，英國才得以喘息。接著，在**諾曼第登陸**時，英國全力支援美國，成功光復法國。在戰後的處理會談中，英國與美國共同決定了戰後歐洲的重建方向。

第二次世界大戰與戰後的工黨內閣

英國雖然在世界大戰中獲勝，國力卻大幅衰弱。一九四五年選舉中，邱吉爾領導的保守黨失利，由艾德禮領導的工黨勝利，反映出國民對「重建經濟」的渴望。一九四七年，首相**艾德禮**為了緩解財政壓力，放棄印度與巴勒斯坦殖民地。同時，工黨政府致力推動社會保障制度，以恢復國民的生活。隨後，雖然邱吉爾和伊登率領的保守黨再度執政，不過到了一九六〇年代，**威爾遜**領導的工黨再度上台，將英軍全面撤出蘇伊士以東地區，英國從十九世紀以來的「不列顛治世」也走向終點。

英國的經濟改革與國際角色轉變

工黨內閣給予國民優渥的社會福利，降低了部分國民工作的動力，衍生出經濟停滯的「**英國病**」現象。一九七九年，保守黨領導人**柴契爾**上台，針對這個問題提出「創意和自助」的口號，實行「**小政府**」政策，推動減稅和民營化，削減公共事業支出與社會保障。對外方面，一九八二年英國與阿根廷爆發**福克蘭戰爭**，戰爭的勝利大幅提升英國國際地位（**新自由主義**）。

冷戰結束後，一九九三年英國成為**歐盟**創始會員國之一，不過選擇繼續使用獨立的貨幣（英鎊）而不使用歐元。對外方面，**布萊爾**領導的工黨內閣與美軍共同干預**伊拉克戰爭**，然而干預的理由並不明確，布萊爾因而失去民心，終至辭職下台。

脫歐

敘利亞內戰的爆發引發大量難民湧入歐洲，加上恐怖事件增加導致治安惡化，以及救助難民造成的財政負擔和就業問題，成為二〇一五年前後歐洲各國的關注焦點。二〇〇八年美國發生**雷曼兄弟事件**引發全球經濟衰退，希臘、義大利、西班牙等歐盟國家發生**倒債危機**，需依賴歐盟救濟。這個現象也加深英國國民對歐盟的不信任感。

於是，英國在二〇一六年舉行**脫離歐盟**的公民投票，最後脫歐派勝利，英國決定脫歐。然而，支持留在歐盟的蘇格蘭和北愛爾蘭出現主張脫離英國的聲浪，英國內部的不穩定因素一時仍無法消除。

補充

歷史上的人物⑧ 瑪格麗特・柴契爾 (1925~2013年)

柴契爾是英國第一位女性黨魁及女性首相，於一九七九年到一九九〇年擔任英國首相。為了紓解戰後的財政困難，柴契爾以「小政府」為目標，削減公共事業和社會保障的費用，並推動國有鐵路、煤礦、電信、醫療事業的民營化。一九八二年，英國在福克蘭戰爭戰勝阿根廷，柴契爾因此深受民眾愛戴，並獲得「鐵娘子」的綽號。

CHAPTER 08

埃及史

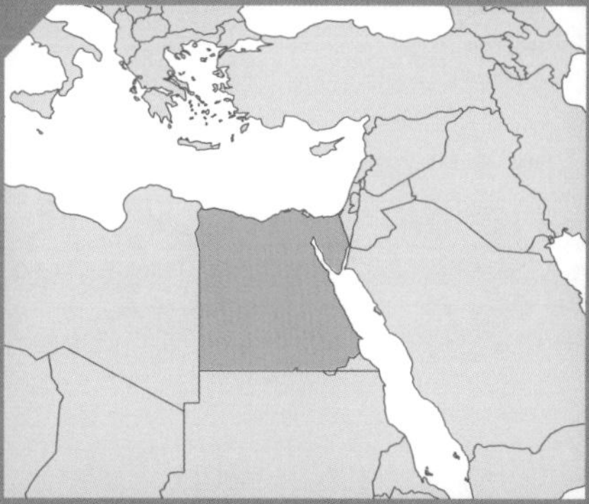

contents

埃及史大事紀

阿蒙霍特普四世（前1362~前1333）

薩拉丁（1138~1193）

- 約前3000年：美尼斯王在埃及建立統一王國
- 約前27世紀：古王國開始……金字塔時代
- 約前21世紀：中王國開始⬇西克索人（亞洲民族）入侵
- 約前16世紀：新王國開始……第一次宗教改革
- 前331年：亞歷山大大帝建設亞歷山大城
- 前304年：托勒密王朝於埃及建國
- 前1世紀中期：羅馬統治⬆前31年 亞克興海戰
- 395年：東羅馬帝國統治⬇7世紀初伊斯蘭勢力統治
- 966年：法提瑪王朝統治，建設開羅
- 1169年：埃宥比王朝建國⚔第三次十字軍

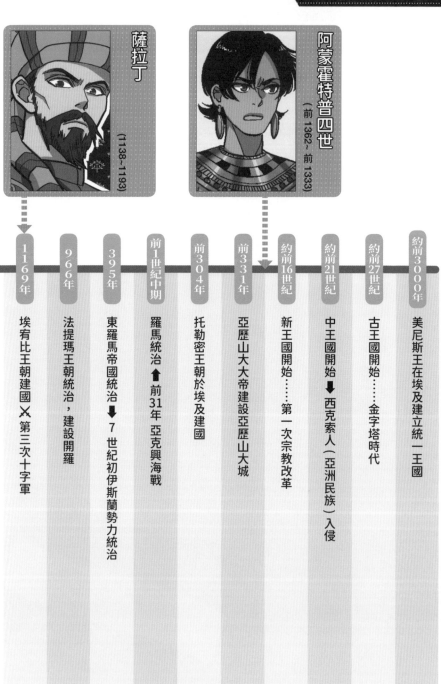

穆罕默德・阿里
（1769~1849）

- 1250年：馬穆魯克王朝建國✕伊兒汗國（蒙古人）
- 1517年：鄂圖曼帝國開始統治 by 塞利姆一世
- 1798年：拿破崙遠征埃及✕英國－鄂圖曼聯軍
- 1805年：穆罕默德・阿里王朝開始（~1952 年）
- 1882年：成為英國的保護國
- 1922年：脫離英國獨立⬇1936 年完全獨立
- 1952年：埃及革命……從王權體制到共和國
- 1956年：蘇伊士運河危機（第二次以阿戰爭）……by 納賽爾總統
- 2011年：「阿拉伯之春」導致穆巴拉克總統下台

西元前十四世紀，埃及新王國第十八王朝，法老阿蒙霍特普四世的時代……
首都 底比斯
可惡！那些阿蒙拉神的祭司！
仗著有錢有勢，還想對本王指手畫腳？
祭司們管好祭祀就行了！
作夢！別以為我會像父王一樣，什麼都聽你們的！
法老，您冷靜一點……
對了！不如試著向阿頓神祈禱看看？
娜芙蒂蒂
咦？你不是信奉阿蒙拉神嗎？
在我的故鄉米坦尼，大家都知道阿頓神喔！
……
得——意！
咦咦咦?!
嘿嘿……
這樣一來，那些討厭的祭司們就再也管不到我了！哈哈，這真是個好主意！
那好！從現在開始，我要放棄阿蒙拉神，專心崇拜阿頓神！
不過，要換神就得遷都才行。
本王決定捨棄底比斯，建立新的首都！
以後全國只能崇拜阿頓神，其他的神都不准拜！
從今天起，我就叫阿肯那頓了！

怎麼能隨便改信仰呀！
絕不能讓他得逞！
這樣下去，我們的地位可就完了！
竟然否定偉大的拉，這樣一定會惹怒神明的！
怎麼有這種法老？
什麼？不准拜以前的神了？
這也太突然了……
連給我們帶來來世希望的歐西里斯神都不能拜？
太過分了！
而且，明明規定阿頓神是唯一的神，可又把法老當神來供奉……
哇哈哈
這樣阿頓神還算是唯一的神嗎？
這樣不就有兩個神……
阿蒙霍特普四世的阿瑪納改革是歷史上最早的一神信仰改革，然而，他沒有宣布新的宗教儀式，
激進的改革並未得到廣泛支持支持，政策難以推行，在他去世後，改革隨之結束。
他的兒子圖坦卡門繼位後，恢復阿蒙拉神信仰，
後繼者還把阿肯那頓的改革視為異端徹底清除。那些改革的痕跡最終被埋沒在黃沙之中。
不過，阿瑪納時代留下許多風格寫實又新潮的繪畫與雕刻，藉著挖掘出土而重新問世。
阿蒙霍特普四世所推行的嶄新文化也影響至今。

埃及 1

阿蒙霍特普四世

Amenhotep IV

Profile

前1362~前1333（尚未定論）/男性
古埃及第18王朝國王
（在位：約前1351~約前1334）

人物介紹

古埃及中王國時代，首都底比斯的主神阿蒙拉神擁有崇高地位，侍奉阿蒙拉神的祭司累積了龐大財富，並開始干預政治。

阿蒙霍特普四世推行宗教改革，被視為「世界史上首次宗教改革」，一般認為他的目的是拒絕祭司干政。他首先禁止信仰阿蒙拉神及其他神祇，並下令破壞神像，要求統一信奉阿頓神，遷都至阿瑪納。此外，埃及文明從「神本主義」思想中獲得解放，重視寫實與思想開放的新文化隨之興起，稱為「阿瑪納藝術」。同時，埃及與美索不達米亞地區的交流也日益密切。

小故事

阿蒙霍特普四世從小就展現出不同於其他王族的個性。他看到父親阿蒙霍特普三世對祭司敢怒不敢　，只能私下抱怨，就立志要挺身對抗。阿蒙霍特普四世獨特的思考　式，也許是受到來自米坦尼的皇后娜芙蒂蒂（埃及三大美女之一）極大的影響。阿蒙霍特普四世將對傳統與埃及當時保守狀態的不滿化為的強大行動力，並推動「阿瑪納改革」（尊阿頓為唯一的神）的宗教運動。

關係圖

漫畫中的歷史名詞

阿蒙拉神

阿蒙拉神是由底比斯的都市神祇阿蒙神與古埃及新王國時代地位最高的太陽神「拉」融合而成。埃及首都自中王國時代以來都設在底比斯，因此侍奉阿蒙拉神的祭司勢力也日益壯大。

法老

「法老」是太陽神「拉」之子、古代埃及國王的稱號，意為「朝堂」，也代表統治全埃及四十二個諾姆（村落、行政單位）的意思。

娜芙蒂蒂

娜芙蒂蒂是阿蒙霍特普四世的皇后，古埃及三大美人之一。知名的娜芙蒂蒂半身像就是以她為模特兒，雖然尚未完成，但已具有豐富色彩。關於她的身世，最具可信度的說法是她是米坦尼的公主。她與阿蒙霍特普四世育有六名女兒。

阿肯那頓

阿蒙霍特普四世的別稱，意義是「阿頓的僕人」。

奧賽里斯神

奧賽里斯神是拉的孫子，大地之神蓋布與天神努特的長子。他與妹妹再生之神伊西斯結婚，生下的子嗣荷魯斯以神的身分成為埃及首任國王。奧賽里斯掌管冥界，負責迎接並審判亡者，決定亡者能否前往死後的世界。

圖坦卡門

圖坦卡門是阿蒙霍特普四世與姊妹之一所生的兒子。他的木乃伊是埃及王室成員中最晚出土的，於一九二二年由英國考古學家霍華德．卡特在盧克索的帝王　王室墳墓中發現。他的陪葬品目前收藏在開羅博物館，木乃伊仍保存在出土的帝王谷墓室中。

埃及太陽神拉的世系圖

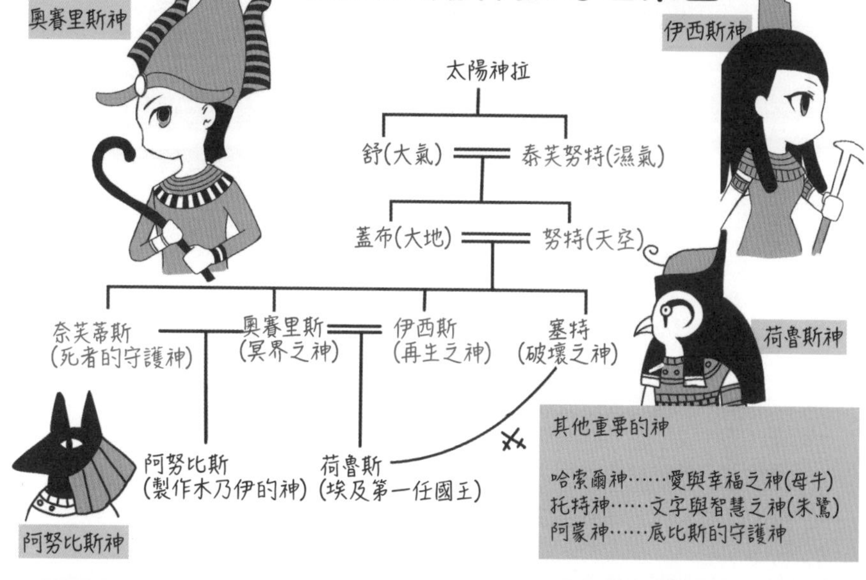

古埃及的興衰

古埃及文明之始

埃及文明始於**尼羅河**流域所形成的**諾姆**（小國家），而希臘史學家**希羅多德**稱之為「**尼羅河的恩賜**」。西元前三千年，上、下埃及統合為一。創立自前二十七世紀的埃及**古王國**將首都遷到下埃及的**孟斐斯**，建設多座**金字塔**而聞名後世。金字塔原為貴族的墓地，在**第四王朝**時進入建造的全盛期。位於孟斐斯附近都市**吉薩**、世界最大的**古夫王**金字塔，以及古夫王之子卡夫拉的金字塔，還有其孫孟卡拉的金字塔（三大金字塔），與彷彿守護著這些金字塔的**獅身人面像**都建造於此時期。

吉薩與薩卡拉周邊

前二十一世紀創立的中王國將首都遷到尼羅河中游的**底比斯**。底比斯的都市神祇**阿蒙神**與全知全能的太陽神**拉**融合為**阿蒙拉神**，是埃及人在**新王國**時代以前數百年間的主要信仰。直到西元前十七世紀左右，美索不達米亞的亞洲游牧民族**西克索族**攻打埃及，並在中王國滅亡後統治埃及部分地區。

埃及文明的全盛期：新王國時代

前十六世紀，埃及人驅逐西克索人，建立**新王國**，埃及文明在這個時代達到巔峰。**圖特摩斯三世**掌權時，埃及領土達到最廣，南至努比亞（現在的蘇丹），北至敘利亞。但是，隨著阿蒙拉神信仰流行，自中王國時代起，祭司勢力日益強大，開始干預政治，甚至操縱王權。在此背景下，**阿蒙霍特普四世**即位。為了阻止阿蒙拉神祭司干政，阿蒙霍特普四世推行宗教改革，命令全國奉**阿頓**為**唯一的神**（阿瑪納改革），並自稱「**阿肯那頓**」，將首都從底比斯遷到阿瑪納，被視為世界首次宗教改革。然而，激進的改革加上自然災害頻發，導致新信仰並未普及。阿蒙霍特普四世去世後，埃及恢復以阿蒙拉神為中心的**多神信仰**。

前十三世紀的埃及**第十九王朝**時代，**拉美西斯二世**積極重振王權，並實施圖特摩斯三世以來的領土擴張政策，因此被稱為「征服王」。埃及於前十三世紀前葉遠征敘利亞，與**西臺王國**展開**卡迭石之戰**，最終簽訂世界上已知的第一份和約。

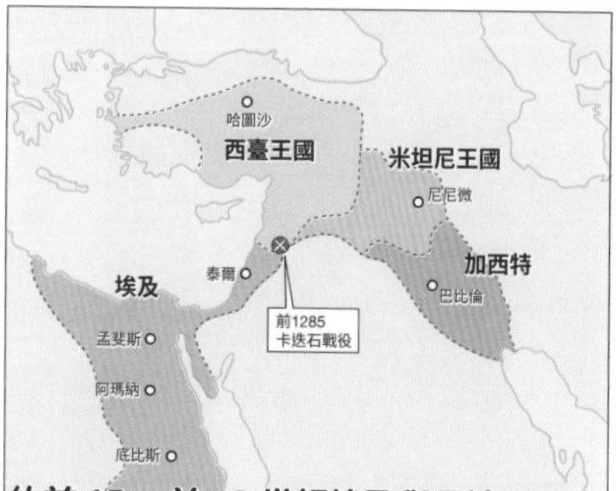

約前 15 ～前 13 世紀埃及與周邊王國

古埃及王朝的終結

新王國滅亡後，**閃族**的**亞述人**於前七世紀入侵埃及，命令埃及富豪遷往亞述國的首都**尼尼微**。亞述帝國滅亡後，埃及恢復短暫獨立，並建立**第二十六王朝**，但在西元前六世紀又遭到**波斯阿契美尼德帝國**征服。

馬其頓國王**亞歷山大大帝**於前三三四年起展開東征，將領土擴張至埃及，獲得**法老**的稱號。前三三一年，他在埃及建設首都並以自己的名字將當地命名為「**亞歷山大城**」，這座城市後來成為**托勒密王朝**（前三〇四年建國）的首都，並興建起**博物館**，迅速發展成**希臘化文化**的學術中心。

西元前三〇年，羅馬軍隊征服敘利亞後攻打埃及。當時托勒密王朝正處在內亂當中，**克麗奧佩脫拉**得到羅馬將軍**凱撒**的幫助，登基成為女王，免除羅馬的占領。然而，當凱撒在羅馬遭到暗殺後，克麗奧佩脫拉跟凱薩麾下的軍隊指揮官**安東尼**結盟，與凱撒的養子**屋大維**對立。最終，在西元前三一年**亞克興海戰**中，安東尼與克麗奧佩脫拉的聯軍敗給屋大維率領的羅馬軍，隔年埃及滅亡並成為羅馬的領土。

小知識 **閃族**：亞非語族的一支，又稱為閃語系。

十一世紀後期，塞爾柱王朝的勢力逼近東羅馬帝國，東羅馬皇帝只好向羅馬教宗求助。
薩拉丁
第一次十字軍東征(1096-99)
東羅馬帝國
神聖羅馬帝國
匈牙利王國
君士坦丁堡
羅馬
亞歷山大港
塞爾柱王朝
耶路撒冷
於是，羅馬教宗號召了十字軍，試圖從伊斯蘭勢力手中奪回聖地耶路撒冷。
第一次十字軍成功奪回耶路撒冷，建立了耶路撒冷王國。
但是，伊斯蘭勢力立刻反擊，
那時的率軍者正是阿尤布王朝的國王薩拉丁。
把抓到的基督徒全都放了！
大哥，我建議再給他們一些生活費吧！
嗯，好主意。
弟弟 阿迪勒
陛下，請三思！當初十字軍攻下耶路撒冷時，屠殺了大量同胞，
連平民也沒有倖免，我們應該報仇！
至少讓他們去當奴隸……
我不恨這些基督徒。
事實上，伊斯蘭教與基督教、猶太教本是一脈相承，我們應該尊敬他們為「有經者」。
雖然現在我們是敵人，但我相信，我們的心原本是相連的。
只要他們承認我們對耶路撒冷的主權，
我將允許基督徒來此朝聖，也會保護朝聖者的安全。
啊……陛下真是寬大為懷！
謝謝陛下……
不過，事情恐怕沒那麼簡單……
那些人一定還會捲土重來。

正如薩拉丁所料，第三次十字軍再次進攻聖地。
這次的領軍者是英國國王理查一世，
但德國國王腓特烈在行軍途中溺亡，法國國王腓力二世撤軍，最終只剩理查一世孤軍迎戰薩拉丁。
千萬不能大意。
聽說那個英國國王英勇過人。
但遠征已久，他的軍隊應該十分疲憊。
只要我們穩住陣腳，就能取得勝利。
薩拉丁料敵如神，儘管一度處於劣勢，但始終死守耶路撒冷。理查一世見大勢已去，提出談判。
他透過休戰協議保障基督徒朝聖的安全，並同意無償交換俘虜。
第三次十字軍未能奪回耶路撒冷，理查一世撤軍返回英國。
巴勒斯坦的大部分地區都被伊斯蘭勢力控制。
即使我們奪回耶路撒冷，現在的軍力也無法長期守住。
不過，薩拉丁雖是異教徒，卻是一個明理的人。
能與這樣的對手抗衡，不分勝負，是我的榮幸！
理查一世因其英勇表現，被後世尊稱為「獅心王」。

薩拉丁

Saladin

Profile
1138~1193／男性
埃宥比王朝的建立者
（在位：1169~1193）

人物介紹

薩拉丁（薩拉赫．阿丁）原本是贊吉王朝的武將，後來成為統治埃及的法提瑪王朝總督。一一六九年，薩拉丁建立埃宥比王朝，成為埃及的統治者。他逐步收復十字軍占領的領土，並且在哈丁戰役中大勝，成功奪回耶路撒冷。戰後，他對基督徒戰俘從寬處置，還將無力支付贖金的平民全數釋放。

在第三次十字軍東征中，薩拉丁一度處於劣勢，但仍死守聖地耶路撒冷。最終，他接受英王理查一世的輸誠，同意基督徒到耶路撒冷朝聖，並再度無償釋放戰俘。

小故事

過去，伊斯蘭教統治者對待其他宗教基本上較為寬容，人民只要支付人頭稅（吉茲亞）就享有信仰的自由。而薩拉丁對於在戰爭中殺害自己士兵的敵人仍從寬對待，或許是良好的品格使然。薩拉丁厭惡戰爭，愛好和平，和平恢復後也不怨憎敵軍，這是他從父親身上承襲的信念。伊拉克北部到土耳其東部地區的庫德族人至今依然奉薩拉丁為英雄。如果論及世界歷史上文武兼備的賢明君主，也許無人能出其右。

關係圖

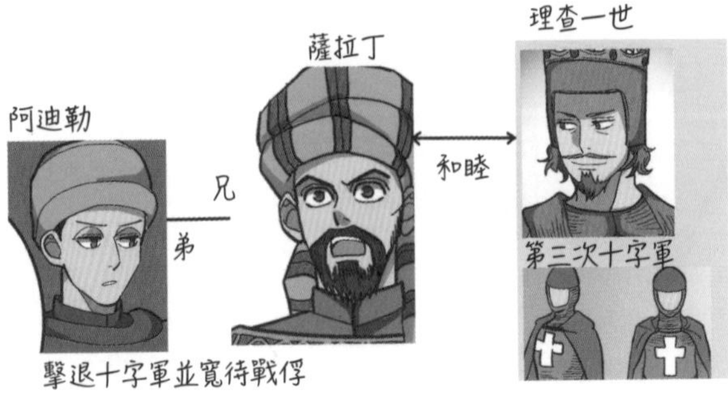

漫畫中的歷史名詞

塞爾柱帝國

塞爾柱帝國是十一世紀時建立於中亞的突厥王朝，後來成為橫跨小亞細亞、巴勒斯坦與伊朗的大國。對土耳其鄂圖曼王朝和埃及馬穆魯克王朝的建立有深遠影響。此外，塞爾柱帝國曾在各地設置尼札米亞學院，推廣素尼派教育。

耶路撒冷王國

耶路撒冷王國是第一次十字軍東征時建立於巴勒斯坦地區的基督教國家，於一〇九九年建國。然而，一一八七年耶路撒冷王國敗給埃宥比王朝的薩拉丁，失去耶路撒冷，據點轉移至阿卡。並於一二九一年被馬穆魯克王朝滅亡。

有經者

有經者主要指擁有《舊約聖經》的猶太教徒和擁有《新約聖經》的基督教徒。他們在伊斯蘭教統治下以支付人頭稅為條件，成為齊米（受庇護者），享有宗教自由和生命安全保障。

第三次十字軍

西歐三大君主為了收復遭埃宥比王朝薩拉丁占領的耶路撒冷，派遣大軍東征。最終未能奪回失土，但薩拉丁允許基督徒自由前往耶路撒冷朝聖。

理查一世

理查一世別名「獅心王」，是金雀花王朝的第二代英國國王。他是亨利二世的兒子，約翰王的哥哥。理查一世在阿卡攻防戰中表現出色，成功收復阿卡，因此得到世人讚譽：「理查一世有『勇』，薩拉丁有『智』」。

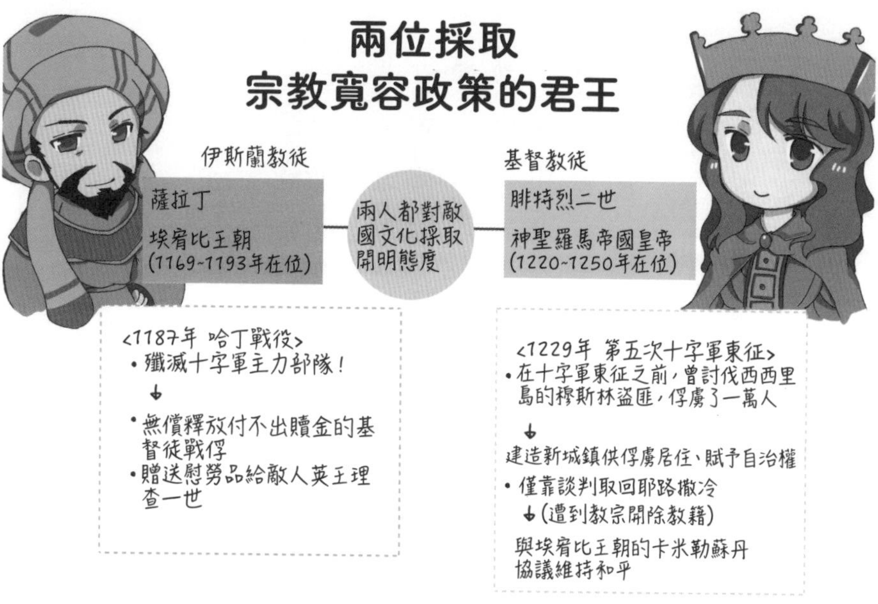
兩位採取
宗教寬容政策的君王
伊斯蘭教徒
薩拉丁
埃宥比王朝
(1169~1193年在位)
兩人都對敵國文化採取開明態度
基督教徒
腓特烈二世
神聖羅馬帝國皇帝
(1220~1250年在位)
<1187年 哈丁戰役>
•殲滅十字軍主力部隊！
•無償釋放付不出贖金的基督徒戰俘
•贈送慰勞品給敵人英王理查一世
<1229年 第五次十字軍東征>
•在十字軍東征之前，曾討伐西西里島的穆斯林盜匪，俘虜了一萬人
建造新城鎮供俘虜居住、賦予自治權
•僅靠談判取回耶路撒冷
(遭到教宗開除教籍)
與埃宥比王朝的卡米勒蘇丹協議維持和平

伊斯蘭教的傳播與鄂圖曼帝國的統治

從羅馬統治到伊斯蘭統治

三九五年，羅馬帝國分裂成東、西兩部分，埃及隸屬於**東羅馬帝國**。**亞歷山大城**成為基督教的**五大教區**之一，並發展出**一性論**（四五一年在**迦克墩公會議**中被視為異端，但仍由**科普特正教會**保留傳承），現在埃及約有一成居民仍信奉科普特教派。

七世紀初，**穆罕默德**創立**伊斯蘭教**，他去世後進入**正統哈里發**時代，透過選舉選出「**哈里發**」擔任穆罕默德的繼任者。第二代哈里發**歐瑪爾**以聖戰（**吉哈德**）之名迅速擴張領土，並從東羅馬帝國手中奪取埃及及敘利亞，埃及自此成為伊斯蘭國家。

埃及先後被奧瑪亞王朝與阿拔斯王朝統治，十世紀中期遭到來自北非馬格里布的什葉派**法提瑪王朝**征服，逐漸發展成獨立國家。九六六年，法提瑪王朝著手建設**開羅**並立為首都，與建**艾資哈爾大學**，開羅逐漸繁榮，成為伊斯蘭文化的中心。

從埃宥比王朝、馬穆魯克王朝到鄂圖曼王朝

十一世紀末，基督徒發起**十字軍東征**並成功收復聖地，建立**耶路撒冷王國**。然而，**薩拉丁**在推翻法提瑪王朝後建立**埃宥比王朝**，並攻破耶路撒冷王國，奪回伊斯蘭教第三聖地耶路撒冷。在**第三次十字軍東征**中，薩拉丁與基督徒達成協議，允許基督徒前來朝聖，並維持耶路撒冷的統治權。內政上，薩拉丁引進**伊克塔制**，將徵稅權分封給軍人以取代俸祿以穩定政權，並驅逐法提瑪王朝的什葉派勢力，擁護素尼派為主流信仰。

一二五〇年，**馬穆魯克王朝**建立，背景是突厥奴隸兵（**馬穆魯克**）擊退**第六次十字軍東征**。一二九一年，馬穆魯克王朝攻陷耶路撒冷王國的首都**阿卡**，並

小知識：羅馬帝國奉基督教為國教後，將帝國領土分為五大教區管理，分別是羅馬、君士坦丁堡、亞歷山大、耶路撒冷、安提阿。

殲滅十字軍。經濟上，馬穆魯克王朝積極支持**卡利姆商人**（在地中海、印度洋之間從事辛香料貿易的穆斯林商人總稱）進行**帆船貿易**。

然而，十五世紀中期**大航海時代**開始，葡萄牙向亞洲拓展，使馬穆魯克王朝失去阿拉伯海的制海權，隨之而來的黃金價格暴跌造成馬穆魯克王朝風光不再。一五一七年，鄂圖曼帝國皇帝**塞利姆一世**占領開羅，土耳其人自此掌控埃及，統治延續至十九世紀中葉。

埃宥比王朝與馬穆魯克王朝的領土

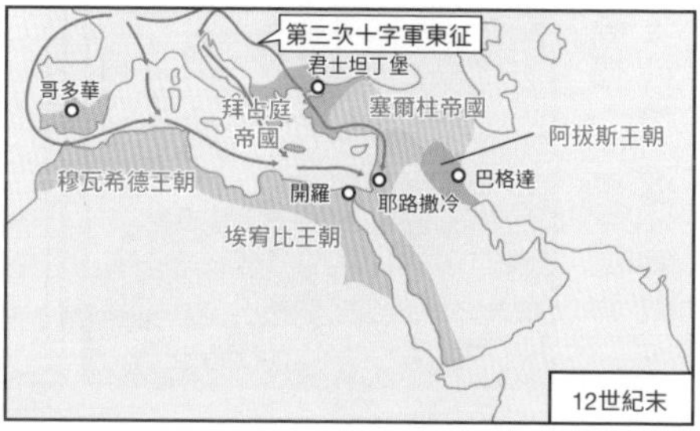

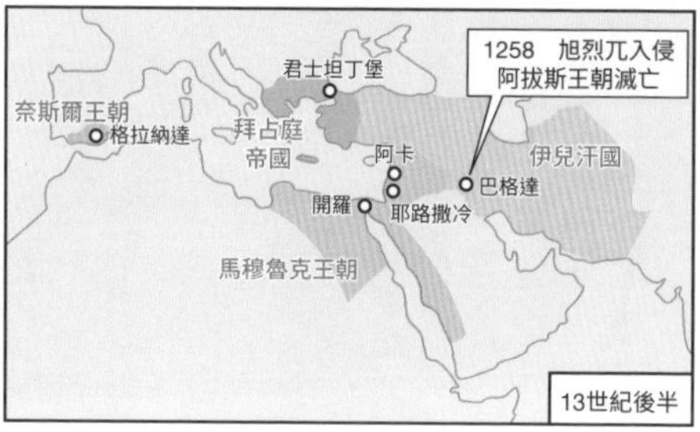

鄂圖曼帝國的統治

鄂圖曼帝國時代，埃及在經濟上扮演重要角色。埃及擁有尼羅河流域適合農耕的肥沃土地，因此發展成鄂圖曼帝國的穀物生產地。十八世紀後期，隨著貿易需求增加，一條以印度為中心、經由**蘇伊士地峽**穿越紅海到達阿拉伯海的亞洲貿易路線大受矚目，使埃及的地理位置更具價值。

十八世紀末，**拿破崙**在法國大革命中崛起，揮軍**遠征埃及**，意圖阻斷英國通往印度的航道。鄂圖曼帝國皇帝派遣阿爾巴尼亞裔的傭軍隊長**穆罕默德·阿里**出兵防禦埃及，並獲得英國海軍提督**納爾遜**的支援，成功擊退拿破崙軍，因此被任命為**埃及總督**。接著，穆罕默德·阿里征服阿拉伯半島的**德拉伊耶酋長國**和埃及南方的**蘇丹**，並內政上接受法國經濟援助，積極展開**西歐現代化**政策。此外，他在兩次**埃土戰爭**中獲勝，使埃及在十九世紀中期達成實質上的自治，擺脫鄂圖曼帝國掌控。

埃及擁有約五千年的歷史，但最後一個王朝的創建者卻不是埃及人。這位開朝君主名叫穆罕默德・阿里。
穆罕默德・阿里
他不僅能與西歐列強勢均力敵，還從統治埃及三百年的鄂圖曼帝國手中獨立。
一七九八年，拿破崙率軍遠征埃及，企圖征服東方。
穆罕默德・阿里僅率領三百人迎擊，隨後被封為埃及總督。
他不僅擊退了趁亂入侵的英軍，更憑藉軍事威望使馬穆魯克臣服。
易卜拉欣，我的夢想是讓埃及脫離鄂圖曼帝國的統治，實現真正的獨立，將埃及打造成現代化國家。
是！
我的一生將全部獻給這個夢想。
爸爸……
穆罕默德・阿里開始大規模推動現代化改革，致力於建設富強的埃及。
他在一八三一年發起第一次埃土戰爭，
英
埃及
vs
土耳其
法
俄羅斯
奧
征服了敘利亞全境，並掌握阿拉伯半島的實質統治權。
然而，埃及的強勢引發西歐列強的警戒。
那個埃及的老頭……他難道想統治整個阿拉伯世界？
英國首相
帕麥斯頓

一八三九年，第二次埃土戰爭爆發，穆罕默德・阿里的兒子易卜拉欣率領埃及軍隊，將鄂圖曼帝國打得潰不成軍。
做得好，易卜拉欣！
只差一步……
總督世襲權終於是我們的了！
然而，英國對埃及倍感威脅，聯合其他列強簽訂倫敦條約，隨後進攻埃及，迫使埃及妥協。
刷啦
穆罕默德・阿里雖保住埃及與蘇丹的總督世襲權，但失去了大部分領土。
他將這份懊悔告訴兒子，並全心投入埃及內政。
我不甘心——
他的努力在他孫子的時代結出成果。蘇伊士運河開航，棉花價格高漲，埃及一度欣欣向榮。
穆罕默德・阿里將餘生獻給埃及內政，最終於八十歲辭世。
埃及的未來……交給你了……
但是，接任總督之位的易卜拉欣因罹患肺結核，比他父親更早離世。
此後，繼任者弊政叢生，揮霍無度，導致埃及政局日益混亂。
一八七五年，埃及被迫將蘇伊士運河公司的股份賣給英國，最終淪為英國殖民地。

埃及 3

穆罕默德・阿里

Muhammad 'Ali

Profile

1769~1849／男性

總督（在位：1805~41）

君主（在位：1841~48）

人物介紹

穆罕默德　阿里因成功抵禦拿破崙遠征而崛起，後被任命為埃及總督。他在希臘獨立戰爭支持鄂圖曼帝國後，與蘇丹對立並爆發兩次埃土戰爭，最終以放棄敘利亞換取埃及總督的世襲權，確立埃及實質獨立。

內政上，他推行仿效西歐的現代化改革，奠定埃及現代化基礎，被稱為「現代埃及之父」。

小故事

穆罕默德・阿里出生於亞歷山大大帝的故鄉，且與拿破崙同樣在一七六九年出生，他經常在演說中提到這兩點。雖然出身低微，但穆罕默德・阿里以自己與兩位偉人的共通點，鼓舞自己踏上成功之路。他憑藉英雄之志與天資聰穎，精確掌握加入戰爭的時機，逐步晉升，令人佩服。據說，他為人節儉質樸，善於演說且富有幽默感，亦莊亦諧的性格，令人不禁感嘆：「不愧是偉人啊！」

關係圖

漫畫中的歷史名詞

拿破崙的埃及遠征

拿破崙為了阻斷英國通往印度的航線，於一七九八年遠征鄂圖曼帝國統治下的埃及。法軍在「金字塔戰役」中占領開羅，但隨後在英國海軍提督納爾遜發動的「尼羅河海戰」中大敗，不得不撤軍。

馬穆魯克

馬穆魯克在阿拉伯語中意為「白人奴隸」，實際上是指突厥奴隸兵。馬穆魯克原本是阿拉伯人或波斯人為強化軍力而雇用的傭兵，隨後成為埃及的特權階級，建立獨立王朝，掌握大量利益。

第一次埃土戰爭

穆罕默德・阿里在希臘獨立戰爭中支持鄂圖曼土耳其，並要求以敘利亞作為獎賞，卻遭拒絕，雙方因此開戰，最後由穆罕默德・阿里率領的埃及戰勝。

第二次埃土戰爭

穆罕默德・阿里向鄂圖曼帝國要求埃及總督的世襲權（意味著實質上的獨立自治），因此爆發第二次埃土戰爭。最後在英國干預下召開倫敦會議，協議由穆罕默德・阿里以歸還克里特島及敘利亞，以換取埃及與蘇丹的總督世襲權。

倫敦條約

一八四〇年，英國、俄羅斯、普魯士與奧地利在於倫敦會議上簽訂的條約。英國藉此條約削弱了法國對埃及的影響力，並成功阻止俄羅斯往南擴張至東地中海。

蘇伊士運河

蘇伊士運河是連結地中海與紅海的運河，於一八五九年動工，在一八六九年穆罕默德・阿里之孫伊斯梅爾・帕夏當政時完成。由於棉花價格暴跌，埃及陷入財政困難，只好在一八七五年將蘇伊士運河公司四十四%的股份賣給英國。

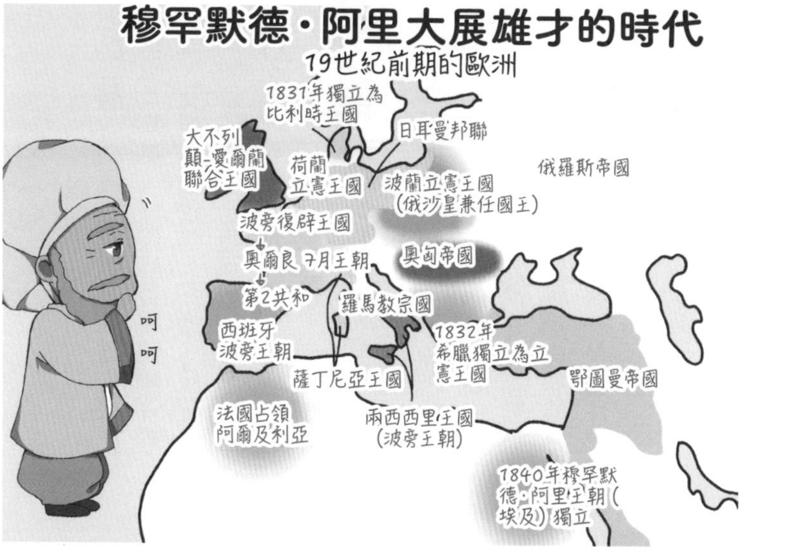

埃及獨立到阿拉伯之春

自治→殖民地化→獨立

穆罕默德・阿里王朝的起始一般追溯到從一八〇五年**穆罕默德・阿里**被任命為埃及總督，但是獲得國際承認則使於一八四〇年**倫敦會議**之後。一八六〇年代，美國內戰導致棉花價格飛漲，帶來埃及的經濟繁榮。隨著一八六九年**蘇伊士運河**在法國工程師**雷賽布**的促成下開通，埃及的經濟重要性與日俱增。

然而，一八七〇年代前期，棉花價格暴跌，埃及陷入了財政困難。一八七五年，蘇伊士運河公司的股份轉讓給英國。英國趁勢接管埃及。一八八一年，埃及軍官**艾哈邁德・奧拉比起義**反抗英國，但被英國鎮壓，隔年**埃及成為英國的保護國**。埃及作為大英帝國的殖民地，在經濟上發揮了重要的角色。

第一次世界大戰中，英國將徵召大量埃及人參戰。戰後，隨著在民族自決的呼聲高漲，埃及脫離英國獨立的訴求越來越強烈。一九二二年，埃及在附帶條件下獨立為**埃及王國**。此後，在執政黨**華夫脫黨**的積極努力下，一九三六年英、埃簽訂**英埃同盟條約**，埃及終於脫離英國，實現全面獨立。不過，條約規定埃及必須與英國共同管理蘇伊士運河和蘇丹十五年，導致民眾對君主的不滿。

埃及革命（君權→共和國）

一九五二年，埃及國王向國會提議延長與英國共同管理蘇伊士運河的期限，引發社會不滿。自由軍官組織於是發動**埃及革命**，推翻從西元前三千年開始、延續五千年的埃及王國時代。革命領袖**納吉布**成為首任總統，並推行**共和制**。然而，不久後他的部下納賽爾發動政變奪取政權。**納賽爾**主張阿拉伯民族主義與社會主義，史稱「納賽爾主義」。

以阿戰爭→中東和平

一九五六年，納賽爾因英美拒絕融資建設亞斯文水壩，宣布將**蘇伊士運河收歸國有**，打算用通行稅資助水壩建設。此舉引發以色列與英國、法國聯手侵略埃及，爆發**蘇伊士運河危機（第二次以阿戰爭）**。最後，蘇聯表態支持埃及，加上美國主導的聯合國呼籲解除冷戰並要求三國撤軍。以色列、英國和法國軍隊撤出埃及，納賽爾的聲望因此大幅提升，激發全球反殖民地運動。

但是，**第三次以阿戰爭**時埃及被以色列徹底擊敗，**失去西奈半島與加薩地區，並面臨嚴重經濟危機**。納賽爾總統過世後，第三任總統**沙達特**試圖與以色列和平共處，終於在美國總統卡特的斡旋下，實現**中東和平會談**。會談促成以色列歸還西奈半島，然而沙達特總統卻因此遭伊斯蘭基本教義派暗殺。

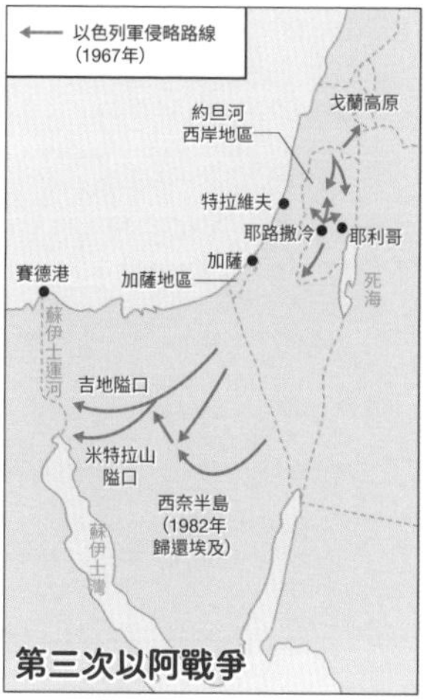

第三次以阿戰爭

「阿拉伯之春」與現在的埃及

繼沙達特之後繼任總統的**穆巴拉克**，雖然與其他阿拉伯國家保持距離，但仍然與以色列維持友好關係，並採取親美的經濟政策，致力推動埃及的現代化。然而，穆巴拉克打壓反對派並採取軍事獨裁，衍生出政府的政治腐敗。二〇一一年，隨著突尼西亞興起的**阿拉伯之春**浪潮蔓延至埃及，民眾發動大規模示威，逼迫穆巴拉克辭職下台。這場革命中活躍的宗教政黨隨即掌握政權，但不到一年，軍方就發動政變，埃及再次回到軍事獨裁政權手中。

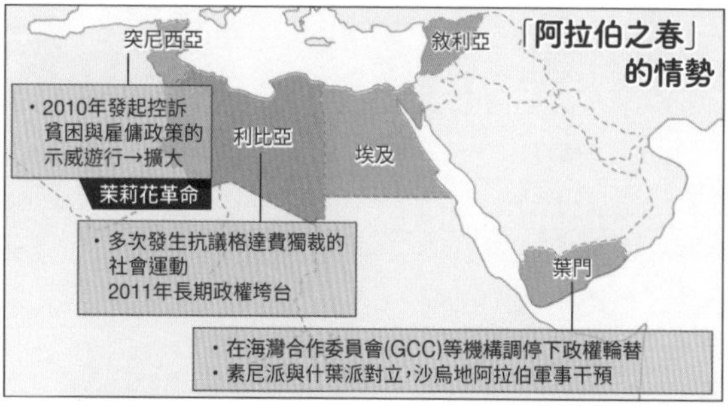

「阿拉伯之春」的情勢

小知識　**阿拉伯之春：**指2010年到2012年間爆發於阿拉伯各國的反政府示威運動。這場運動始於突尼西亞，並迅速波及到埃及、敘利亞、利比亞、葉門、約旦等國家。

世界史聊天室

穆罕默德·阿里 × 拿破崙

聽說閣下到處說自己跟我同年啊！

呵呵呵！只是一點自抬身價的噱頭，請多包涵（笑）。

你這麼崇拜我，不如直接把勝利讓給我吧！

別這麼說。不過，我也擊退了英國的侵略，算起來我們的成就可是不相上下呢！

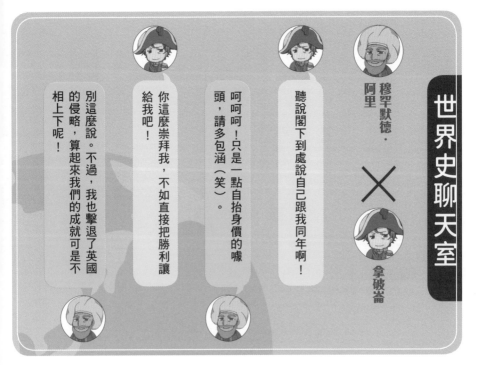

德國史

CHAPTER 09

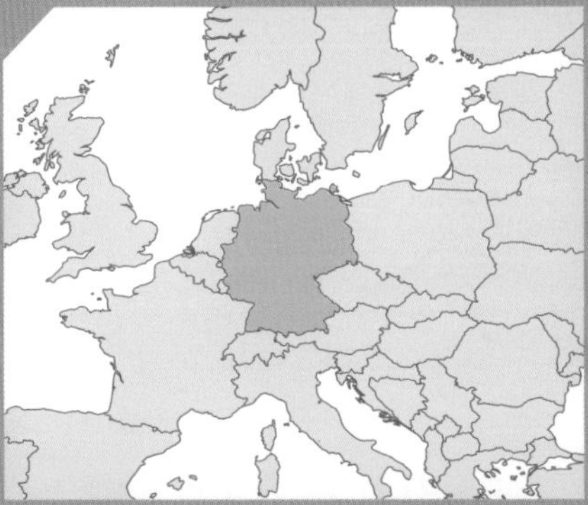

contents

德國史大事紀

鄂圖一世

(912~973)

瑪麗亞・特蕾莎

(1717~1780)

腓特烈二世

(1712~1786)

- 西元前3世紀　日耳曼各部落前進萊茵河、多瑙河右岸
- 800年　查理曼接受加冕 ⬇ 870年　梅爾森條約促使東法蘭克王國成立
- 962年　鄂圖接受加冕 ⬇ 神聖羅馬帝國成立
- 1077年　卡諾莎之行……亨利四世向羅馬教宗屈服
- 1256年　大空位時期（~1273年）⬆ 霍亨斯陶芬王朝終結
- 1356年　頒布金璽詔書……確立由七選帝侯選出皇帝的選舉制度
- 15世紀前期　哈布斯堡家族實質上世襲帝位
- 1517年　路德發表《九十五條論綱》……宗教改革開始
- 1618年　日耳曼三十年戰爭爆發（~1648年 西發里亞和約）
- 1740年　奧地利繼承戰爭 &1756年 七年戰爭（~1763年）
- 1806年　萊茵邦聯成立……神聖羅馬帝國滅亡
- 1815年　維也納會議……日耳曼邦聯成立

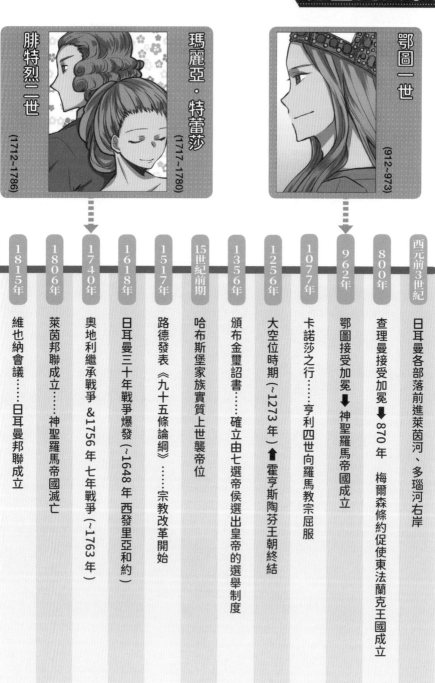

俾斯麥
(1815~1898)

- 1848年　三月革命……維也納、柏林暴動
- 1866年　普奧戰爭➡北日耳曼邦聯成立
- 1870年　普法戰爭➡德意志帝國成立
- 1914年　德軍侵略比利時➡參與第一次世界大戰
- 1918年　德國革命……德意志帝國滅亡➡威瑪共和國成立
- 1933年　希特勒組建內閣➡第三帝國成立
- 1939年　德軍侵略波蘭➡第二次世界大戰開始
- 1945年　柏林淪陷……納粹德國無條件投降
- 1948年　柏林危機➡1949年　東、西德分別建國
- 1961年　柏林圍牆建立（~1989年）
- 1989年　柏林圍牆倒塌➡1990年　東西德統一

九世紀，查理曼大帝去世後，法蘭克王國分裂為中法蘭克、西法蘭克和東法蘭克三個王國。
亨利一世
東法蘭克王國的加洛林王朝斷絕，薩克森家族繼承了王位。
薩克森家族第二代國王鄂圖一世
我唯一敬佩國王是查理曼大帝。
他繼承羅馬帝國，創造法蘭克王國的巔峰，真是太偉大了……
我一定要超越他，讓大家看看我的厲害！
父親把諸侯當成盟友平等對待，但我可不會這麼做。
他們終究只是臣子罷了。
於是，鄂圖一世平定叛亂的諸侯，成為東法蘭克王國國王，專心治理國家。
接著，他成功擊退入侵東法蘭克領土的馬札爾人。
放任他們，反而會帶來更多麻煩。
鄂圖一世在萊希菲爾德之戰中擊敗異族，保護了基督教世界，因此馳名天下。

陛下，義大利王貝爾加爾二世入侵了羅馬教宗國！
我是教宗若望十二世的使者，特地前來求援！
嗯……義大利打不過我們北方國家，
竟然還對沒有武力的教宗國動武。
……好，我出兵幫助教宗。
真的嗎！太感謝您了！
呃……此外，教宗承諾，
一旦教宗國恢復安全，
驚
訝
將正式授予您義大利王位，請您即位為羅馬皇帝。
羅馬皇帝……
我……
我擔當得起嗎？
但羅馬皇帝就是羅馬帝國的正統繼任者。
我的夢想不就是繼承查理曼大帝的偉業……！
於是，教宗為鄂圖一世加冕，他正式成為羅馬帝國的繼承者。
加冕儀式不是由教宗主導，而是在皇帝的主導下進行。
自此，「神聖羅馬帝國」正式成立。

德國
1
鄂圖一世
Otto I

人物介紹

法蘭克王國的查理曼大帝於八〇〇年接受羅馬教宗加冕為西羅馬帝國皇帝，成為名副其實的基督教擁護者。但是，法蘭克王國在查理曼的孫輩掌權時期分裂成中、東、西三個法蘭克王國，混亂的情勢持續了一段時間。

在這樣的背景下，東法蘭克的加洛林家族絕嗣，薩克森家族藉由選舉崛起。薩克森王朝第二任君主鄂圖一世十分仰慕查理曼大帝，並仿效他的各項政策。九五五年，鄂圖一世在萊希菲爾德之戰中阻止烏拉語系的馬札爾人入侵，並平定以武力威脅羅馬教宗的斯拉夫人。因此，九六二年，羅馬教宗重新為鄂圖一世加冕，封他為西羅馬皇帝，並將東法蘭克稱為「神聖羅馬帝國」，這就是現今德國的雛型。

小故事

鄂圖一世之所以渴望成就英雄大業，或許是因為抗拒親生母親對弟弟的偏愛。鄂圖一世天資聰穎，能夠制定縝密的戰略和政策，雖然自尊心強，但具有與之相襯的能力。此外，鄂圖一世相貌堂堂，五官俊秀且身材頎長。他十分仰慕查理曼大帝，甚至將自己的肖像畫成查理曼的模樣。然而，鄂圖一世在晚年與兒子們不和，為家庭生活留下了遺憾。

關係圖

Profile
912~973年／男性
神聖羅馬帝國首任皇帝
（在位：962~973年）

漫畫中的歷史名詞

三個法蘭克王國

八四三年的凡爾登條約與八七〇年梅爾森條約確立了東法蘭克、中法蘭克與西法蘭克王國的分界，這三者後來分別發展為現在的德國、法國和義大利。之後，西法蘭克建立卡佩王朝，東法蘭克演變為神聖羅馬帝國，而中法蘭克王國則在城邦與諸侯國的對抗下逐漸分裂。

查理曼大帝

查理曼大帝繼承父親矮子丕平（又稱丕平三世）的王位後成為法蘭克王國國王，他曾討伐北義大利的倫巴底人，擊退阿瓦爾人，並征服北德的薩克森人。八〇〇年，查理曼大帝在聖彼得大教堂接受教宗利奧三世的加冕，成為西羅馬帝國皇帝。

馬札爾人

馬札爾人是烏拉語系匈牙利人的自稱。敗給鄂圖一世之後，他們定居於潘諾尼亞平原，並逐步接受天主教洗禮。十一世紀，馬札爾人建立匈牙利王國，並獲得羅馬教宗承認。

羅馬教宗國

七五六年，法蘭克國王矮子丕平將原本屬於倫巴底人的土地獻給羅馬教宗，史稱「丕平獻禮」。此後，這片土地成為羅馬教宗國的神聖領土，直到一八七〇年被義大利王國占領。

神聖羅馬帝國

九六二年，鄂圖一世接受加冕，建立神聖羅馬帝國。然而，帝國在聖職敘任權的鬥爭中失利，又過度介入義大利事務而疏於內政。隨著國王選舉制的建立，皇權逐漸衰退。在一六四八年的西發里亞條約中，神聖羅馬帝國的皇權已經名存實亡。一八〇六年，拿破崙組建萊茵邦聯，最終導致神聖羅馬帝國解體。

神聖羅馬帝國興衰年表

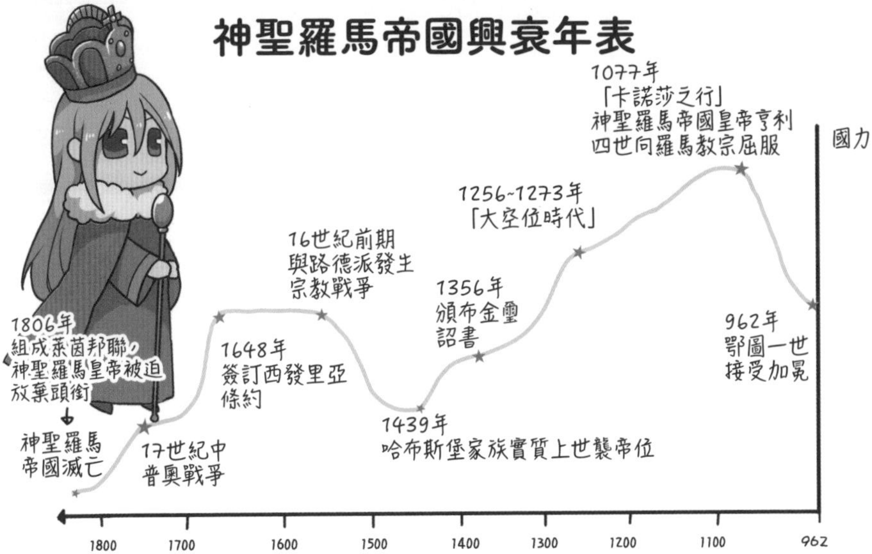

德意志的崛起與神聖羅馬帝國

史前~古日耳曼時代

十九世紀中葉，**尼安德塔人**的遺骨於德國出土，推測其生活在距今二十萬年前，屬於早期智人。二十世紀初，德國再度發現**海德堡人**的遺骨，這些遺骨可能屬於生活在距今約五十萬年前的原始人。

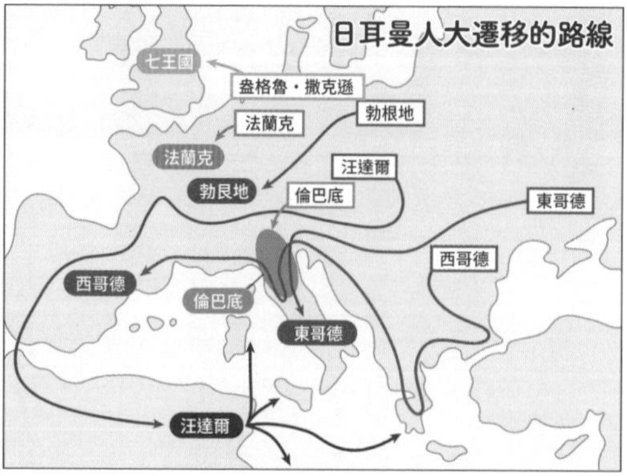

原本住在波羅的海沿岸的日耳曼部落，在西元前後開始遷移到萊茵河與多瑙河右岸，並於西元九年在條頓堡森林戰役中大敗向東拓展的羅馬軍，確立與羅馬帝國的邊界。後來，這些部落逐漸形成以**公民大會**為核心的君王制部族國家（civitas）。

從三世紀起，由於人口增加導致土地與糧食不等問題，部分日耳曼人漸漸滲透到羅馬帝國內，從事**農奴**、低階官吏或傭兵的工作。三七五年，亞洲的**匈人**向西遷徙，對日耳曼部落形成威脅，隔年，**西哥德人**渡過多瑙河，其他**日耳曼部落**也陸續遷移，史稱「日耳曼大遷移」。

法蘭克王國的成立到分裂

五世紀後半，**法蘭克王國**成立，領土包含現在的法國到德國西部，在**查理曼大帝**的統治下，法蘭克王國進入全盛時期。八〇〇年，查理曼大帝**接受教宗加冕**，被公認為已滅亡的西羅馬帝國繼任者，使日耳曼國家獲得教宗的支持。

然而，查理曼大帝去世後，他的兒子**路易一世**竟將王位分封給三位繼承人，導致路易一世死後爆發內亂。根據八四三年**凡爾登條約**和八七〇年的**梅爾森條約**，帝國一分為三，其中德意志地區統合為**東法蘭克王國**。

神聖羅馬帝國的成立

加洛林家族於九一一年斷絕男嗣後，由**薩克森家族**繼承王位。薩克森王朝第二代國王**鄂圖一世**在**萊希菲爾德之戰**擊退**馬札爾人**，並阻止斯拉夫人入侵，更遠征北義大利援救羅馬教宗。鑑於鄂圖一世的功績，教宗若望十二世在九六二年加冕他為「西羅馬皇帝」，將王國命名為「**神聖羅馬帝國**」。

自此，神聖羅馬帝國採取「帝國教會政策」，掌握主教與修道院長的任命權（聖職敘任權），強化帝國對教會的控制。然而，鄂圖一世為了復興羅馬帝國，過度關注義大利事務（遠征北義大利以加強統治）而疏於內政，導致日後諸侯勢力的崛起。

中世紀末期的歐洲

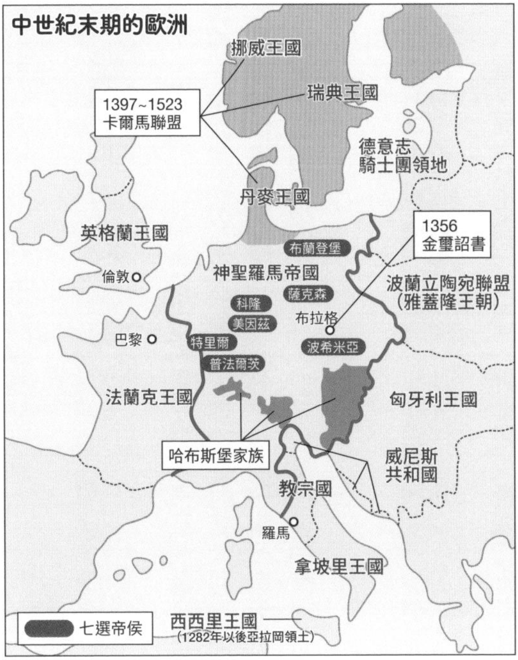

聖職敘任權的紛爭

十一世紀後期，羅馬教宗**格列哥里七世**在推動教會改革運動時，批判神聖羅馬帝國的帝國教會政策，引發**聖職敘任權鬥爭**。一〇七七年，格列哥里七世開除神聖羅馬（德意志）皇帝亨利四世的教籍，迫使**亨利四世**親自前往義大利向教宗請罪（**卡諾莎之行**）。此後，皇帝又試圖反擊教宗，敘任權衝突持續。最終，神聖羅馬帝國與教宗在一一二二年簽署**沃姆斯宗教協定**達成和解：皇帝放棄主教敘任權；教宗承認皇帝對

小知識 **卡諾莎之行**：神聖羅馬帝國皇帝亨利四世為了請求羅馬教宗格列哥里七世收回撤除教籍的命令，在雪中佇立三天，終於獲得赦免。這一事件凸顯羅馬教宗在敘任權鬥爭中的權力之大。

世俗事物的權威，敘任權鬥爭終於平息。

霍亨斯陶芬王朝

十二世紀，神聖羅馬帝國霍亨斯陶芬王朝皇帝**腓特烈一世**試圖恢復皇帝的權威，多次征討義大利，卻遭北義的**倫巴底同盟**阻撓。此外，他參與第三次十字軍東征，試圖收復耶路撒冷，但是於遠征途中墜河溺斃。

大空位時代

霍亨斯陶芬王朝滅亡後，神聖羅馬帝國約十七年的「**大空位時代**」（一二五六～七三年），期間沒有實質的皇帝在位。當時，強大的諸侯以擴張自己的領土為優先，刻意不選出有實力的皇帝，導致帝國分裂並受到英國及法國干涉，這個局面一直持續到選出**哈布斯堡家族**的第一位皇帝魯道夫一世才結束。

金璽詔書與哈布斯堡家族世襲帝位

盧森堡家族的皇帝**查理四世**（波希米亞國王卡雷爾一世）即位不久後便頒布**金璽詔書**（一三五六年），確立**七選帝侯制度**，任命包括自己在內的七位大諸侯為選帝侯，擁有選舉皇帝的權利。這個制度賦予皇帝法律上的地位，但也意味著皇權的削弱，開啟德意志地區諸侯自治與**邦國體制**的開始。

奧地利大公哈布斯堡家從十五世紀前葉開始實質上世襲帝位，並利用政治婚姻擴大統治範圍。十六世紀初，**查理五世**同時兼任神聖羅馬帝國皇帝與西班牙國王（即卡洛斯一世）。在他死後，哈布斯堡家族分裂為奧地利與西班牙兩支家系，各自主導中歐和伊比利半島的政局。

教會改革的動向

十五世紀初，布拉格大學校長**胡斯**提倡「聖經至上」理念，批判羅馬教會的腐敗，因而在**康士坦斯大公會議**中被判處死刑。胡斯的支持者以捷克民族主義（斯拉夫民族）和反天主教為號召發動**胡斯戰爭**。

到了十六世紀，義大利佛羅倫斯發端的**文藝復興**傳至日耳曼地區，推動宗教思想革新。人文主義者羅伊希林研究希伯來語並重新評價《舊約聖經》。以《**四使徒**》聞名的宗教畫家**杜勒**以及克拉納赫等人都透過繪畫支持**宗教改革**。

馬丁・路德的宗教改革與宗教戰爭

十六世紀初，為籌措聖彼得大教堂的修建費用，教宗**利奧十世販賣贖罪券**，於是**馬丁・路德**在一五一七年發表**《九十五條論綱》**批判此事。隨後，由於馬丁・路德進一步否定教宗與大公會議的權威，因此被教宗撤除教籍。不久後，路德翻譯的德文版《新約聖經》藉由活版印刷技術得以迅速在德意志各地傳播。

在與德皇路易五世對立的**薩克森選帝侯**庇護下，路德得以躲避皇帝派的追捕。這導致德意志內部分裂成以選帝侯為核心的**路德派**，以及擁護羅馬教皇的**皇帝派**，雙方爆發內戰。後來由於路德去世以及鄂圖曼帝國圍困維也納等因素，兩派於一五五五年簽訂**奧古斯堡和約**，承認路德派的合法地位，並賦予領主選擇教派的權利，以結束紛爭。

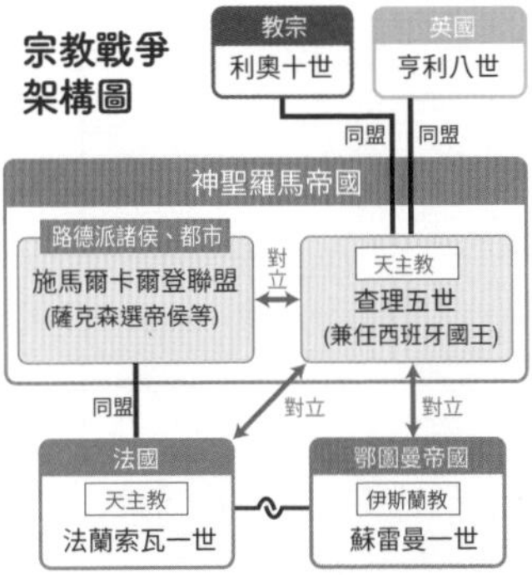

日耳曼三十年戰爭

奧古斯堡和約允許領主自由選擇教派，但並未保障個人的信仰自由。一六一八年，波希米亞的新教徒反抗哈布斯堡王朝的天主教政策，發動叛亂。新教派的丹麥、瑞典，以及出於反抗哈布斯堡家族目的的天主教法國，紛紛支持新教勢力，使衝突擴大為**日耳曼三十年戰爭**。一六四八年簽訂的**西發里亞條約**承認喀爾文教派，雖然仍未保障個人信仰自由，但賦予德意志各諸侯完整的主權，令皇帝權名存實亡，也確立了「邦國」體制。

日耳曼三十年戰爭的始末

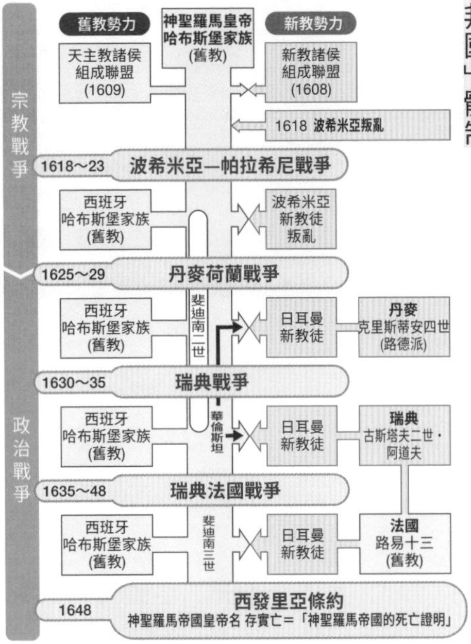

小知識 **馬丁・路德**：神聖羅馬帝國的宗教改革領袖、威登堡大學教授，思想受胡斯和荷蘭人文主義者伊拉斯謨的啟發。

一七四〇年，奧地利的哈布斯堡家族迎來一位女王——瑪麗亞・特蕾莎。
瑪麗亞・特蕾莎
有趣的是，兩人曾經論及婚嫁。
你可真愛西歐……
啟蒙思想好棒！
與此同時，在敵對的德意志諸侯國普魯士，國王腓特烈二世也即位了。
腓特烈二世
然而，親事最終破局，兩人成為永遠的宿敵，勢不兩立。
霹靂霹啦
奧地利繼承戰爭…反對瑪麗亞・特蕾莎即位的
薩克森、巴伐利亞等諸侯vs奧地利
扶植丈夫登基為神聖羅馬帝國皇帝
法蘭茲一世
在戰爭中奪走奧地利的西里西亞領土
竟然趁虛而入!!
外交革命…瑪麗亞・特蕾莎與宿敵法國結為同盟，
又與俄羅斯聯手對抗普魯士。
路易十五
伊莉沙白女王
可惡……

七年戰爭…為了奪回西里西亞，奧地利與普魯士展開激戰。
差一點就贏了……
彼得三世
你幫了大忙……
俄羅斯倒戈，領土收復失敗
瓜分波蘭…在俄羅斯凱薩琳二世主導下，
奧地利、普魯士和俄羅斯共同瓜分波蘭領土。
波蘭就由我收下了喲！
凱薩琳二世
我不承認俄羅斯的片面瓜分！
腓特烈二世
子 約瑟夫二世
如果腓特烈陛下參加，我們奧地利也可以……
瑪麗亞・特蕾莎
在國內，腓特烈二世和瑪麗亞・特蕾莎都被視為賢明的君主，
致力推動國家的繁榮。
國民對約瑟夫二世的支持度還不高……
約瑟夫二世
我身為開明專制君主……
地主對土地改革極為憤怒
在文化和生活方面也留下不同的貢獻。
美泉宮
將馬鈴薯引進普魯士
無憂宮
音樂家的一面

瑪麗亞・特蕾莎、腓特烈二世

Maria Theresia & Friedrich II

人物介紹

十七世紀前葉，日耳曼三十年戰爭後百廢待舉，神聖羅馬帝國名存實亡。在這樣的背景下，一七四〇年，實質上世襲帝位的奧地利哈布斯堡家族出現一位女性統治者——瑪麗亞．特蕾莎。同年，在德國東北部諸侯中，與奧地利對抗的普魯士也有一位國王登基，他就是腓特烈二世。

瑪麗亞致力於收復西里西亞，與宿敵腓特烈發生七年戰爭，不料卻因盟友俄羅斯對出戰局而功虧一簣，以失敗告終。後來，她與兒子約瑟夫二世共同統治，並於一七八〇年在眾多兒孫環繞下辭世。

小故事

瑪麗亞．特蕾莎 (1717~1780)

瑪麗亞．特蕾莎是一位冷靜沉著的統治者，曾被視為日耳曼貴夫人的典範，直到現在，奧地利首都維也納仍保留許多緬懷她的宮殿和銅像。瑪麗亞．特蕾莎深受民眾愛戴，擁有賢妻良母的形象。雖然瑪麗亞．特蕾莎身為哈布斯堡家族首位女性領袖的身分起初令許多人難以接受，但她以實力贏得了尊敬。

腓特烈二世 (1712~1786)

腓特烈二世是一位熱愛啟蒙思想、性格文靜的國王，他厭惡父親專制的軍國主義統治，甚至曾試圖逃往英國。他曾留下一句名言：「君主是國家第一公僕」，從國民的角度推動改革，但遭到貴族反對，改革並不順利。儘管如此，他在位期間普魯士領土有所擴張並且維持穩定，奠定了現代德國的基礎。

關係圖

漫畫中的歷史名詞

法蘭茲一世

瑪麗亞・特蕾莎的丈夫。哈布斯堡・洛林家的創始者。一七四〇年起與瑪麗亞・特蕾莎共同統治奧地利，一七四五～六五年成為神聖羅馬皇帝。

西里西亞地區

位於現在波蘭西南部、奧得河中上游。是煤、鐵礦的產地，靠著肥沃的耕地和纖維產業發展興盛，人口約有一百萬人。

外交革命

為了從普魯士手中奪回西里西亞地區，奧地利向法國的路易十五提議重修舊好。結果是促成法國波旁家族與奧地利哈布斯堡家，自一四九四年義大利戰爭後結下的恩怨就此勾消。

凱薩琳二世

出身普魯士的俄羅斯女皇。發起政變奪取丈夫的帝位，與法國啟蒙思想家通信，成為開明專制君主。企圖為俄羅斯帶來現代化與法治，但是受到普卡喬夫之亂（農民起義，為終結農奴制而與凱薩琳二世政府對抗）與法國大革命走向極端化的刺激，而走回封建老路。

約瑟夫二世

一七六五起年與母親瑪麗亞・特蕾莎共同統治奧地利。母親死後單獨統治了十年。身為開明專制君主，嘗試推行過各種國內政策，但受到權貴貴族和附庸民族的抵抗叛亂而未果。

開明專制君主

由上而下推行現代化的君主，以普魯士的腓特烈二世、奧地利的約瑟夫二世、俄羅斯的凱薩琳二世為代表。這些君主主導的現代化政策包括農奴解放、宗教寬容政策、稅制改革等等，可惜最後全都折衷而未能完整實現。

18世紀~20世紀哈布斯堡家族世系圖

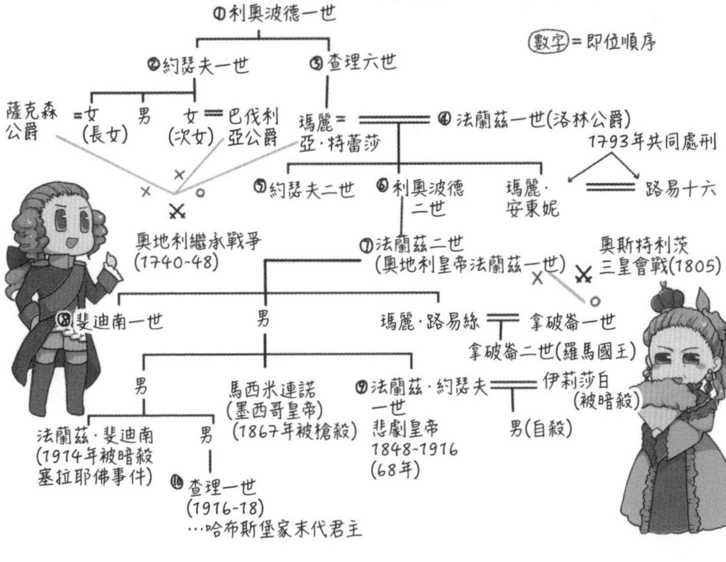

從普魯士王國到日耳曼邦聯

普魯士的興起

一六一八年，**霍亨索倫家族**統治下的**布蘭登堡選帝侯國**與**普魯士公國**合併。在一七〇一年的**西班牙繼承戰爭**中，普魯士支持奧地利，因此獲得皇帝認可，升格為**普魯士王國**。普魯士王國**威廉一世**（士兵國王）統治時代，設置常備軍並接受喀爾文派移民，穩定了國家財政基礎。

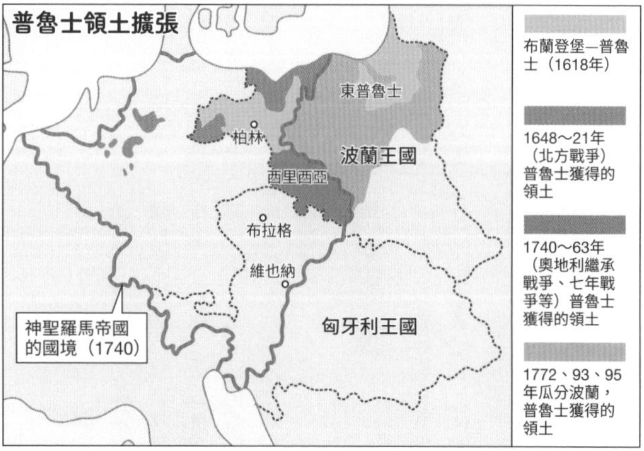

到了威廉一世的兒子**腓特烈二世**時代，普魯士進入全盛期，腓特烈二世推行啟蒙專制改革，實施「由上而下的現代化」，並在與宿敵**瑪麗亞・特蕾莎**的戰爭中獲得**西里西亞地區**（現今波蘭南部）、參與**瓜分波蘭**，進一步擴張西普魯士領土。

十七到十八世紀的奧地利

奧地利建立於西元十世紀，起初是為了防禦馬札爾人入侵而設置的「東部邊疆」，十三世紀起受到瑞士的哈布斯堡家族統治。到了十五世紀，哈布斯堡家族實質上世襲神聖羅馬帝國皇帝，並利用政治婚姻與多國締結聯繫。但是，在日耳曼三十年戰爭之後，神聖羅馬帝國名存實亡，哈布斯堡家族不再以皇帝的名義行使權力，而是以奧地利大公的身分專注於擴大領土。

一六九九年的**卡洛維茨條約**中，奧地利成功從鄂圖曼帝國手中奪走大部分匈牙利地區。十八世紀初，更進一步獲得義大利半島和南尼德蘭，奧地利逐漸轉型為由多民族組成的複合民族國家。

奧地利繼承戰爭與七年戰爭

瑪麗亞・特蕾莎在父親查理六世去世後繼承哈布斯堡，但薩克森－巴伐利亞家族（查理六世姪女的夫家）主張王位繼承權，並得到法王路易十五的支持，爆發**奧地利繼承戰爭**（一七四〇～四八年）。瑪麗亞・特蕾莎獲得英國支援，好不容易保住奧地利帝國的統治權，由丈夫**法蘭茲一世**即位為神聖羅馬皇帝。然而，普魯士的**腓特烈二世**卻趁機宣戰，奧地利在地區戰爭中戰敗，失去人口眾多且地下資源豐富的**西里西亞**地區。

為了奪回西里西亞，瑪麗亞・特蕾莎與她的宿敵——波旁家族的路易十五達成和解（**外交革命**），並獲得俄羅斯與瑞典的支持，向普魯士發起收復西里西亞的**七年戰爭**（一七五六～六三年）。不料，俄羅斯竟臨時倒戈，使瑪麗亞・特蕾莎功虧一簣。一七六五年起，她與兒子**約瑟夫二世**共同治理奧地利，並於一七八〇年過世。

普魯士與奧地利的對立

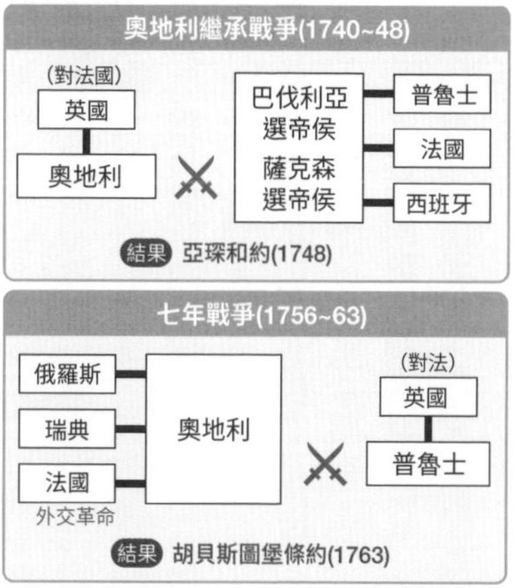

法國大革命與拿破崙時代的德意志

約瑟夫二世的弟弟**利奧波德二世**繼任神聖羅馬帝國皇帝，於統治期間發生**法國大革命**。他試圖發動戰爭干涉法國內政以保護嫁給**路易十六**的妹妹**瑪麗・安東妮**，但是未能阻止她遭到處死。神聖羅馬帝國敗給結束革命的**拿破崙**，最後由繼任的**法蘭茲二世**（即奧地利帝國皇帝法蘭茲一世）將女兒瑪麗・路易絲嫁給拿破崙以平息戰爭。

在一八〇六年**奧斯特利茨的三皇會戰**中，拿破崙重創奧俄聯軍，組成**萊茵邦聯**，促使德國西南十六邦

小知識　瑪麗亞・特蕾莎與法蘭茲一世是經過戀愛後結婚，這在當時十分罕見。法蘭茲一世即位皇帝後，仍全心全意支持掌握政治實權的瑪麗亞・特蕾莎，同時是個疼愛兒女的好父親。

脫離神聖羅馬帝國，法蘭茲二世放棄帝位，神聖羅馬帝國滅亡，普魯士則在一八〇七年簽訂的**提爾西特條約**中割讓大量領土。隨後，首相**斯坦因**與繼任的**哈登伯格**致力推行廢除農奴等內政改革，強調「由上而下的現代化」，教育家洪堡則設立柏林大學，第一任校長**費希特**透過一系列「**告德意志國民**」演講，倡導提升德意志民族意識以反抗拿破崙。

一八一三年的**萊比錫戰役**和一八一五年的**滑鐵盧戰役**中，奧地利與普魯士聯軍擊敗拿破崙，終於奪回失去的領土。

維也納會議

一八一五年，為解決拿破崙戰爭的善後問題，由奧地利外相**梅特涅**主持**維也納會議**，確立以「**正統主義**」（以革命前的狀態為正統，由法國外相**塔列朗**提出）為基調的歐洲新秩序，並簽訂**維也納條約**。根據條約，神聖羅馬帝國不再復辟，而是由三十五個君主國與四個自由市組成的**日耳曼邦聯**（一八一五～六六年）取而代之。

此外，維也納條約也重新劃分歐洲版圖：奧地利獲得北義大利的**威尼斯**和**倫巴底**，普魯士取得華沙大公國的一部分以及**萊茵蘭**。

動盪不安的日耳曼邦聯

日耳曼邦聯從成立之初就充滿不穩定因素，內有**學生同盟運動**訴求德意志統一，北義大利則出現反對哈布斯堡的**燒炭黨叛亂**。

一八四八年的巴黎**二月革命**進一步引發德意志**三月革命**，普魯士首都柏林和奧地利首都維也納相繼發生暴動。尤其是史稱「**民族之春**」的各地民族運動，如馬札爾人向奧地利要求獨立、斯拉夫要求自治、北義大利的薩丁尼亞國王發動反奧地利起義，最終都被鎮壓，但暴露出奧地利統治的脆弱性。

同一時期，自由市**法蘭克福**召開**國民議會**，嘗試制定德國統一憲法，並推舉普魯士國王為統一皇帝。然而，國王未得到革命派的支持而拒絕接受，統一的嘗試以失敗告終。

世界史聊天室

瑪麗亞·特蕾莎

×

武則天

瑪麗亞·特蕾莎女士，看到妳的家族肖像，滿堂兒孫環繞，丈夫也在身邊，看起來非常幸福呢！看著這幅畫，本宮不禁懷疑自己的人生是否走錯了。

是嗎……用現代的話來說，妳算是怪獸家長吧？我明白為了孩子什麼事都願意做的心情。不過，光是這樣無法讓國家進步，國民也不願意追隨妳的。

聽妳這麼說，真是無言以對。本宮希望按照自己的意志執掌國政，即使受到責難也不後悔。看妳讓丈夫登上皇帝寶座，又與兒子共同統治，妳難道沒有想過自己掌握大權嗎？

呵呵呵！如果照妳的方式獨攬大權，一定會很累吧！我這樣就行了。而且，我還有一生的宿敵。現在看來，這也許是一件不錯的事。再說，每個人的做法不同，沒有對錯之分。畢竟大家都盡心盡力地活過了。

這麼說也沒錯。如果再活一次，我可能也無法活得像妳一樣。不過，同為母親和女人，還是謝謝妳的金言。

呵呵呵！沒想到妳也有可愛的一面呢。

拿破崙滅亡神聖羅馬帝國，
拿破崙
之後，根據維也納會議的決議，由三十五個君主國和四個自由市組成的日耳曼邦聯成立。
然而，邦聯體制毫無統一感，越來越多德國人開始渴望國家統一。
大德意志
由奧地利主導。主張德國統一應包含奧地利的德意志人居住地
小德意志
由普魯士主導。主張德國統一應排除奧地利
當時的普魯士國王威廉一世
擴張軍備的預算案被國會否決了……
看來，民眾希望普魯士以和平的方式完成統一。
陛下，能不能讓我來處理這件事？
你是……
我是外交官俾斯麥！
我一定會把德國打造成一個統一的強國！
俾斯麥
那就交給你了。
丹麥、
奧地利、法國……
還有……
德國統一還缺少了什麼……

這個問題，不是靠演說或者多數決能解決的，
而是靠軍備與軍隊……
要完成統一，唯有仰賴鐵與血！
迫力
這場演說，後世稱為「鐵血演說」。
的確……
喧嘩…
喧嘩…
喧嘩…
不加強軍力，就沒辦法跟外國競爭……
普魯士
將以實力統一德國！
嗯！
接下來，普魯士在丹麥戰爭、普奧戰爭和普法戰爭中接連取勝，最終實現德國統一，建立德意志帝國。這三場關鍵戰爭被稱為「俾斯麥的三大戰爭」。
約瑟夫一世
拿破崙三世
累累
傷痕
在內政方面，俾斯麥建立了一套君主權力強大的君主立憲制度。
這份德意志帝國憲法，後來也成為一八八九年大日本帝國憲法的範本。
嗯……
大日本帝國憲法起草人
伊藤博文

德國 3

俾斯麥

Otto von Bismarck

Profile
1815~1898／男性
普魯士、德意志帝國的政治家

人物介紹

神聖羅馬帝國因拿破崙戰爭而瓦解，取而代之的「日耳曼邦聯」（由三十五個君主國與四個自由市組成）於維也納會議後成立。儘管日耳曼邦聯仍未統一，但普魯士國王威廉一世在一八六一年即位，隔年任命俾斯麥出任首相。俾斯麥在丹麥戰爭、普奧戰爭與普法戰爭中接連勝利（合稱俾斯麥三大戰爭），成功統一北日耳曼邦聯，建立德意志帝國。內政方面，俾斯麥建立君主權力較大的立憲君主制，成為日本明治政府的模範。另外，他極度厭惡社會主義思想，頒佈「社會主義者鎮壓法」，但也加強勞工保險制度，採取「胡蘿蔔與鞭子」政策。

小故事

俾斯麥是個洞察先機的天才，腦中隨時構想著各種政策，年輕時便展露鋒芒，畢生奉獻給德國統一。他是地主階級出身，軍事與政治才華兼具，博聞強記且富有想像力，善於判斷對方策略並制定應對方案，重視外交和內政的平衡，堪稱冷靜沉著的政治家典範。

然而，一八八八年新帝威廉二世即位後，因性格與政策理念不合，俾斯麥被迫辭職，更被完全排除於政治圈之外。不過，他深受民眾擁護，不久後又再度返回政壇。

關係圖

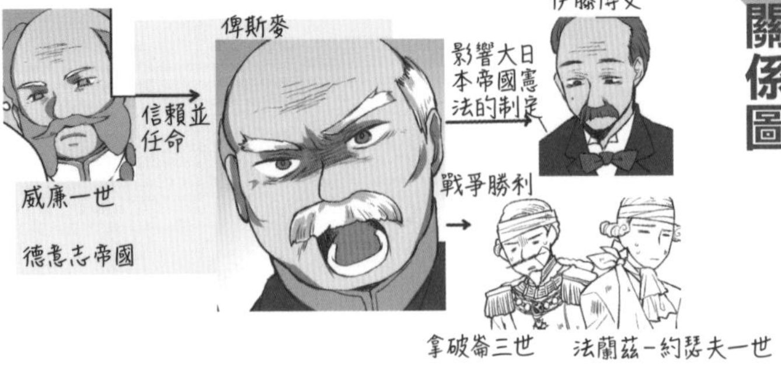

漫畫中的歷史名詞

大德意志、小德意志

一八四八年法蘭克福國民議會上，議員對日耳曼統一方案產生歧見。會議最後採取多數決，通過排除奧地利的「小德意志方案」，由普魯士國王主導統一，但國王拒絕戴冠，結果未能實現統一。

威廉一世

威廉一世於一八六一～一八八八年在位，在政府計畫擴張軍備時拔擢俾斯麥，成功克服與議會之間的對立，推動軍制改革，實現德國統一。他的孫子威廉二世與俾斯麥不合，罷免俾斯麥並推行擴張性外交政策，最終發展成第一次世界大戰。

鐵血演說

「鐵血演說」是俾斯麥提倡擴張軍備政策的著名演說。鐵指的是武器，血是士兵，他說：「現下的大問題無法靠演說或多數決解決⋯」，而需依靠武力與流血，象徵德國以戰爭達成統一的決心。

丹麥戰爭

一八六四年，丹麥企圖併吞有部分德國人居住的什勒斯維希，普魯士因此聯合奧地利出兵丹麥。戰後，普魯士接管什勒斯維希，奧地利則接管霍爾斯坦。

普奧戰爭

一八六六年，普魯士與奧地利爆發戰爭。普魯士只花費七周就取勝，簽訂布拉格條約。奧地利被排除在德國統一範圍之外，並成立「奧匈帝國」。普魯士則成立以普魯士為中心的「北日耳曼邦聯」。

普法戰爭

一八七〇年，西班牙王位繼承問題引發普法矛盾，俾斯麥藉由埃姆斯密電事件（操弄情報）挑動普魯士與法國對立，導致拿破崙三世向普魯士宣戰。拿破崙三世在色當戰役中遭普魯士俘虜，最終，威廉一世在凡爾賽宮舉行加冕，宣布「德意志帝國」成立。

俾斯麥的內政與外交

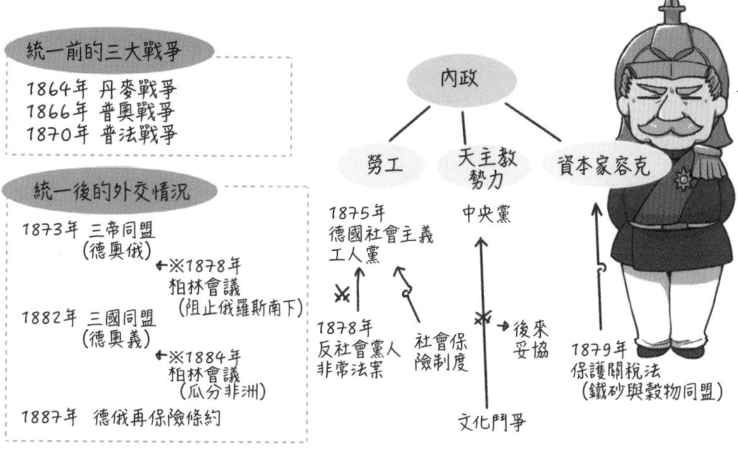

德意志帝國的誕生、納粹獨裁到現代德國

德國統一的過程

在國王威廉一世與首相俾斯麥的指揮下，德國走向統一。一八六六年發動的**普奧戰爭**，將奧地利逐出德國的框架（而奧地利承認匈牙利的自治權，重組成**奧匈帝國**）。接著解散「日耳曼邦聯」，除去德國西南部的四個天主教君主國，組成**北日耳曼邦聯**。一八七〇年發動**普法戰爭**，俘虜了拿破崙三世，在占領的凡爾賽宮舉行**德意志帝國**的加冕儀式，德國統一終於大功告成。依據戰後簽訂的條約取得**阿爾薩斯**、**洛林**等領土。

德國的名稱變遷

神聖羅馬帝國(第一帝國，962~1806)
起源於鄂圖一世的加冕。1806年，萊茵同盟在拿破崙保護下成立並從帝國分離出去，帝國因此正式瓦解

↓

日耳曼邦聯(1815~66)
維也納會議的結果，邦聯成立時包含35個君主國和4個自由市

↓

北日耳曼邦聯(1867~71)
1866年普奧戰爭勝利後，以普魯士為中心，排除奧地利與南德意志各邦而形成

↓

德意志帝國(第二帝國，1871~1918)
1871年1月普法戰爭中，普魯士國王威廉一世在凡爾賽宮加冕為德國皇帝後成立

↓

威瑪共和國(德意志共和國，1919~33)
第一次世界大戰戰敗後成立，因納粹取得政權而瓦解

↓

納粹德國(第三帝國，1933~45)
1933年全權委任法通過，憲法失去實質效力，納粹開始獨裁統治

↓

德意志聯邦共和國(西德，1949~)…首都：波昂
德意志民主共和國(東德，1949~1990)…首都：柏林
第二次世界大戰戰敗後，德國被美、英、法、蘇占領，隨後發生柏林危機，成立東西德

↓

德意志聯邦共和國 1990年，東西德統一

俾斯麥時代

德意志帝國（一八七一～一九一八年）雖然實施聯邦制，但是君主權力高於議會，立憲政治只是虛有其表，皇帝和宰相分別由普魯士國王與俾斯麥首相兼任。

內政方面，德國西南部的天主教教徒組成中央黨，在羅馬教宗的庇護下反抗政府（**文化鬥爭**），而社會主義勢力組成了**德意志社會主義工人黨**後，俾斯麥制定了**反社會黨人非常法案**加以打壓。另一方面則

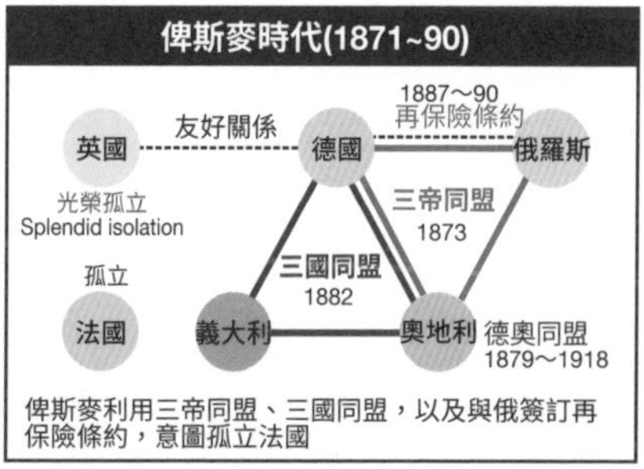

建立社會保險，保護工人，採取「**胡蘿蔔與鞭子**」的政策。

在外交方面，德意志帝國為了孤立法國，展開權力平衡外交。一八七三年，德、奧、俄結為**三帝同盟**，一八八二年，德、奧、義結為**三國同盟**。一八八七年俄奧在巴爾幹半島對立，為預先防備而與俄羅斯簽訂**再保險條約**。在一八八四年**柏林會議**主導瓜分非洲，然後也進行瓜分太平洋。

威廉二世時代

一八八八年，**威廉二世**即位，他計畫擴建海軍，藉此發展「**世界政策**」。威廉二世與俾斯麥決裂而將其免職，不久，他銷毀與俄羅斯更新的再保險條約，於是法國向俄羅斯示好，在一八九一年簽訂**法俄同盟**。之後，威廉二世下令實施「**3B政策**」，鋪設行經柏林、拜占庭（伊斯坦堡）、巴格達的**巴格達鐵路**以對抗英國的殖民地政策。另外，於一八九八年主導**瓜分中國**，租借青島占領山東半島。隨後又引發兩次摩洛哥危機（一九〇五、一九一一年），導致與法國處在一觸即發的狀態。之後，他支持巴爾幹半島的**泛日耳曼主義**勢力，在一九一四年**塞拉耶佛事件**引發**第一次世界大戰**時，宣布參戰。

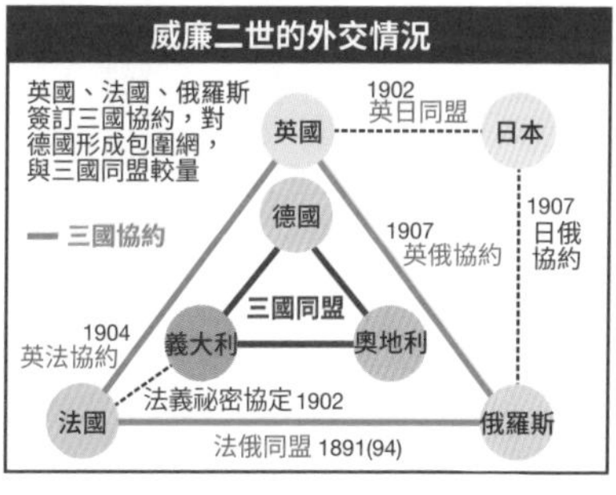

第一次世界大戰與戰敗

一九一四年，德國為了避免兩線作戰，企圖依據史里芬計畫快速擊敗法國，因此**入侵**位於德法之間的**中立國比利時**，與法國發生**馮恩河戰役**。另一方面，原本預測在德法**西部戰線**結束、占領法國後才發生的對俄激戰提早展開，德國在**坦能堡戰役**中取得對俄勝利。但是，西部戰線陷入膠著狀態，一九一五年義大利倒戈（加入英法等協約國）與**美國**在一九一七年參

小知識 **摩洛哥危機**：法國進軍摩洛哥引發德國反對，導致兩次摩洛哥危機。德國雖採取強硬態度，仍不敵佔有優勢的法國。最終，法國在1912年將摩洛哥納為保護國。

戰，使土耳其、保加利亞、奧地利等同盟國陸續投降。一九一八年十一月，**德國革命**爆發，德皇威廉二世逃亡荷蘭，德國投降。

威瑪共和國的動向

德意志社會民主黨在戰後總選舉中獲勝，於威瑪召開國民會議，制定**威瑪憲法**，保障男女平等普選權、工人權益，被譽為當時最民主的憲法。一九一九年，**威瑪共和國**成立（一九一九~一九三三年）。然而，德國因為與協約國簽訂的**凡爾賽條約**，失去超過一成的領土和人口，還要支付巨額賠款。後來，法國與比利時以德國不履行賠償金為由**占領魯爾區**，引發德國嚴重的通貨膨脹，社會混亂不堪。一九二五年，歐洲多國在英國的調解下簽訂**羅加諾公約**，確立**萊茵蘭地區**去軍事化，加速德國融入國際社會。隔年，德國加入國際聯盟，成為常任理事國，順利地回歸國際社會。

納粹崛起與希特勒內閣成立

納粹黨（**國家社會主義德意志勞工黨**）在戰後不久即已成立，一九二三年趁著社會混亂發起**慕尼黑啤酒館政變**失敗，希特勒被捕。經濟大恐慌期間，德國有六百萬人失業，陷入空前的經濟危機。政府束手無策。納粹黨吸引不滿的工人以及擔憂社會主義崛起的中產階級與資本家支持，急遽成長。

一九三二年，納粹黨透過國會選舉成為第一大黨，隔年希特勒出任總理，假藉**國會大樓縱火事件**打壓對立的共產黨，通過**全權委任法**，迫使第二大黨社會民主黨解散。一九三四年，第二任總統**興登堡**過世後，希特勒兼任元首與總理、首相與黨魁，建立「**第三帝國**」，實現開始獨裁統治。

希特勒的侵略外交

一九三五年，希特勒併**吞薩爾地區**，發表**再武裝宣言**，並於隔年打破羅加諾公約，進駐**萊茵蘭**，開始擴張領土。在德意志民族自決與統一的口號下，希特勒於一九三八年併吞**奧地利**，半年後又透過**慕尼黑協定**併吞捷克西北部的**蘇台德地區**。英、法兩國對德國採取綏靖政策，試圖利用同樣反共的希特勒對付蘇聯，反而促成德國擴張領土。

一九三九年八月，無法信任英、法的蘇聯領導者**史達林**與擔心英法聯合蘇聯挾擊德國的**希特勒**，簽署**德蘇互不侵犯條約**，震驚全世界。英、法在慌亂之餘與波蘭簽訂**共同防禦條約**與之對抗，可惜為時已晚。同年九月，**德蘇共同入侵波蘭，第二次世界大戰爆發**。

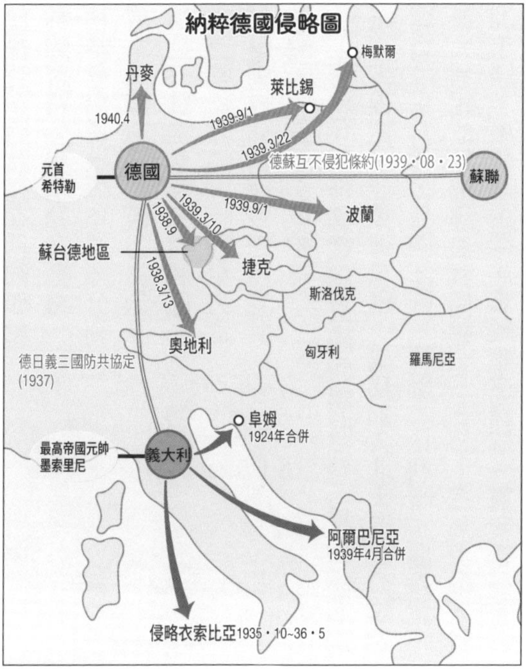

納粹德國侵略圖

第二次世界大戰與戰敗

德國以閃電戰突襲**但澤走廊**（波蘭走廊），並迅速進攻西歐，占領丹麥、挪威、荷蘭與比利時。在敦克爾克戰役中，英國不得不撤回本土，隨後法國於一九四〇年六月落入納粹德國之手。同年，義大利的墨索里尼加入納粹同盟。

一九四一年，希特勒為爭奪羅馬尼亞石油資源，出兵巴爾幹半島並進攻蘇聯，於六月爆發**德蘇戰爭**。隔年**史達林格勒戰役**開始，德國起初雖然快速攻城掠地，但是遭遇冬季風暴後開始撤退，於一九四三年戰敗。同年，美軍從地中海登陸，迫使義大利無條件投降，戰局瞬即轉向對同盟國有利的局面。一九四四年，**諾曼第登陸**成功，同盟國收復巴黎，希特勒於一九四五年四月自殺，德國隨即無條件投降，二戰結束。依據**雅爾達會議**的內容，德國由美、英、法、蘇四國分割占領。

柏林危機與柏林圍牆

1948年，蘇聯反對美英法主導的西德貨幣改革，於是封鎖西歐通往德國西柏林的道路，史稱**柏林危機**。柏林危機導致隔年德國分裂成東西兩部分，西方占領區建立「**德意志聯邦共和國**」（首都：波昂），而東方占領區則成立「**德意志民主共和國**」（首都：東柏林）。

西德在初任總理**阿登納**領導時期，推動憲法修正、恢復主權並重建軍備，成功加入北大西洋公約組織（NATO），並與法國、荷蘭、比利時、盧森堡、義大利組成**歐洲經濟共同體**（EEC），進一步融入歐洲市場。東德則由**德意志社會主義統一黨**實行一黨專政、加入**經濟互助委員會**與**華沙公約組織**等以蘇聯為核心的社會主義陣營。然而，在首都東柏林，東西德人民與貨物基本上仍可自由流通，導致大量東德居民流向經濟富庶的西德。一九六一年八月十三日，東德政府突然封鎖東西柏林邊境，修建「**柏林圍牆**」隔離西柏林，成為冷戰時期東西方對立的象徵。

柏林危機

柏林東西分裂始末

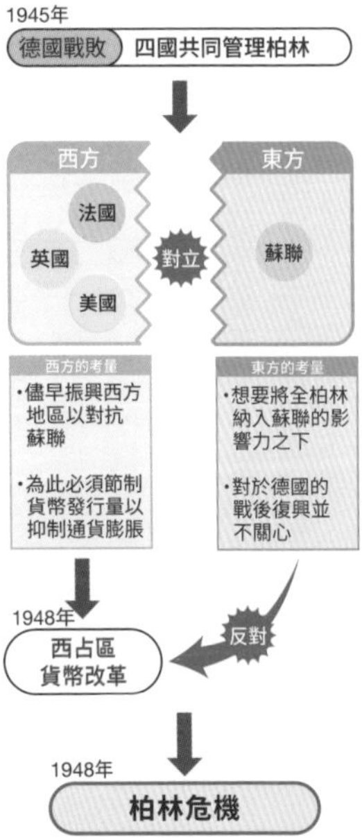

柏林圍牆倒塌與東西德統一

進入一九七〇年代的低盪時期（美蘇冷戰緩和），西德總理**勃蘭特**推行「**東方外交**」，向社會主義陣營釋出善意，並與之前在大戰中犧牲慘重的**波蘭恢復邦交**。一九七二年，東西德簽訂**兩德基礎條約**，隔年兩德同時加入聯合國。

隨後，蘇聯領導人**戈巴契夫**上任，推行「**新思維外交**」。一九八八年的**新貝爾格勒宣言**否定蘇聯對東歐國家的控制優先權，觸發隔年的**東歐民主化**運動。東德獨裁者**何內克**辭

勃蘭特（任期1969~1974）
德意志社會民主黨(戰後初期)

東方外交的具體實例

1970年
西德與蘇聯簽訂互不侵犯國界及放棄行使武力的《莫斯科條約》

1970年
與波蘭恢復邦交

1971年
獲頒諾貝爾和平獎

1972年
簽訂《兩德基礎條約》(東德由何內克簽署)

1973年
兩德同時加入聯合國

職，同年十一月九日，**柏林圍牆倒塌**。一九九〇年十月三日，**東西德統一**。

統一後的新國家沿用「**德意志聯邦共和國**」的國名，總理為舊西德的**柯爾**，總統為舊西德的**魏查克**。除了首都設在柏林，統一後的德國基本上沿續西德的政治、經濟與法律體系。

一九九三年，**歐洲聯盟**（EU）在德、法、英等國促成下成立。隔年，俄羅斯軍隊全面撤出東德，德國為適應統一進一步**修正基本法**，並沿用直今。

第二次世界大戰後的奧地利

第二次世界大戰後，奧地利與德國一樣遭到四國分割占領。一九五五年，奧地利恢復主權，並發表「永久中立」宣言，同年加入聯合國。一九九五年，奧地利與瑞典、芬蘭一同**加入歐盟**，融入歐洲市場框架。

補充

歷史上的人物⑨

馬丁・路德

(1483~1546)

馬丁・路德是德意志神學家、教授與神職者。年輕時，他曾在修道院接受嚴厲的修行，後來於威登堡大學取得神學博士，成為聖經教授。然而，路德因反對天主教會販賣贖罪券，發表《九十五條論綱》抨擊教會問題，成為宗教改革的導火線。路德因此被天主教革除教籍，但得到選帝侯腓特烈的庇護。之後，他將聖經翻譯成德語，使更多民眾都能閱讀聖經，促成新教的誕生。

小知識　德國政府使用國家財源救助日益增加的難民，同時援助面臨破產的歐盟國家，引起國民不滿。民族主義思潮因此抬頭，造成社會問題。

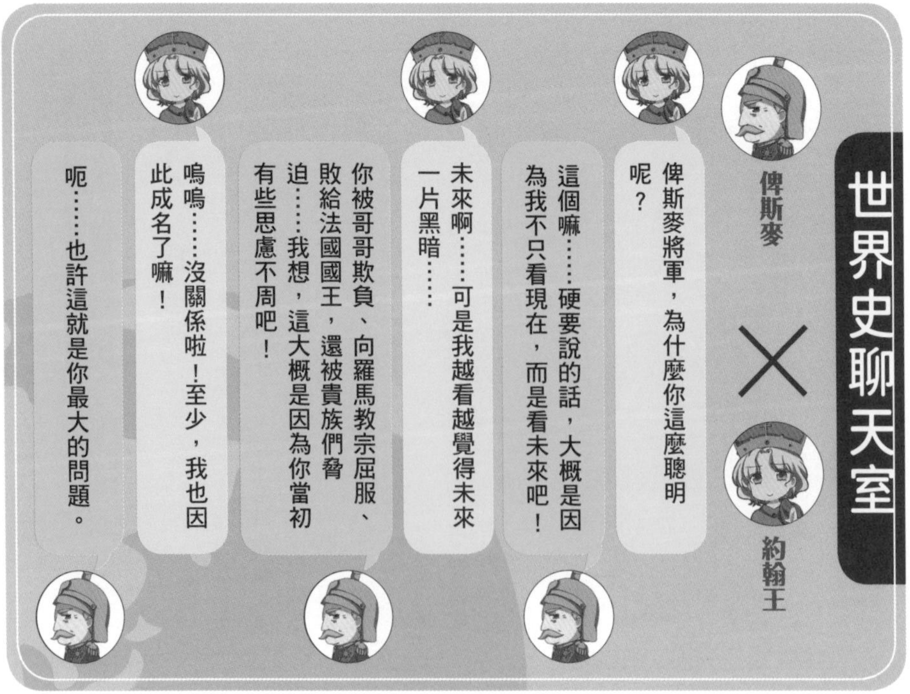
世界史聊天室
俾斯麥
約翰王
俾斯麥將軍，為什麼你這麼聰明呢？
這個嘛……硬要說的話，大概是因為我不只看現在，而是看未來吧！
未來啊……可是我越看越覺得未來一片黑暗……
你被哥哥欺負、向羅馬教宗屈服、敗給法國國王，還被貴族們脅迫……我想，這大概是因為你當初有些思慮不周吧！
嗚嗚……沒關係啦！至少，我也因此成名了嘛！
呃……也許這就是你最大的問題。

土耳其史

CHAPTER 10

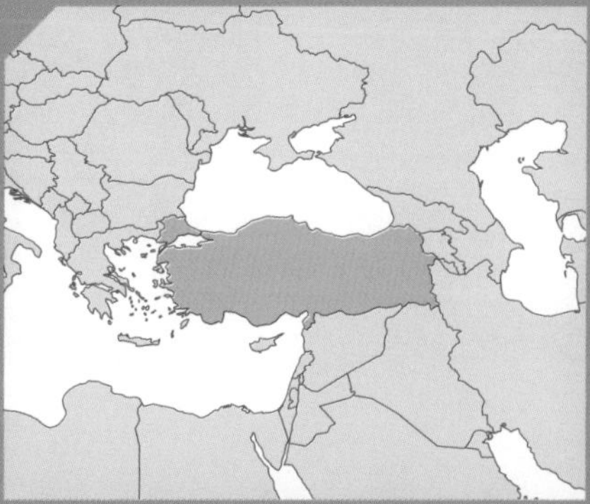

contents

土耳其史大事紀

君士坦丁大帝
(272~337)

穆罕默德二世
(1432~1481)

約前18世紀　西臺人南下小亞細亞

約前7世紀末　呂底亞王國建國　首都：薩第斯

約前3世紀　受塞流卡斯帝國敘利亞、帕加馬王國統治

約前2世紀　小亞細亞全境都在羅馬帝國統治下

330年　君士坦丁大帝遷都「拜占庭」
⬇改名為「君士坦丁堡」(後來成為東羅馬帝國的首都)

約7世紀　伊斯蘭勢力三度包圍君士坦丁堡

1071年　曼齊刻爾特戰役⚔塞爾柱帝國⬇十字軍東征的起因

1203年　第四次十字軍東征在君士坦丁堡建立「拉丁帝國」(~04年)

1299年　鄂圖曼帝國從羅姆蘇丹國獨立、建國

1366年　首都從布爾薩遷到埃迪爾內(阿德里安堡)

1453年　占領君士坦丁堡⬇改名「伊斯坦堡」

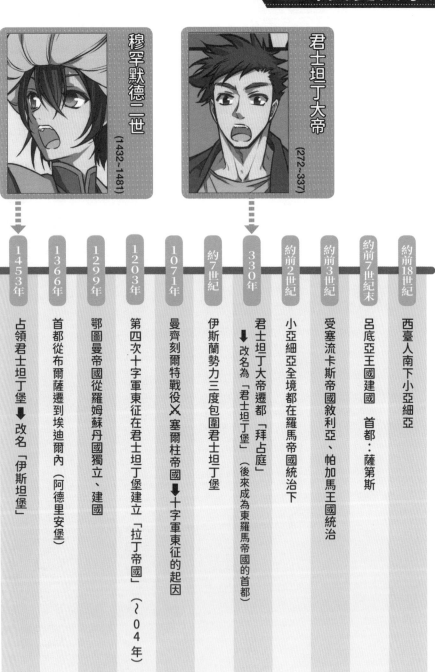

凱末爾
(1881~1938)

- 1538年 普雷韋札海戰（╳西班牙）……獲得東地中海的制海權
- 1699年 卡洛維茨條約……失去大半匈牙利領土
- 1718年 鬱金香時代……文化鼎盛期（～30年）
- 1839年 發布花廳御詔……「仁政改革」開始
- 1876年 發布米德哈特憲法⬇隔年停止
- 1878年 柏林條約……巴爾幹半島上誕生獨立國、自治國
- 1908年 青年土耳其黨人革命……恢復米德哈特憲法
- 1920年 色佛爾條約（第一次世界大戰戰敗）
- 1922年 鄂圖曼帝國滅亡
- 1923年 土耳其共和國建國　首都：安卡拉
- 1952年 與希臘一同加入北大西洋公約組織（NATO）

伊斯坦堡（原名君士坦丁堡）橫跨歐洲與亞洲，自古以來就是東西交流的樞紐，如今仍是繁榮的商業都市。
雖然它曾經改名兩次，但它仍是世界上最具歷史意義的城市之一，其美麗的景色吸引無數遊客。
君士坦丁大帝
時光回溯到約一千七百年前，羅馬帝國受到外敵進逼。
四帝共治勢力圖
加列里烏斯領土(東方副帝)
戴克里先領土(東方正帝)
君士坦丁大帝領土(西方副帝)
馬克西米安領土(西方正帝)
波斯薩珊王朝
三世紀末，羅馬採行四帝共治制度，由四位皇帝分別治理帝國的各地區。
西元三一二年，君士坦丁在米爾維安大橋戰役中大勝，成為西方的正帝。
你必以此而勝…
這聲音是從哪裡傳來的？
舉起這個標幟……
難道這是神的啟示？
媽媽，你來了？
是啊！我在為王朝祈禱，
祈求神保佑你平安。
我的目標是超越父王，再次統一羅馬，
在目標完成之前我可不能死！
呵呵……是嗎？那麼你也得向神祈禱才行。
媽媽……

我聽到了神的聲音……
加上媽媽是基督徒。
基督教雖然一直遭到迫害，但勢力卻日益壯大。
能不能好好利用這一點呢……
如果承認基督教，就能團結帝國了！
當然，這不是我個人的決定，
而是和東方正帝李錫尼討論後的結果。
基督教徒的凝聚力非常驚人。如果承認基督教，一定能讓分裂的羅馬帝國再次統一。
這麼一來，基督徒不就能隨意在帝國裡活動？
我支持這個做法。基督徒和羅馬市民應該共同努力，和平共處。
美泉宮
既然主教大人都這麼說了……
在君士坦丁大帝的領導下，羅馬帝國終於再次統一。
拜占庭地處博斯普魯斯海峽附近，是貿易的絕佳位置。
黑海
博斯普魯斯海峽
拜占庭
達達尼爾海峽
馬摩拉海
此外，西邊有日耳曼人的威脅，必須強化東方的國力。
將首都遷到拜占庭！我要實施專制統治，超越亞歷山大大帝！
拜占庭改名為君士坦丁堡，並被譽為「第二羅馬」。
西元三九五年，羅馬帝國分裂為東西兩半。
西元四七六年，西羅馬帝國滅亡，但以君士坦丁堡為中心的東羅馬帝國卻更加繁榮昌盛。

土耳其 1

君士坦丁大帝

Constantinus I

Profile

272~337／男性
羅馬帝國皇帝
（在位：306~337）

人物紹介

三世紀末，羅馬帝國採取四帝共治制（羅馬皇帝戴克里先將羅馬帝國分為東西兩部，各有一名正帝及副帝），其中，君士坦丁大帝以西部正帝的身分嶄露頭角。

當時，基督教雖然受到迫害，仍不斷擴大勢力，羅馬帝國企圖利用基督徒的團結力促成帝國統一，因此宣布基督教合法。

君士坦丁大帝崇尚東方式的專制政治，因此於三三〇年將首都遷到東方的拜占庭。多種首都應有的機能一同遷移至新都，皇家禁軍也以東方為據點，拜占庭因此又稱為「第二羅馬」，後來隨皇帝之名改稱君士坦丁堡。

小故事

君士坦丁大帝對東方充滿嚮往，他展現出超越軍人身分的卓越政治能力，堪稱為現代土耳其能擁有伊斯坦堡（前身為君士坦丁堡）這座重要都市的最大貢獻者。值得一提的是，在君士坦丁大帝統治時期，土耳其人尚未定居於君士坦丁堡，直到十一世紀初，當地開始伊斯蘭化之後，土耳其人才漸漸從東方移入。

關係圖

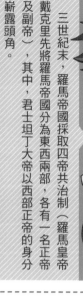

漫畫中的歷史名詞

米爾維安大橋戰役

西元三一二年，首創君主專制政體的羅馬皇帝戴克里先去世，「四帝共治」的其他皇帝開始爭奪霸權，因而在發生米爾維安大橋戰役。君士坦丁大帝攻破宿敵馬克森提烏斯，自命為西部正帝。

李錫尼

李錫尼是東部正帝，西元三一三年與君士坦丁大帝共同頒布米蘭詔令，公開承認基督教等所有宗教的合法地位。但之後李錫尼改變態度，開始迫害基督徒。三二四年，君士坦丁大帝以此為由出兵擊潰李錫尼，重新統一羅馬。

優西比烏

優西比烏是活躍於三到四世紀的凱撒利亞主教，受到君士坦丁大帝重視。三二五年，優西比烏在尼西亞大公會議上，朗讀奉亞他那修派為正宗的信條。主要著作有《教會史》與《君士坦丁的一生》。

拜占庭

拜占庭是西元前七世紀由希臘墨伽拉殖民者建立的城市，以國王拜占斯的名字命名，後由君士坦丁大帝將其定為新首都，命名為君士坦丁堡。一四五三年，鄂圖曼帝國領袖穆罕默德二世將君士坦丁堡改名為伊斯坦堡。不過，現在土耳其的首都則是安卡拉。

西羅馬帝國滅亡

三九五年，羅馬皇帝狄奧多西去世，其子霍諾留成為西羅馬皇帝。四七六年，日耳曼傭兵隊長奧多亞塞廢黜末代皇帝羅慕路斯・奧古斯都，西羅馬帝國滅亡。

君士坦丁大帝的功績

(306~337前在位)

312年
米爾維安大橋戰役
夢見神諭：「你將得勝」
(看到發光的十字架)

313年
米蘭詔令(&東帝 李錫尼)
承認基督教

→

324年
羅馬帝國再度統一
(←打敗李錫尼)

325年
尼西亞大公會議
(賦予亞他那修派正統地位)

↓

330年遷都拜占庭
→改名為「君士坦丁堡」

332年
頒布法令禁止佃農離開租地
……使佃農變為農奴
↓
成為中世紀農奴制的起源！

因此得到「大帝」的稱號
我留下這麼多輝煌的功績

西亞文明到鄂圖曼帝國崛起

西臺統治時代

現在的土耳其共和國，部分位於歐洲，大部分位於西亞，這個地區又稱為「**小亞細亞**」或「安那托利亞地區」。自西元前十八世紀起，蘇美人、阿卡德人、亞摩利人等民族先後在美索不達米亞地區興起又衰亡。**印歐語系**的**西臺人**南下小亞細亞，以**哈圖沙**（今土耳其波阿茲卡雷）為首都，建立**西臺王國**。他們以世界最早使用**鐵製武器**和**戰車**聞名。

前 15~ 前 13 世紀的西亞地區

西元前十六世紀，西臺人消滅以漢摩拉比法典聞名的**巴比倫第一王朝**，暫時占領美索不達米亞。之後，西臺人與侵入美索不達米亞的**米坦尼**、侵入南部的**卡西特**勢力對抗，領土逐漸縮小。前十三世紀，**埃及新王國拉美西斯二世**來犯，雙方爆發**卡迭石之戰**。激戰不下而陷入膠著，只好停戰並簽訂世界最早的和平條約——**卡迭石和約**。西元前十二世紀，西臺王國遭到來自東地中海的「**海上民族**」入侵而滅亡。

呂底亞統治到波斯阿契美尼德帝國

亞述興起於美索不達米亞北部，在前七世紀統一小亞細亞地區（埃及、美索不達米亞），建立史上第一個世界帝國，將小亞細亞納入版圖。然而，亞述的暴政引發叛亂，導致其滅亡。

之後，印歐語系的**呂底亞王國**在小亞細亞建國，以最早使用**金屬貨幣**聞名。同時，希臘人在東地中海一帶的愛奧尼亞展開殖民活動，呂底亞因與希臘人的貿易而日益繁榮，並將貨幣傳到希臘。西元前五五〇年，位於現今伊朗的**阿契美尼德帝國**消滅呂底亞，統治小亞細亞地區。之後，呂底亞時代的首都薩第斯與阿契美尼德帝國首都**蘇薩**之間建設「**波斯御道**」，使這個地區成為東西方聯繫的重要通道。

此外，阿契美尼德王朝全盛期時，國王**大流士一世**對**愛奧尼亞殖民地**課徵重稅，導致希臘城邦**米利都**等殖民地在雅典的支援下發生叛變，引發**波希戰爭**。

希臘化時代

西元前四世紀，**亞歷山大大帝**在掌控希臘世界的**馬其頓王國**崛起。他繼承父親的遺志，率軍遠征波斯。從歐洲大陸渡過博斯普魯斯海峽抵達亞洲，多次擊敗波斯軍隊，最終攻陷首都波斯波利斯，消滅阿契美尼德帝國。但是，亞歷山大沒有留下繼承人就去世，導致部將之間的權力鬥爭。西元前三〇一年的**伊普蘇斯戰役**後，亞歷山大帝國分裂，小亞細亞東北部由**帕加瑪王國**統治，東南部則屬於**敘利亞王國（塞流卡斯帝國）**。

到了西元前二至前一世紀，羅馬從西方入侵，一路勢如破竹，轉眼間將小亞細亞地區納入羅馬領土。直到西元前三〇年**羅馬**併吞埃及之前的這段時期，稱為「**希臘化時代**」。

羅馬時代

羅馬統治下約有兩百年的太平時期，稱為「**羅馬和平**」時期。這段時期**羅馬帝國**與亞洲的貿易頗為興盛，小亞細亞的希臘殖民地如拜占庭、貝爾加馬、以弗所、米利都等城市都十分繁榮。不過，到了三世紀，東方的**波斯薩珊王朝**屢屢進犯羅馬邊境，為了因應外患，三世紀末，羅馬皇帝**戴克里先**實施**君主專制**，並將羅馬帝國的首都遷到小亞細亞的尼科米底亞，以抵禦外敵。三三〇年，**君士坦丁大帝**進一步遷都至貿易重鎮**拜占庭**，並以自己的名字將其改名為**君士坦丁**

堡。這座城市位於東西交流的重要中心，也是今日**伊斯坦堡**的前身。

拜占庭帝國與伊斯蘭勢力的侵略

西元三九五年，皇帝**狄奧多西**去世後，羅馬帝國分裂成東西兩半。此後，**君士坦丁堡**成為**東羅馬帝國（拜占庭帝國）**的首都，同時是基督教**五大教區**之一，這一地位使君士坦丁堡更加繁榮。六世紀時，東羅馬帝國在**查士丁尼一世**的領導下，領土擴展至義大利半島與北非，達到版圖最大規模。同時，拜占庭的代表性建築**聖索菲亞大教堂**完工，**《羅馬法大全》**也編纂完成，帝國步入黃金時代。

但是，進入七世紀後，伊斯蘭勢力步步進逼，拜占庭最終失去埃及與敘利亞。為了強化邊防，帝國實施**軍區制與屯田兵制**，但是伊斯蘭勢力仍多次入侵。十一世紀，突厥裔的伊斯蘭王朝**塞爾柱帝國**侵略更加激烈，在一〇七一年**曼齊刻爾特戰役**中，東羅馬皇帝被俘虜後死亡。為了應對外患，繼任皇帝**阿歷克塞一世**向羅馬教宗請求援軍，這正是**十字軍**的起源。

最初，十字軍在戰場上占據優勢，但隨著以埃及為據點的伊斯蘭王朝（**埃宥比王朝、馬穆魯克王朝**）興起，十字軍屢屢戰敗。在第四次十字軍東征期間，威尼斯商人為奪回君士坦丁堡的商業利益，甚至唆使十字軍轉而攻陷拜占庭首都，並在此建立「**拉丁帝國**」，國祚達六十年。拜占庭皇族被迫流亡至尼西亞，此事件曝露了十字軍的腐敗。

當時，小亞細亞由塞爾柱帝國的分支羅姆蘇丹國統治。在塞爾柱帝國沒落之際，盤據安那托利亞西北部的鄂圖曼領袖趁機獨立，於一二九九年宣布自立，建立**鄂圖曼帝國**。

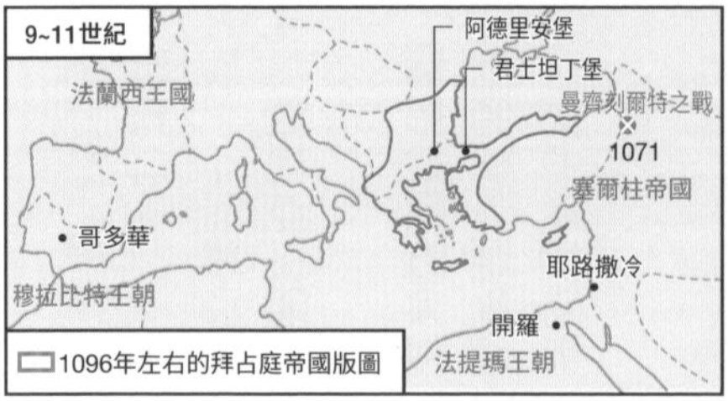

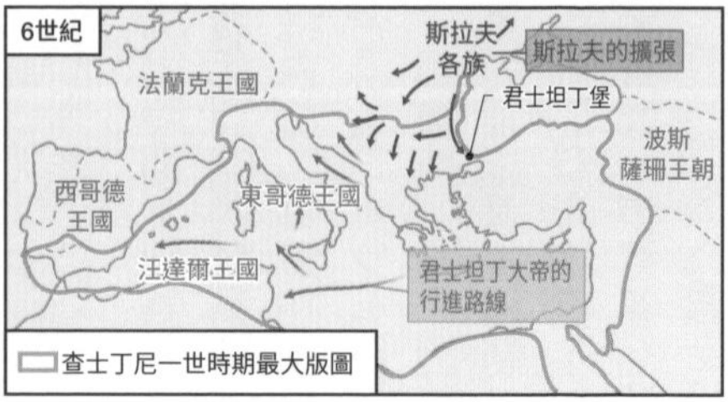

東羅馬（拜占庭）帝國最大版圖與領土縮減

小知識 東羅馬帝國的首都君士坦丁堡原本是希臘人的殖民地拜占庭，因此東羅馬帝國又稱為「拜占庭帝國」。

鄂圖曼帝國的建立

一三六六年，鄂圖曼帝國進軍歐洲，將最初設於安那托利亞的首都布爾薩遷至靠近歐洲的**埃迪爾內**（原名**阿德里安堡**），作為入侵巴爾幹半島的據點。當時，鄂圖曼帝國在占領的巴爾幹半島地區募集基督徒少年，強迫他們改宗伊斯蘭教，並創設直屬蘇丹的禁衛隊——**耶尼切里軍團（新軍）**，以技術精良的**大砲**為武裝，成為軍力強大的常備軍。

十四世紀末，羅馬教宗因感受到威脅，下令組成鄂圖曼十字軍，但是，基督教聯軍在**尼科波里斯戰役**中慘敗，此後，鄂圖曼帝國沿著多瑙河入侵歐洲，令基督教世界陷入恐慌。

後來，第四任蘇丹**巴耶塞特一世**在尼科波里斯戰役獲勝，但卻在不久後的**安卡拉戰役**中敗給東方入侵的**帖木兒**大軍，被俘後死亡，使鄂圖曼帝國一度陷入亡國的危機。不過，帖木兒並不打算占領鄂圖曼帝國，而是把目標轉向中國的明朝，因此迅速退軍。鄂圖曼帝國花費近三十年恢復國力，迎來第七任蘇丹**穆罕默德二世**登基的時刻。

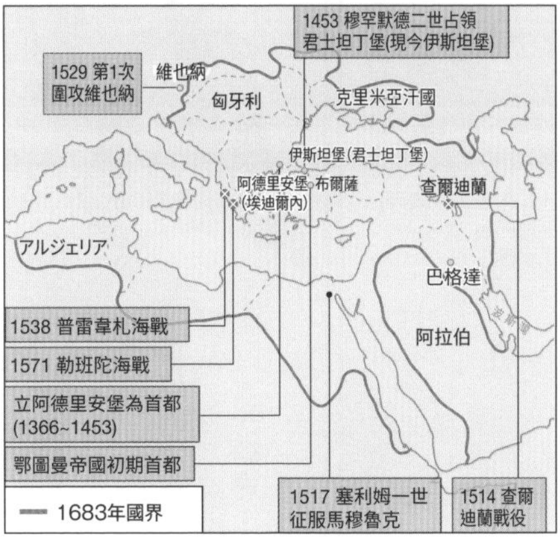

鄂圖曼帝國的領土擴張

早在突厥族的塞爾柱帝國統治現今土耳其的安那托利亞地區時，土耳其人就已經定居於此。
土耳其人擅長擔任阿拉伯和伊朗國家的傭兵，其中，有一號人物崛起，建立了鄂圖曼帝國。
穆罕默德二世
鄂圖曼帝國在巴耶塞特一世時代，曾敗給來自東方的帖木兒而瀕臨滅亡，但在數十年後重新崛起。
我要拿下拜占庭帝國！
之後，穆罕默德二世成為第七代國王。
不過，它的首都君士坦丁堡是天然要塞，曾經抵擋過無數攻擊。
當時的拜占庭帝國雖然還稱為「帝國」，但領土只剩首都周邊。
帶十萬大軍速戰速決吧！
是！
已經過了四十天，看來戰況不太順利。
拜占庭的君士坦丁十一世帶著七千名士兵守城，
他們打算長期抗戰啊……
大王！
這個城的海岸城牆堅固異常，金角灣的出口還有巨大的鎖鍊。
我明白了，去收集油和圓木！
收集……油？
等著看吧！

穆罕默德二世命人在山上鋪設塗滿油的木棧道，成功將七十艘船拖過山嶺，進入金角灣。
將船拖過山坡進入金角灣內進攻
金角灣
鎖鍊
城牆
君士坦丁堡
城牆
以海軍包圍
以陸軍包圍
他的軍隊和船艦封鎖了海面，阻擋救援物資進入君士坦丁堡。拜占庭被迫發起總攻擊，卻遭穆罕默德二世擊垮，
傳承自四世紀的拜占庭帝國就此滅亡。
這座城市太美了！
所有將官，不許搶奪或殺掠！
破壞這麼美麗的城市簡直不可饒恕。
親眼看到它的歷史與壯麗，更加明白它的重要性了。
這就是我從小嚮往的西方文化……
將拜占庭的大教堂改建成清真寺吧！
我要把這座城市立為新首都，
改名為「伊斯坦堡」！
還要建新的宮殿，當作我的居所！
穆罕默德二世積極開發伊斯坦堡，
整建了市集、大學和水道橋。鄂圖曼帝國定都於此長達四百七十年，成為商業與政治的中心。

土耳其 2

穆罕默德二世

Mehmet II

Profile

1432~1481／男性
鄂圖曼帝國蘇丹
（在位：1444~46、1451~81）

人物介紹

鄂圖曼帝國的年輕領袖穆罕默德二世自幼就對西洋文化與其他宗教充滿好奇，因此熱衷學習。他在一四五三年，年僅二十歲時便成功攻陷君士坦丁堡，終結拜占庭帝國。

穆罕默德二世博覽西洋文化和其他宗教，因此極力避免破壞歷史悠久的君士坦丁堡，而是將當地的基督教聖索菲亞大教堂改建為清真寺，又新建托普卡匹皇宮，並建造水道橋等基礎建設，他設立的市集和大學更留存至今。他還將「君士坦丁堡」改為土耳其名「伊斯坦堡」（街道、都市之意，象徵獨一無二的城市）。這座城市作為鄂圖曼帝國的首都將近四七〇年，是商業與政治的中。

小故事

穆罕默德二世嚮往西洋文化，對不同宗教展現出寬容的姿態。他具有「征服王」的外號，不僅年僅二十歲就完成滅亡拜占庭帝國的偉業，還繼續進攻希臘與塞爾維亞，最終掌控了巴爾幹半島大部分地區，並從義大利商人手中奪取了黑海的制海權。他面對敵人時殘忍暴虐，對戰敗者進行屠殺，但另一方面，他對文化的熱愛，使伊斯坦堡成為宗教與民族共存的象徵。

關係圖

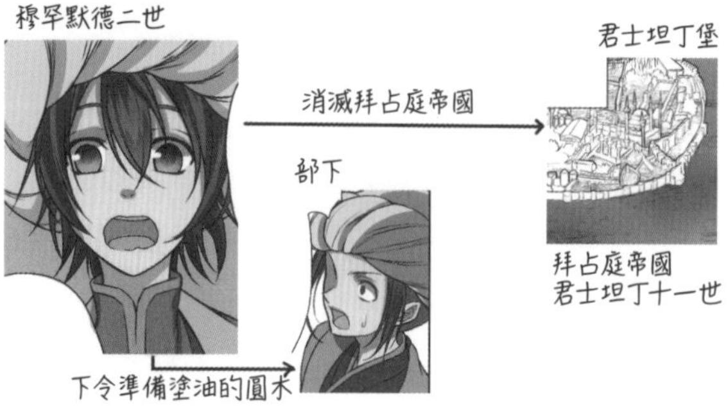

漫畫中的歷史名詞

塞爾柱帝國

十一世紀由突厥裔軍人圖赫里勒．貝格從薩珊王朝自立後建立的王朝，首都布哈拉。塞爾柱帝國後來占領巴格達並繼續西進，威脅東羅馬帝國，間接促成十字軍東征。

巴耶塞特一世

巴耶塞特一世是鄂圖曼帝國第四任蘇丹。一三九六年，他在尼科波里斯戰役中擊敗歐洲聯軍（即鄂圖曼十字軍），穩固了對多瑙河下游的控制。但是，一四〇二年，他在安卡拉之戰中敗給帖木兒帶軍，被俘後身亡。

君士坦丁十一世

君士坦丁十一世是國祚綿延約一千一百年的東羅馬帝國（巴列奧略王朝）末代皇帝。他拒絕穆罕默德二世的和談提議，決心奮戰至死。他的姪女逃亡至羅馬教廷，後來嫁給莫斯科大公國的伊凡三世。

拜占庭時期的清真寺

拜占庭時期的清真寺包含伊斯坦堡的聖索菲亞大教堂、拉文納的聖維塔教堂以及威尼斯的聖馬可大教堂等建築，特徵是圓頂設計、正十字形結構與馬賽克壁畫。

伊斯坦堡建造的新宮殿

托普卡匹皇宮建於聖索菲亞大教堂斜後方，既是蘇丹的居所，也是鄂圖曼帝國的行政中心。托普卡匹皇宮的後宮建築展現了高度的藝術成就，宮中寶庫收藏有「托普卡匹匕首」等珍貴文物。

從歷史事件看鄂圖曼帝國的國力盛衰

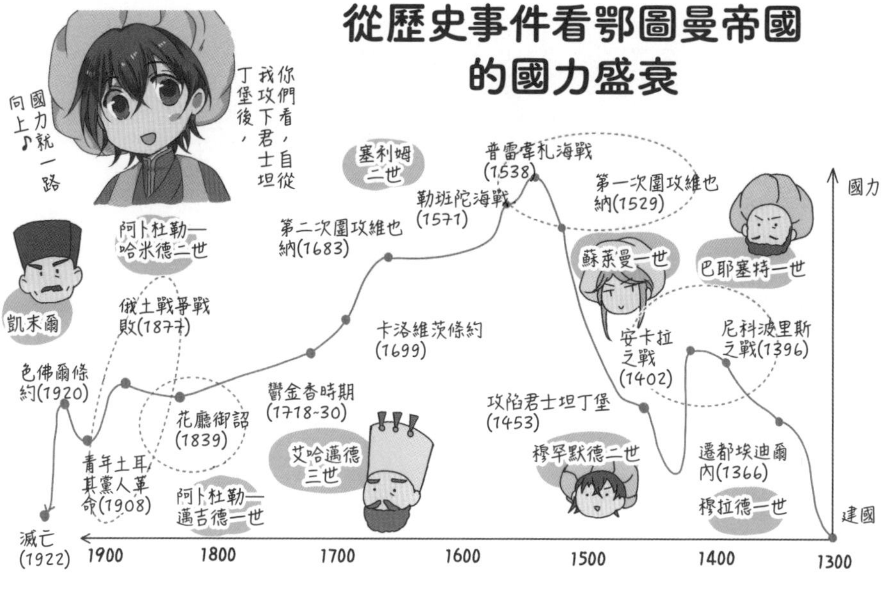

※曲線僅依據筆者對歷史的認知所描繪

2 鄂圖曼帝國的興衰

鄂圖曼帝國的全盛期

年僅二十歲的蘇丹穆罕默德二世於一四五三年達成了歷代伊斯蘭王朝無法實現的偉業——**攻陷君士坦丁堡**（後改名為伊斯坦堡），令人驚嘆。此後，他的孫子**塞利姆一世**時更滅亡埃及的**馬穆魯克王朝**，將聖地麥加與麥地那收為領地，鞏固了對東地中海的統治。

到了第十代蘇丹**蘇萊曼一世**時期，鄂圖曼帝國迎來全盛期。蘇萊曼一世**征服匈牙利**之後，進軍**包圍**哈布斯堡家族的居城**維也納**，不過並未攻陷。隨後，他在征伐北非後又於**普雷韋札海戰**（一五三八年）擊破兼任西班牙國王與神聖羅馬皇帝的**卡洛斯一世（查理五世）**大軍，成功奪取地中海制海權。另一方面，蘇萊曼一世也與建國不久的伊朗**薩法維王朝**對抗，取得美索不達米亞，將鄂圖曼帝國的疆域擴展到歷史高峰。

蘇萊曼一世的兒子**塞利姆二世**雖然在勒班陀戰役中敗給腓力二世率領的西班牙軍，但是在此前占領賽普勒斯島等地，依然維持對地中海的制海權。

鄂圖曼帝國的衰退期

進入十七世紀，奧地利開始積極擴大版圖，鄂圖曼帝國倍感危機，於是發動第二次**維也納之役**，但是以失敗告終。隨後，鄂圖曼帝國遭到奧地利軍追擊，最終在一六九九年簽訂**卡洛維茨條約**，失去大半的匈牙利領土。

雖然十八世紀初是土耳其文化的輝煌時期，史稱「**鬱金香時期**」，但蘇丹的腐敗、政治混亂與對外征戰都使國力每況愈下。

十八世紀開始，俄羅斯的南下政策益發積極。鄂圖曼帝國在俄羅斯女皇**凱薩琳二世**發動的兩次戰爭中慘敗，失去黑海北岸的克里米亞半島和黑海制海權。

小知識　**鬱金香時期：**指鄂圖曼帝國受到啟蒙時代歐洲文化影響，上層階級熱衷鬱金香等歐洲事物的時期，如蘇丹艾哈邁德三世曾在托普卡匹皇宮庭院種滿鬱金香。

十八世紀末，**蘇丹**試圖改革以重振帝國的聲威，但已難以扭轉頹勢。

鄂圖曼帝國的內政改革與挫折

為了應對帝國的危機，蘇丹**塞利姆三世**設立西歐式的新軍「**新秩序軍**」，試圖援助西帕希騎兵（鄂圖曼帝國的騎兵部隊）。接著，他的孫子**馬哈茂德二世**廢止**耶尼切里軍團**和**蒂馬爾制**（封建軍事制度），以強化軍事力量。儘管如此，鄂圖曼帝國仍在**希臘獨立戰爭與埃土戰爭**中相繼失利。

於是，馬哈茂德二世開始推動軍事制度、政治與社會改革。一八三九年，繼任的蘇丹**阿卜杜勒－邁吉德一世**發布**花廳御詔**，開始推行「**仁政改革**」，放棄伊斯蘭的神權政治，並在政治、社會、經濟等面向實施西方現代化政策，取得了一定的成果，然而，專制統治並未改變。

在一八五三年開始的**克里米亞戰爭**中，鄂圖曼帝國在法軍的支援下勉強取勝，並深切意識到議會政治與制定憲法的必要性。一八七六年，帝國決定效法英國建立立憲政治，由宰相**米德哈特帕夏**頒布「**米德哈特憲法**」。但是，一年後，蘇丹**阿卜杜勒－哈米德二世**卻以俄土戰爭為由暫停憲法的實施，這個中止持續了約三十年。後來，鄂圖曼帝國因**柏林條約**（一八七八年）失去了大量歐洲領土，包括巴爾幹半島上的塞爾維亞、蒙特內哥羅與羅馬尼亞紛紛獨立。

青年土耳其黨人革命與第一次世界大戰

一九〇八年，「**青年土耳其黨**」為了恢復憲法，發起**青年土耳其黨人革命**，由軍人恩維爾帕夏主導，成功迫使蘇丹**阿卜杜勒－哈米德二世**退位並流亡。**米德哈特憲法得以重新實施**，新的議會政治起步，鄂圖曼帝國進入立憲政治時期。

但是，巴爾幹半島上泛日耳曼主義與泛斯拉夫主義的對立，使鄂圖曼帝國受到牽連，領土進一步喪失。一九一四年**第一次世界大戰**爆發，鄂圖曼帝國加入德國主導的同盟國，最後以戰敗收場。

凱末爾
在土耳其國內，國父「阿塔圖克」的身影無處不在。
土耳其里拉紙鈔上印有國父肖像，
50000
伊斯坦堡機場也被命名為「阿塔圖克國際機場」。
阿塔圖克的本名是「凱末爾」，
他創建土耳其共和國，推動政教分離，實行西化改革，
土耳其國會因此贈予他「阿塔圖克」（國父）的尊稱。
在土耳其還被稱為鄂圖曼帝國的時代，
一戰後，土耳其因戰敗而被迫簽署不平等條約，失去大部分領土。
哈哈哈……
可惡！那些希臘軍……
他們竟然攻進伊茲密爾城……！
全都是色佛爾條約和協約國的錯！
哇啊啊
喂，快看啊！
是凱末爾將軍！之前大戰中的英雄！
他來幫我們打倒希臘軍了！
哇啊
啊啊

協約軍進駐首都伊斯坦堡，政府卻對他們唯命是從！
我們真正的敵人不是協約軍，而是腐敗的帝國體制。
我們要推動政治改革，從零開始重建土耳其！
哇
啊
啊
凱末爾在安卡拉成立國會，建立反抗政權。
啊
啊
他擊退希臘軍，奪回被占領的伊茲密爾城。
一九二二年，他進軍伊斯坦堡，廢除蘇丹制度，
延續約六百二十年的鄂圖曼帝國自此滅亡。
一九二三年，凱末爾簽訂洛桑條約，廢除不平等條約，宣布成立土耳其共和國，並成為首任總統。
他推行了一系列激進的改革政策，排除反對勢力，
然而，這些改革避免了土耳其淪為殖民地。在二戰期間，土耳其也成功保持中立立場。
土耳其帽
罩袍
但是他主張的土耳其人優先主義迫害大量庫德族和亞美尼亞人。
此外，政府與軍方過從甚密，以及對外族不友善的政策，都是土耳其至今未解決的問題。

土耳其 3

凱末爾

Mustafa Kemal

Profile

1881~1938／男性

土耳其共和國首任總統

（在位：1923~1938）

人物介紹

鄂圖曼帝國在第一次世界大戰中戰敗，於一九二〇年簽訂色佛爾條約，接受許多不平等條件。人民要求推翻帝制、建立共和制，並實現國家獨立。在這一聲浪下，曾於第一次世界大戰加里波利之戰中大敗英軍的穆斯塔法·凱末爾（後文簡稱為凱末爾）成為民族運動的新領袖。

凱末爾在安卡拉建立新政府，終結延續近七百年的鄂圖曼帝國。一九二三年，土耳其共和國成立。凱末爾拒絕履行不平等條約，並推出廢止哈里發制、禁止穿著罩袍和土耳其帽等現代化政策，以及禁止伊斯蘭神祕主義活動。另外，為提升女性地位，他廢止一夫多妻制，並賦予女性參政權。同時，更將土耳其語書寫系統從阿拉伯字母改成拉丁化文字（文字改革）。

小故事

凱末爾是典型的民族主義軍人，充滿魄力與行動力。據說他生氣時令人畏懼，對反對者的態度強硬。凱末爾膝下無子，不過他收養了幾名養子。土耳其人將他尊稱為國父，更將他神格化，令人不禁想問：好不容易實施政教分離，為何又要造神？此外，凱末爾雖然是穆斯林卻不拘泥於教義，據說他的酒品很差，死因很可能是肝硬化或肝癌。

關係圖

漫畫中的歷史名詞

伊茲密爾

伊茲密爾是土耳其西部愛琴海沿岸的城市，現為土耳其第三大城，附近有希臘羅馬時期遺留的「以弗所古城」與「貝加蒙遺址」。近年，許多敘利亞難民由伊茲密爾搭乘橡皮艇逃亡到希臘的島嶼。

安卡拉

安卡拉是土耳其共和國首都，位於內陸，距離伊斯坦堡約六小時巴士車程，凱末爾陵寢是這座城市的象徵。從安卡拉往東北方約兩小時的車程可抵達波阿茲卡雷，古代西臺帝國首都哈圖夏的遺址就位於此。

洛桑條約

洛桑條約簽訂於一九二三年，目的在廢除一九二〇年色佛爾條約的不平等條款，並使協約國（第一次世界大戰的勝利國）承認土耳其共和國的獨立。隔年，土耳其共和國憲法正式制定。（洛桑是位於瑞士的城市。）

蘇丹制

「蘇丹」的稱號始於十一世紀，由阿拔斯王朝哈里發授予塞爾柱帝國統治者。此後，許多伊斯蘭國家的國王或皇帝以蘇丹為尊號。鄂圖曼帝國自十四世紀穆拉德一世時期起正式使用這個稱號。

庫德族

庫德族是沒有成立國家的伊朗裔山岳民族，主要居住在橫跨土耳其、敘利亞、伊拉克、伊朗的中東庫德斯坦地區。許多庫德族人住在土耳其東部，是重要的反政府勢力。「庫德工人黨（PKK）」後來改名為「庫德斯坦工人黨」，目前仍然在活動中。

凱末爾是什麼樣的人？

出生地
現今的希臘薩洛尼卡，與穆罕默德·阿里同鄉
→
青年期
加入「統一與進步團」(青年土耳其黨)
→
從軍
參與義土戰爭、巴爾幹戰爭
↓
崛起
第一次世界大戰期間
1915 加里波利之戰勝利 擊退英國艦隊
第一次世界大戰後
1921 薩卡里亞河戰爭勝利 擊退入侵的英軍
↓
成為領袖
1922 鄂圖曼帝國滅亡
1922 廢除蘇丹制
1923 土耳其共和國建國…第一任總統
1924 廢除哈里發制(政教分離)
←
西歐現代化
① 脫離伊斯蘭國家
- 廢止伊斯蘭教法與伊斯蘭曆
- 禁止蘇菲主義(伊斯蘭神祕主義)

② 歐化政策
- 文字改革(阿拉伯字母→拉丁化文字)
- 以蘇聯為範本實施五年計畫
- 婦女解放政策(女性參政權等)

③ 貫徹土耳其民族主義
- 迫害庫德族人及亞美尼亞人

穆斯塔法·凱末爾 (1881~1938)

土耳其統一與戰後發展

凱末爾上台

軍人**凱末爾**隸屬於青年土耳其黨，在一九〇八年的憲政革命後漸漸嶄露頭角，在第一次世界大戰的加里波利之戰中大敗英法聯軍，成為國民英雄。

鄂圖曼帝國在第一次世界大戰中戰敗，於一九二〇年簽訂不平等的**色佛爾條約**。帝國的領土剩下三分之一，失去了首都周邊的大部分歐洲領地，同時，地中海沿岸的重要都市伊茲密爾也被希臘占領。凱末爾挺身為憤怒的國民發聲，對抗無能的鄂圖曼政府。他在安卡拉設立大國民議會，進軍伊茲密爾，擊退英軍並奪回該城。接著，凱末爾乘勝追擊，在一九二二年進軍伊斯坦堡，迫使穆罕默德六世退位，宣告鄂圖曼帝國滅亡，從一二九九年起延續約六二〇年的大帝國就此終結，標誌著**土耳其革命**的開始。

一九二三年，凱末爾與協約國簽訂**洛桑條約**，廢止不平等的色佛爾條約，成功收復部分領土。凱末爾將首都遷至安卡拉，並宣布建立土耳其共和國。他廢除長期實施的伊斯蘭式政策，制定**土耳其共和國憲法**，並推動西歐現代改革。改革重點以**政教分離**及土耳其民族主義為原則，實現廢止伊斯蘭曆、解放婦女與文字改革等多項政策。

此外，他不顧世界多數穆斯林的反對，於一九二四年**廢除哈里發制**。此後，穆斯林世界失去中　領袖，

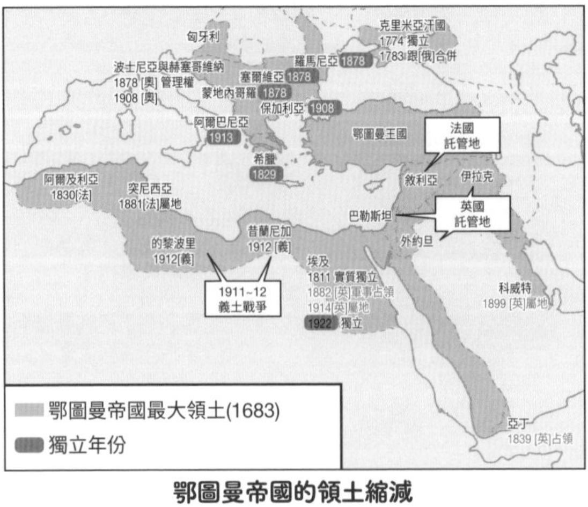

鄂圖曼帝國的領土縮減

小知識　**凱末爾**：1934年，受大國民會議授予「阿塔圖克」的尊稱，意思是「土耳其國父」。

陷入宗派分裂與對立，進一步遭受歐美勢力的壓迫。

戰後的土耳其共和國

凱末爾死後，伊斯麥特·伊諾努於一九三八年繼任為第二任總統。他繼承了凱末爾的遺志，維持土耳其民族主義路線，在第二次世界大戰中保持中立。

戰後，土耳其依靠美國的**馬歇爾計畫**（歐洲復興計畫）努力重建。一九五二年，土耳其與希臘加入**北大西洋公約組織**，成為反共同盟的一員。

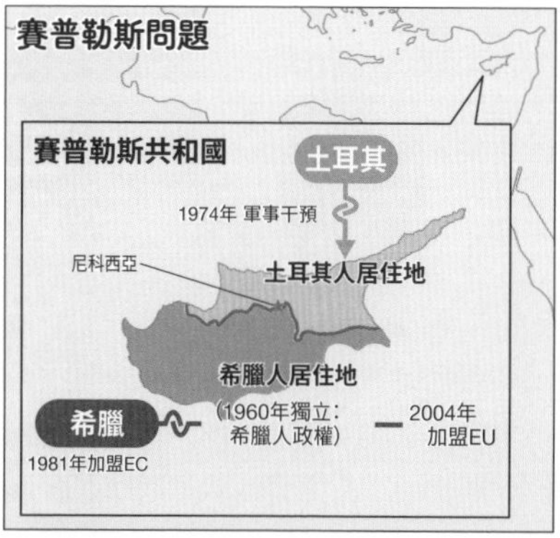

一九七四年，土耳其因反對希臘干涉賽普勒斯共和國內政（該地於一九六〇年獨立，由希臘人掌握政權，北部主要居住著土耳其民族），出兵北賽普勒斯，引發國際問題，事後，土耳其接受聯合國的斡旋，暫時緩和衝突。然而，在國內，革命建功的軍隊屢次發起政變，導致政局動盪不安。

經濟方面，土耳其申請加入一九九三年成立的**歐盟**，但由於其伊斯蘭國家的身分，以及與希臘跟賽普勒斯的長期對立，入會進程停滯，目前部分政策更開始偏向脫歐。

土耳其民族主義的功過

土耳其民族主義旨在提升國民團結力和對外競爭力，卻也衍生出許多排外政策，只是在凱末爾的光環下，歷史上很少提及這類爭議。民族主義政策下，土耳其大量迫害住在伊斯坦堡的亞美尼亞籍基督徒，更對主要居住在土耳其東部的庫德族人進行種族清洗，造成無數死亡。這些政策延續至今，促使庫德族人發動恐怖行動回應，成為土耳其治安惡化的最大主因。

世界史聊天室

凱末爾 × 朴正熙、佛朗哥

朴正熙：雖然我在韓國也很有人氣，不過你在土耳其的支持度真是不得了呀！

凱末爾：是啊……民眾的支持確實超乎我的想像，連我都很驚訝。我只是盡力按照自己的理念去努力罷了。您所在的國家似乎並沒有崇拜偉人的文化吧？不過我相信您對國家的貢獻也不容忽視。

朴正熙：唉，說來話長。在我們國家，總統卸任後幾乎都難逃彈劾的命運，真是太可怕了。連我的女兒也無法倖免。

凱末爾：是嗎……面對反對勢力，也有用軍隊一舉肅清的做法。英雄就是這樣誕生的。

佛朗哥：嗯！我也同意凱末爾的話。我體會到，為了西班牙的統一與發展，必須強制推動國家的整合。不過，我就沒有您那麼高的人氣了……

凱末爾：唉！後世的評價或許會因人而異，但這並不會改變我們當初為國家所做的努力。

朴正熙：的確如此，我們從來不是因為在意後人的評價而行動，而是為了國家的未來。

CHAPTER 11

義大利史

contents

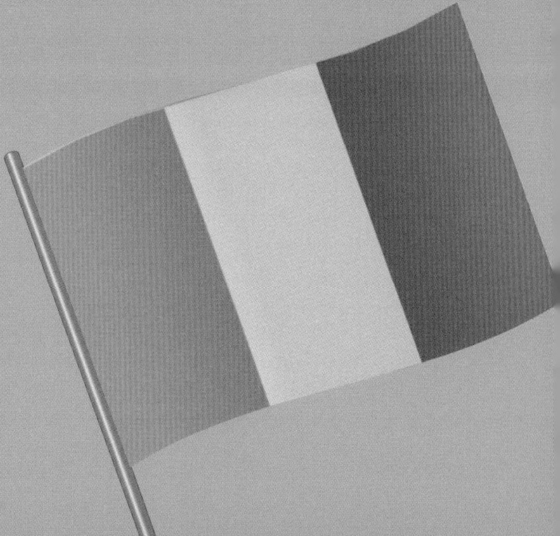

義大利史大事紀

屋大維（前63～14）

英諾森三世（1161～1216）

- 前8世紀　拉丁人建設都市國家羅馬
- 前272年　羅馬統一義大利
- 前264年　布匿克戰爭（～前146年）✕迦太基（腓尼基人）
- 前60年　前三頭同盟⬇凱撒獨裁⬇前43年後三頭同盟
- 前27年　羅馬帝國開始　by屋大維
- 395年　羅馬帝國東西分裂……義大利半島受西羅馬帝國統治
- 476年　西羅馬帝國滅亡　by日耳曼傭兵隊長奧多亞塞⬇東哥德王國⬇東羅馬帝國⬇倫巴底王國在北義大利建國
- 756年　丕平獻禮⬇成為羅馬教宗國的起源
- 843年　凡爾登條約……中法蘭克（洛泰爾）王國建國（～875年）
- 約12世紀　北義大利 公社運動⬇城邦共和國誕生
- 13世紀初　羅馬教宗權的巔峰期……英諾森三世

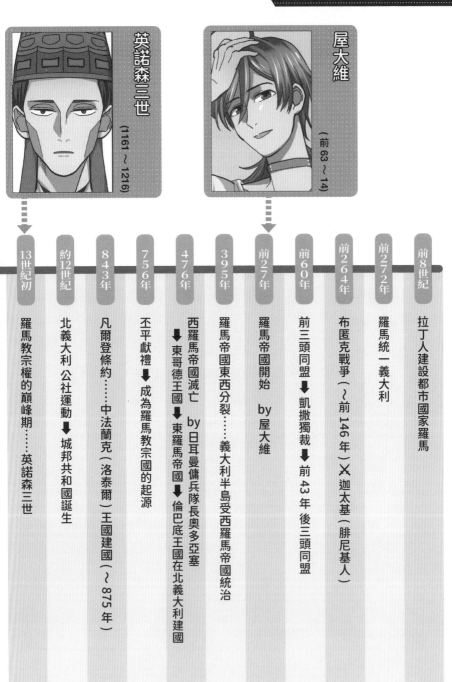

伊曼紐二世
（1820～1878）

- 1303年：阿納尼事件……羅馬教宗遭法國國王囚禁
- 15～16世紀初：義大利文藝復興時代
- 1494年：義大利戰爭（～1559年）
- 19世紀初：拿破崙一世即位為義大利國王，其兄約瑟夫為拿坡里王
- 1861年：義大利王國成立 國王伊曼紐二世
- 1882年：三國同盟成立（德國、奧地利、義大利）
- 1915・1916年：加入第一次世界大戰 ✕ 奧地利・德國
- 1922年：進軍羅馬……墨索里尼首相建立法西斯政權
- 1940年：加入第二次世界大戰 & 日德義三國締結軍事同盟
- 1946年：從君主制改為共和制
- 1967年：成為歐洲共同體（EC）原加盟的六國之一

凱撒大帝被暗殺後，屋大維、安東尼和雷必達組成後三頭同盟。
然而，隨著雷必達去世，屋大維與安東尼開始爭奪主導權，
最後由屋大維獲勝。
屋大維
喂，屋大維，等一下！
阿格里帕，怎麼了？
你說要把國家交給元老院和人民，該不會是認真的吧？
好不容易建立的地位，你要親手放棄嗎？你瘋了嗎？
不，更重要的是，
把國家交給元老院那些老頭子，沒問題嗎？
偷
笑
你笑什麼啊！
阿格里帕，你是我最重要的心腹跟朋友，
連你都這麼想，肯定沒人猜得到我的目的了！
什麼意思？
照理說，我是凱撒大帝的繼承者，對元老院來說，我可是高高在上的存在。
確實……
那麼，尊貴的我主動放棄權力，他們會怎麼想呢？
元老院一定會歡天喜地吧！
他們還要給我「奧古斯都」的稱號呢！

……難道，
你根本不打算放棄權力？
沒錯，我會低調行事，漸漸贏得元老院的好感，
隱藏權力，扮演清廉的第一公民，擄獲人民的心。
加上軍隊也向你宣誓忠誠……
因為我有優秀的將軍嘛！
噗……拍我馬屁可沒好處！
不久後，元老院打算授與我統治大權。
不過，元老院的主席正是我自己。
聽好了，阿格里帕，我絕不會重蹈覆轍。
格拉古兄弟被元老院打壓，父親也被共和派暗殺，但我不會跟他們一樣。
我要建立立憲體制，
完成父親的夢想。
這就是我的願望。
西元前二年，元老院又授予奧古斯都「國父」的稱號。
奧古斯都的治世成為羅馬和平時代的開端。

義大利

1 屋大維

Octavianus

Profile

前63~14／男性
羅馬帝國首任皇帝
（在位：前27~14）

人物介紹

凱撒遭到暗殺後，屋大維、安東尼和雷比達組成後三頭同盟。但是，三人之間再度發生權力鬥爭。雷必達死後，西元前三十一年，屋大維在亞克興海戰大勝安東尼與托勒密王朝的克麗奧佩脫拉聯軍。內戰結束的後，屋大維以年僅三十四歲之姿奪得羅馬最高權力。他深知，必須在形式上尊重元老院與共和制，以鞏固統治。

前二十七年，屋大維宣布恢復共和政治，元老院因此贈予他「奧古斯都」（至尊者）的尊稱。雖然他保留共和政體的各項制度，但實際上一手掌握保民官職權、資深執政官指揮權、最高神祇官等權力，並自稱「第一公民」，實為羅馬帝國的皇帝。

小故事

屋大維以機智和出眾的政治手腕聞名，不過，據說他其實性格軟弱，且身體虛弱，經常在戰場昏倒。因此，凱撒在生前派遣了羅馬最勇猛的軍人阿格里帕輔佐他。政治領袖必須得到國民和元老院的支持，因此由長相英俊、頭腦聰明的屋大維管理；而阿格里帕則負責作戰。

關係圖

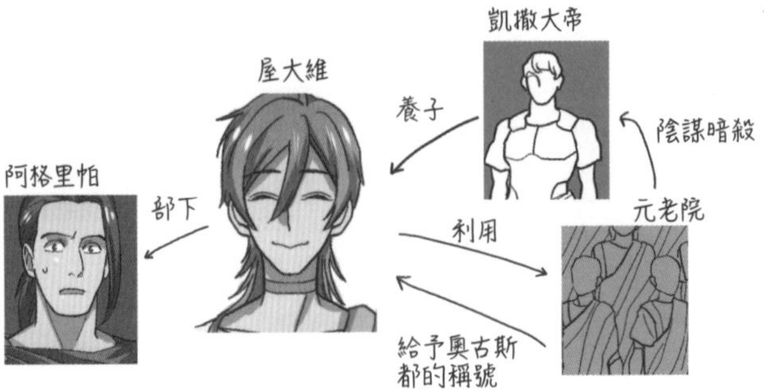

漫畫中的歷史名詞

凱撒

凱撒是平民派的政治家與軍人，也是屋大維的養父。他在打倒貴族派的龐培後掌握獨裁政權，從埃及帶回太陽曆和克麗奧佩脫拉。最終，他遭到共和主義者布魯圖斯等人暗殺。

三頭同盟

三頭同盟是有力的政治家與軍人聯手對抗元老院的政治形態。西元前六十年，凱撒、龐培與克拉蘇組成前三頭同盟。前四三年，屋大維、安東尼與雷必達組成後三頭同盟。

托勒密王朝埃及

西元前三〇四到前三〇年，由亞歷山大大帝的部下托勒密一世建立的希臘化王朝。首都亞歷山大因亞歷山大圖書館而成為文化的中心。托勒密王朝末代君主克麗奧佩托拉七世於西元前三〇年敗給羅馬，王朝滅亡。

元老院

羅馬共和時期的貴族議會，由三百名終身議員組成，只有曾擔任執政官等高階公職者具有參加資格，為整體國政提供諮詢。在西元前二八七年的霍爾騰西法制定前，平民會議的決定都必須得到元老院的批准。

阿格里帕

阿格里帕是凱撒發掘的將才，後擔任屋大維的軍師，輔佐並制定軍事戰略。他參與羅馬萬神廟和位於現今南法的加爾橋等重要建設，並與屋大維的女兒茱莉亞結婚。

羅馬和平

從西元前二七年屋大維即位到五賢君時代結束為止，是羅馬帝國最強盛的兩百年。這段時期，羅馬帝國與印度進行季風貿易，並興建多座羅馬風格的都市，實現經濟繁榮，拉丁語也日漸普及。

羅馬皇帝一覽表

前27～284
元首制
(Principatus)
→
284～395
君主專制
(Dominatus)

羅馬和平
(前27～180年)
→
3世紀的危機
(2世紀末～3世紀末)

- 屋大維
  獲得「奧古斯都」的稱號
- 提比略一世
  處死耶穌
- 尼祿
  首位迫害基督徒的君主

五賢君時代
- 涅爾瓦
  由元老院推舉
- 圖拉真
  建立最大版圖
- 哈德良
  建築哈德良長城
- 安敦尼·畢尤
  建築喀里多尼亞長城
- 奧里略
  哲學家皇帝、大秦王安敦

- 塞提米烏斯·塞維魯斯
  第一位軍人皇帝
- 卡拉卡拉(安托尼努斯)
  安東尼努斯敕令

軍人皇帝時代
- 馬克西米努斯
  開啟軍人皇帝時代
- 瓦勒良
  遭薩珊王朝沙普爾一世俘虜

- 戴克里先
  四帝共治、基督徒大迫害
- 君士坦丁大帝
  米蘭詔書、尼西亞公會議
  遷都君士坦丁堡
- 尤利安
  復興異教&古典文化，被稱為「背教者」
- 狄奧多西
  基督教國教化羅馬東西分裂

羅馬帝國的歷史很長吧！
屋大維
君士坦丁大帝

古羅馬帝國的發展

古代的義大利

義大利人的起源可追溯到西元前十六世紀，從阿爾卑斯山脈一帶南下的印歐語系民族。希臘歷史學家將**希臘人**抵達義大利半島南部時遇到的民族稱為「義大羅斯人」，這可能是「義大利」名稱的來源之一。前八世紀，**伊特拉斯坎人**活動於半島北部，同時，**義大利人**中的拉丁人定居在半島中部的拉丁姆地區，而半島南部則有活躍於地中海的**希臘殖民者**。

羅馬建國傳說／從王政到共和制

相傳在前一二〇〇年的**特洛伊戰爭**中，特洛伊被滅後，特洛伊武將伊尼亞斯逃往義大利半島，其子孫於前八世紀建立了**羅馬城**。傳說中，建國者是由狼群養大的雙胞胎兄弟羅慕路斯與雷穆斯。後來，兄弟反目，羅慕路斯殺死弟弟，成為羅馬第一任國王。現在在羅馬的卡比托利歐博物館中，仍可見到兩兄弟吸吮狼奶的著名銅像。

羅馬王國經歷七代國王，最後三任為伊特拉斯坎人，他們擁有高度發展的技術與文化，尤其在建築技術上對羅馬的拱頂建築有深遠影響。伊特拉斯坎人統治王國約一百年，西元前五〇九年，拉丁人起義推翻國王，建立**共和制**。

羅馬共和國的成立與階級鬥爭

當時的羅馬社會有**貴族**與**平民**兩種階級，貴族擁有軍、政最高權力，從中選出兩名**執政官**，另外選出具執政官經驗者組成終身職的**元老院**（類似國會的立法機關），名額為三百人，壟斷羅馬的立法與政務大權。

作為對應，平民議會推動設立「**保民官**」，由**平民會議**選出，對執政官和元老院的決議擁有否決權。後來更頒布**十二銅表法**，首次將貴族的習慣法成文化，藉此排除貴族濫用法律。

西元前三六七年制定的**李錫尼法**，限制貴族擁有的土地面積，並規定必須有一名執政官由平民擔任。最終，前二八七年通過的**霍爾騰西法**，規定平民會議的決議無需元老院同意即可成為法律，實現了法律上的貴族和平民平等，從貴族共和國邁向民主共和國。

義大利半島統一與靈活的統治

西元前五到前三世紀，羅馬發動一系列統一戰爭，義大利半島逐漸統一。平民表現傑出，促使其政治地位逐步提升。羅馬首先征服北部的伊特拉斯坎人，中部的拉丁人與薩莫奈人，最終於前二七二年攻陷南部希臘殖民城鎮**塔倫屯**，實現義大利半島的統一。為了支撐戰爭，羅馬建設了**阿庇亞大道**，以利運輸大量武器和軍人。

羅馬與征服的都市分別簽訂條約，將城市分為自治市、同盟市等，依據條約決定公民權之有無等權限。這種靈活的政策有效防止各城市聯合反抗羅馬，鞏固了羅馬的統治。同時，羅馬修建國道（軍道）連接各地，強化行政與軍事控制。「條條大路通羅馬」這句話，就是由此誕生的。

西元前 5 ～前 3 世紀的義大利半島

布匿克戰爭的領土擴張與社會變質

羅馬統一義大利半島後，將目標瞄準穀物的重要生產地——**西西里島**。西西里島部分地區由腓尼基人建立的**迦太基**所控制，這導致羅馬與**腓尼基人**發生衝突。腓尼基的拉丁語發音是「布匿」，因此雙方的大戰稱為「**布匿克戰爭**」（前二六四～前一四六年）。羅馬軍面對迦太基大將**漢尼拔**，一度陷入苦戰，但羅馬將軍**大西庇阿**憑藉卓越戰術逆轉局勢，奪得西地中海的制海權。接著，羅馬更與迦太基聯手征服馬其頓

小知識 古羅馬的民主政治包含元老院體制（部分民主制）、賦予殖民市公民權以及奴隸制度，與古希臘的民主體制大不相同。

及希臘，領土擴大到東地中海地區。

這場征服戰爭擴大了羅馬領土，但也加劇了貧富差距，財富主要流向**承包收稅工作**的**騎士**階級等貴族。儘管如此，平民中也出現財富足以與貴族匹敵的**新貴族**。此外，廉價的穀物從行省（征服地）湧入，以及**大地產制**（結合奴隸勞動的大型土地私有制）發達，加上戰爭使耕地荒廢、農民長年從軍導致生活窮困等原因，使中小農民在經濟上無法競爭。面對這一困局，**格拉古兄弟**（提比略與蓋烏斯）於前一三三年與前一二三年分別擔任保民官，提出一系列改革。他們限制貴族擁有土地的規模，並推動「公民皆兵」，以重建中小農階層並恢復羅馬國軍。不過，改革最終仍因為反對派的壓迫而失敗。

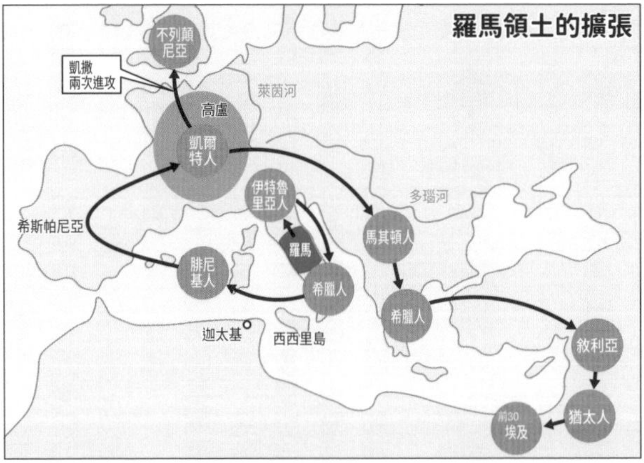

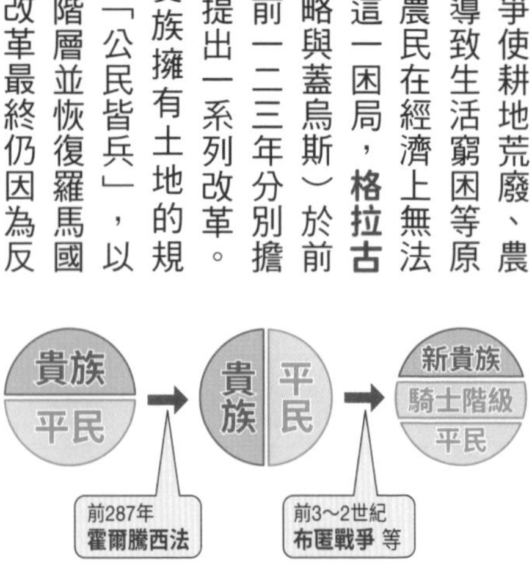

羅馬階級制度的變化

「內亂的一世紀」與三頭同盟

自格拉古兄弟改革失敗後的約百年間，羅馬經歷了長期內部動盪，史稱「**內亂的一世紀**」。從各種社會矛盾與反抗事件層出不窮，例如西西里島奴隸叛亂、未獲公民權的同盟市發動戰爭、**斯巴達克斯**領導的**奴隸起義**等，在鎮壓行動中表現優異的軍人也趁機興起。

平民派領袖**馬略**以平民支持為基礎，引進傭兵制取代積弱不振的國軍。接著，貴族派代表**蘇拉**出任終身**獨裁官**，企圖以獨裁統治穩定秩序。這時，貴族派的**龐培**與平民派的**凱撒**、騎士階級的**克拉蘇**三人聯手，於西元前六〇年建立**前三頭同盟**，對抗握有實權的元老院。但是克拉蘇在遠征安息帝國時戰死，三頭局勢瓦解。龐培聯合元老院企圖打壓凱撒，但凱撒在完成高盧（現今法國）征服後率軍征討龐培，展開暫時的獨裁統治。

凱撒在平民之間受到壓倒性的支持，元老院更授予他「最高統帥」的稱號。後來，凱撒在遠征東地中海時，傾心於托勒密王朝的埃及女王克麗奧佩脫拉，並將太陽曆（儒略曆）等埃及文化引進羅馬。然而，以反對獨裁為目的的共和派，由元老院為首，密謀暗殺了凱撒。之後，凱撒的養子**屋大維**、部下**安東尼**與**雷比達**三人組成**三頭同盟**，自西元前四十三年開始掃蕩共和派勢力。

後來，雷比達去世，安東尼與埃及的克麗奧佩脫拉合作，對抗率領羅馬軍的屋大維。在前三十一年的**亞克興海戰**中，屋大維大破安東尼與克麗奧佩脫拉的聯軍，隔年征服埃及，地中海全域成為羅馬的內海。

不久後，屋大維凱旋歸來，元老院贈予他「**奧古斯都**（至尊者）」的稱號。自此，「羅馬共和國」轉變成「**羅馬帝國**」。

「內亂的一世紀」始末

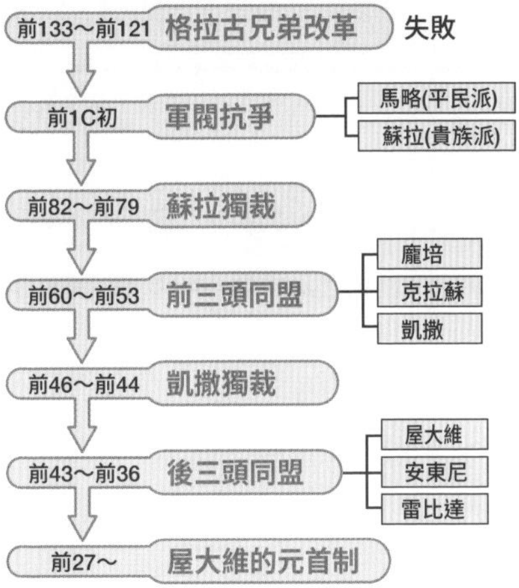

小知識 據說克麗奧佩脫拉是為了保護自己的國家而接近凱撒和安東尼，卻反倒給了屋大維征討埃及的藉口。

一二一五年，拉特朗公會議。
各位教友，請牢記我的話：
英諾森三世
教宗是太陽，皇帝是月亮。
太陽在人們清醒時照耀大地，
而月亮只在人們沉睡時出現，它不過是太陽的背面。
我從小就崇拜著兩個人物。
那就是防止教會世俗化兩位教宗，
格列哥里七世
烏爾班二世
他們勇敢捍衛正義，真的好了不起……
我有一天也能像他們一樣強大嗎？
我必須先努力用功才行。
唸書！
唸書！

威
嚴
於是，英諾森三世鑽研神學與法學，年紀輕輕便被推選為羅馬教宗。
我將遵從基督教義，像兩位教宗一樣，
嚴格取締腐敗與墮落。
他將不遵守教會規範的人冷酷地逐出教會。
被我認定不遵守教義的人，全都開除教籍！
大主教敘任問題
離婚問題
王位繼承問題
約翰王
腓力二世
鄂圖四世
第四次十字軍東征時，十字軍受威尼斯商人的煽動，反而攻陷前來求助的君士坦丁堡，並大肆掠奪。
英諾森三世對此事憤怒不已。
那些威尼斯商人……
把十字軍逐出教會！
作為羅馬教宗，只要是正確的事，就該挺身而出。
我所做的一切，都是聽從神的旨意。
教宗是太陽……
照耀並引導人民。
然而，英諾森三世去世後，教宗的地位逐漸衰微。
剛正的舉止，使他成為史上最具影響力的教宗之一。

義大利 2

英諾森三世

Innocentius III

Profile
1160~1216／男性
羅馬教宗
（在位：1198~1216）

人物介紹

英諾森三世在位時，羅馬教宗權力達到巔峰。他精通神學和法學，不到四十歲就被選為教宗。在位時，他發起第四次十字軍東征，但是過程中，十字軍在承包運輸的威尼斯商人唆使下攻陷君士坦丁堡，震怒的英諾森三世因此將這支軍隊逐出教會。此外，他也曾分別因主教敘任權問題、離婚問題、王位繼承問題，開除約翰王、腓力二世與鄂圖四世的教籍。然而，他也發動十字軍討伐盤據南法的異端阿爾比派，以及承認托缽修道會，成就豐碩。此外，他在一二一五年拉特朗公會議上發表了「教宗是太陽，皇帝是月亮」的著名演說。英諾森三世去世後，羅馬教宗的權威隨著十字軍戰敗而逐漸衰落。

小故事

英諾森三世出身於羅馬名門孔蒂家，自小勤勉好學。博學好辯的他在二十多歲就成為樞機主教，此外，他的政治能力卓越，但也因涉入國家政治而引發爭議，例如干預各國的王位繼承與擴大羅馬教宗國的疆域等。不過，作為教宗，他的影響力出類拔萃，在教宗國內建立了無人能超越的偉業。

關係圖

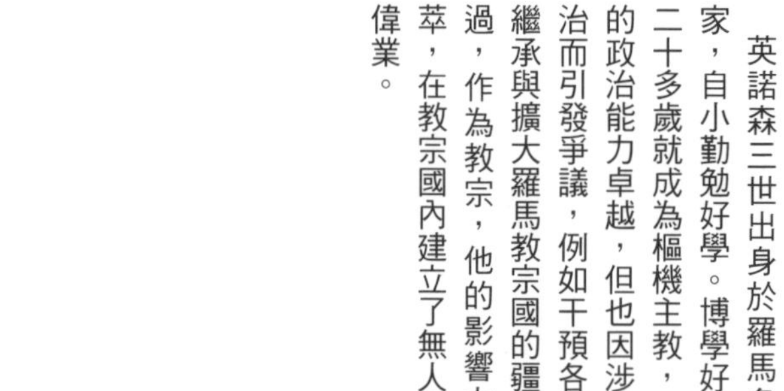

漫畫中的歷史名詞

格列哥里七世

羅馬教宗（一〇七三～八五年在位）。他深受克呂尼修道院推行教會改革運動的影響，與神聖羅馬皇帝亨利四世主張的帝國教會政策正面衝突，發生神職敘任權鬥爭，因而將亨利四世開除教籍以逼迫他屈服。

烏爾班二世

羅馬教宗（一〇八八～九九年在位）。他出身克呂尼修道院，積極推動教會改革，並在東羅馬皇帝請求下舉行克萊芒宗教會議，號召十字軍東征奪回聖地耶路撒冷。

約翰王

英國國王（一一九九～一二一六年在位）。金雀花王朝第三代國王。父親是亨利二世，哥哥是查理一世，與法王腓力二世衝突戰敗，失去大半歐陸英領土（「失地王」）。為了坎特伯雷大主教敘任權問題，遭英諾森三世開除教籍。另外，施政失敗受貴族指責，因而被迫承認「大憲章」。

腓力二世

法國卡佩王朝國王，一一八〇～一二二三年在位。曾參加第三次十字軍東征，但中途撤軍。他從約翰王手中奪取歐洲大陸上的英國領地，並派遣阿爾比十字軍鎮壓南法與阿爾比派結盟的大諸侯。

鄂圖四世

神聖羅馬皇帝（一二〇九～一二一五年在位）。呼應十三世紀初的英法領土戰爭，在神聖羅馬帝國內發起皇位繼承戰的始作甬者。結果在一二一四年布汶戰爭戰敗。將帝位讓給對抗勢力霍亨斯陶芬家的腓特烈二世。

威尼斯

義大利東北部海港都市，被譽為「亞德里亞海的女王」。與義大利日內瓦和東羅馬帝國首都君士坦丁堡的商人爭奪地中海制海權。與亞洲之間的東方（黎凡特）貿易中心，馬可波羅的出生地。

英諾森三世的功績

1215年
於第四次拉特朗公會議中表示「教宗是太陽，皇帝是月亮」
全盛期
英諾森三世
(在位：1198～1216年)
37歲成為教宗!!
出身
①孔蒂家族（義大利）
②在巴黎大學、波隆那大學求學
③腓特烈二世的監護人
促成第四次十字軍
派遣阿爾比十字軍（南法）
承認托缽修道會設立
開除以下人士教籍
·神聖羅馬皇帝鄂圖四世
·英國約翰王
·法國國王腓力二世
開除！
開除！

2 羅馬帝國滅亡與羅馬教宗的權力消長

羅馬帝國的興衰

羅馬帝國前半段的政體稱為**元首制**。創立羅馬帝國的**奧古斯都**自稱「第一公民」，維持傳統共和政體，與元老院共同統治帝國。自奧古斯都統治開始的兩百年稱為「**羅馬和平**」時期，期間各地建設羅馬風格的都市（如倫敦、巴黎、維也納等）。此外，由於貨幣經濟發達，工商業繁榮，透過海路與南印度進行的東西交流也十分活躍。現今歐洲、西亞及北非的許多羅馬都市遺跡，幾乎都形成於這個時期。

君主專制 (284~395年)	帝國	元首制 (前27~284年)
Dominus (主人)	語源	Princeps (第一公民)
戴克里先	建立者	屋大維
①元老院實質上失去權力 ②東方式的君主制、波斯式的政策與儀式、皇權至上及皇帝神格化	政治	①尊重傳統共和政體 ②與元老院共同治國 (①②僅是形式上) ③實際上實施獨裁政治 (帝制的開始)
皇帝獨裁的一元統治	行省統治	皇帝與元老院的二元統治
行省人民或外族為主的傭兵 (凱爾特人等) (主力：重裝騎兵)	軍隊	以羅馬公民為主 (主力：重裝步兵)

元首制與君主專制的比較

此外，著名的羅馬皇帝如最早迫害基督徒的**尼祿**、建立羅馬最大疆域的**圖拉真**、將猶太人趕出巴勒斯坦的**哈德良**，以及著名的斯多葛派哲學家皇帝**奧里略**等，都出自這個時期。接著，皇帝利用養子繼承制維持政治穩定的**五賢君**時代結束，西元三世紀，羅馬與日耳曼人及波斯薩珊王朝在帝國邊境發生小規模的軍事對抗，羅馬進入**軍人皇帝**時代，約五十年間共經歷二十六名皇帝的統治。

二八四年，**戴克里先**即位，在混亂局勢中實行**君主專制**，這是一種仿效東方「遵崇皇帝，邊緣化元老院」的專制體制。他將帝國分成四部分，由四個皇帝共同統治，稱為「**四帝共治制**」，這也是後來羅馬帝國東西分裂的遠因之一。

到了君士坦丁統治時期，帝國首都遷至位於土耳其的中心都市「拜占庭」，並且改名為「**君士坦丁堡**」

（現今伊斯坦堡），羅馬帝國的重心從義大利半島轉移到東地中海周邊。三九五年，帝國分裂成東西兩部分，東羅馬帝國扮演繼承者的角色，而義大利半島則進入日耳曼部族屢屢進犯的苦難時代。

日耳曼人入侵與西羅馬帝國滅亡

四世紀後期，住在萊茵河與多瑙河以東的日耳曼人開始渡河侵入羅馬帝國。羅馬帝國東西分裂後，西羅馬帝國不斷受到日耳曼人侵略，領土逐漸縮小，成為僅擁有義大利半島及周邊地區的小國。五世紀初，西哥德人和汪達爾人相繼掠奪羅馬市。四七六年，日耳曼傭兵隊長**奧多亞塞**發動兵變，西羅馬帝國滅亡。

接著，東哥德人侵入義大利半島，建立東哥德王國。六世紀中期，東羅馬帝國一度將領土擴大到西地中海，光復了義大利半島等地中海周邊的舊羅馬帝國領土。但是不久後，北義大利的日耳曼人建立**倫巴底王國**，而伊斯蘭勢力則開始入侵西西里島等南義大利地區。

羅馬教宗國成立與混亂的北義大利

基督教在羅馬帝國時代逐漸合法化，更在帝國滅亡前的三九二年由狄奧多西一世宣布為國教。之後，羅馬帝國內**五大教區**成為傳教活動的核心。但是，七世紀之後，五大教區中的亞歷山大、耶路撒冷、安條克落入伊斯蘭勢力的控制之下，只剩羅馬與君士坦丁堡爭奪宗教的領導地位。東羅馬皇帝以君士坦丁教會為後盾，而以羅馬教宗為領袖的羅馬教會因西羅馬帝國滅亡，在政治上失去支柱，便向日耳曼民族建立的**法蘭克王國**靠攏並仰賴他們擊退伊斯蘭勢力。法蘭克國王**矮子丕平**有意親近羅馬，於是他討伐北義大

羅馬最大版圖

小知識　羅馬共和時期，羅馬人多次與日耳曼人交戰。凱撒大帝在《高盧戰記》中記錄了日耳曼人的生活與社會結構，成為了解其文化的重要資料。

利的倫巴底王國，並於七五六年將拉文納地區獻給教宗（**丕平獻禮**），奠定**羅馬教宗國**的基礎。

法蘭克王國分裂成三國後，北義大利成為**中法蘭克（洛泰爾）王國**的一部分。然而，八七五年加洛林王室在義大利絕後，北義大利陷入諸侯與都市分立的局面。覬覦北義大利統治權的**東法蘭克王國**（後來的**神聖羅馬帝國**）屢屢入侵（即「**義大利政策**」），局勢動亂不堪。

之後，北義大利分裂成支持羅馬教宗的**教宗派（圭爾夫派）**和支持神聖羅馬帝國（德意志）的**皇帝派（吉伯林派）**，雙方展開鬥爭，北義直到十九世紀才邁向政治統一。莎士比亞的名作《羅密歐與茱莉葉》就是以北義大利的威羅納為背景，描寫這場鬥爭牽連下的愛情故事。

【北部】公社運動與中世紀城邦

十二世紀以後的北義大利因農業技術發達造成物產盈餘，貿易地發展為城市，並建造城牆和護城河，獲得自治權，建立**自治城邦**。以商人為中心組成的「**市參事會**」負責城邦政治（**公社運動**），並推動城市發展成歐洲各地與亞洲東方貿易的轉運中心。這些城邦逐漸擴大，發展成「城邦共和國」，如**威尼斯**、**熱那亞**、**比薩**及**佛羅倫斯**。此外，這些城邦還組成了**倫巴底同盟**，以對抗神聖羅馬帝國的**義大利政策**。

城邦的繁榮造就許多富商的崛起，如米蘭的維斯孔蒂家族、斯福爾札家族、費拉拉的埃斯特家族與佛羅倫斯的麥地奇家族等都於這段時期興起。

【南部】中世紀的南義與西西里島

隨著東羅馬帝國疆域縮小，西西里島和南義大利屢遭伊斯蘭勢力進犯，並於七世紀末成為伊斯蘭王朝統治範圍。十一世紀，北法諾曼第公國的騎士在羅馬教宗支持下，從伊斯蘭勢力手中奪回西西里島和南義大利。一一三

義大利的北部、中部、南部

〇年，**魯傑羅二世**建立**西西里王國**。隨後，王國又經歷**霍亨斯陶芬家族**，與十三世紀**安茹家族**的統治。

一二八二年發生**西西里晚禱事件**，西西里島居民發起暴動殘殺安茹家族，導致西西里島被**亞拉岡王國**接管，而南義大利則由法國附庸國**拿坡里王國**統治。十五世紀之後，西西里王國與拿坡里王國逐漸納入亞拉岡王國，最終成為西班牙的一部分。

【中部・教宗國】羅馬天主教的盛衰

六世紀初，聖本篤於義大利中部的卡西諾山創立修道院。六世紀末，傳教士前往不列顛尼亞進行的傳教活動，開啟**羅馬天主教**在歐洲的傳教事業。

十一世紀，為阻止教會世俗化（如買賣神職、神職人員娶妻），發生教會革新運動，各地設立新的修道院和修道會。羅馬教宗的權威逐漸擴大，同時，民間崇拜聖人、聖遺物以及聖地朝聖的風氣逐漸興盛。一〇九五年，羅馬教宗**烏爾班二世**召開**克萊芒宗教會議**，號召**十字軍東征**，從伊斯蘭教徒手中收復聖地**耶路撒冷**。

羅馬教宗的權力在十三世紀初達到巔峰。教宗英諾森三世上任，號召**第四次十字軍東征**，開除約翰王的教籍，並設立**方濟修道會**與**道明修道會**。在第四次**拉特朗公會議**中，**英諾森三世**留下「**教宗是太陽**，皇帝是月亮」的名言。

然而，十字軍東征失敗，教宗的權威開始衰退。法國國王腓力四世將羅馬教宗幽禁在羅馬郊外的**阿納尼**（**阿納尼事件**）。後來，教廷從羅馬遷至南法的亞威農約七十年之久（**亞威農之囚**）。之後約有三十五年期間，羅馬與亞威農兩地各自擁立教宗，教廷直到十五世紀初**康斯坦茨公會議**後才恢復統一。

義大利文藝復興

十四到十五世紀之間，自治城邦因經濟繁榮，思想較少受到教會箝制，又與東方貿易而受到希臘、希臘化和伊斯蘭文化的刺激，加上巴爾幹半島古典文化學者受伊斯蘭教壓迫而逃亡至此，富商也為文化人士提供庇護，以及教宗權勢的衰微，促成主張脫離基督教束縛的人文主義崛起，進入**文藝復興**時代。繪畫方面的巨匠包含**波提且利**和**拉斐爾**，建築方面則有**布魯內萊斯基**、**伯拉孟特**等人。西斯汀教堂壁畫《**最後的**

小知識　十字軍從十一世紀末至十三世紀共發動七次東征，但自第四次十字軍起，目標逐漸從奪回聖地轉變為爭奪領地。

審判》作者**米開朗基羅**同時也是知名的雕刻家，此外，**達文西**在完成《**蒙娜麗莎**》之後受法國國王的邀請，移居法國度過人生最後的時光。

文藝復興從麥地奇家族掌控的佛羅倫斯興起，隨後傳播到有羅馬教宗為後盾的羅馬，更在十六世紀傳入威尼斯，直到大航海時代開始才逐漸衰退。

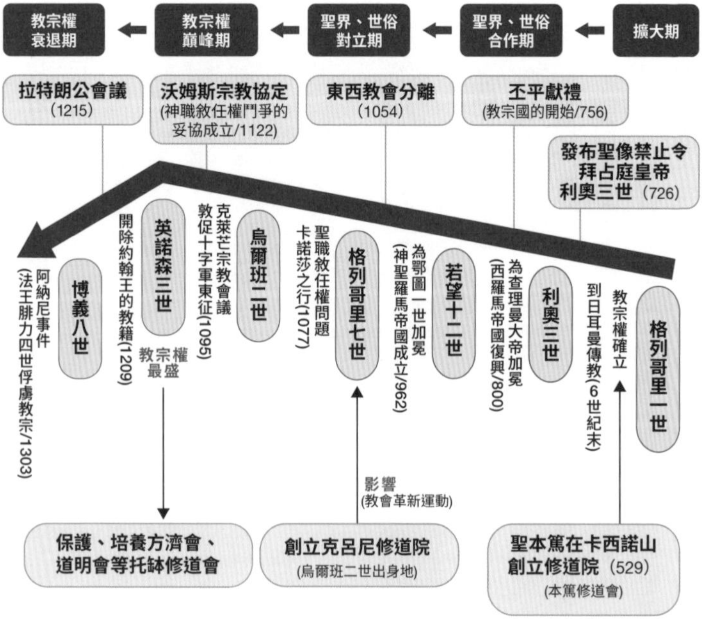

羅馬教會盛衰圖

世界史聊天室

英諾森三世 × 君士坦丁大帝、傑弗遜、聖女貞德、伊凡三世、迪斯雷利

你們知道嗎？都是我的功勞！

突然這麼說，你在講什麼呀？你是指承認基督教嗎？(313年：米蘭詔書)的確，拜你所賜，我找到了活下去的希望……

沒錯！我就是說這件事！不過，你發起的第四次十字軍東征竟然攻下了冠有我名字的君士坦丁堡，這算什麼啊！

這個嘛，真是抱歉啦！那是威尼斯人自己搞的，我已經把他們逐出教會了！

是哦！不過，如果基督教世界的鼎盛要算是你的功勞，那麼，我能夠名留青史，豈不是也要拜你所賜？

我也是因為基督教而出名的喔！

我也是虔誠的基督徒！

你們兩個都跟我的天主教沒關係吧！(怒)

我是猶太人！

天主可沒有拯救我啊！

你們對天主教放尊重一點！

義大利國土瘦長，分裂成多個小國，部分地區還受到奧地利和法國控制，民眾苦不堪言。
薩丁尼亞王國
倫巴底
威尼斯王國
羅馬教宗國
托斯卡尼大公國
兩西西里王國
伊曼紐二世
一八四八年，趁著法國二月革命和維也納三月革命的混亂，
薩丁尼亞王國起義，「青年義大利」運動建立了羅馬共和國，但最終遭奧、法和教宗聯軍擊敗。
薩丁尼亞國王卡洛·阿貝托因此退位。
卡洛·阿貝托
他的兒子即位為維多·伊曼紐二世，
民眾將統一義大利的希望託付於他。
我擅長軍事，但是不太會與人斡旋……
於是，「為統一義大利而生的男人」被選為首相。
我是加富爾，我們盡全力完成統一義大利的大業吧！
加富爾與共和主義革命家協調、談判，
最終決定與法國聯手征討奧地利。
他在克里米亞戰爭中支持法國，派兵支援鄂圖曼。
奧地利向義大利宣戰，爆發第二次薩奧戰爭。
倫巴底
羅馬教宗國
在法國的協助下，薩丁尼亞王國擊敗奧地利，
奪回倫巴底，
薩沃伊
尼斯
→割讓給法國
倫巴底
摩德納
合併教宗國東部
帕馬
托斯卡尼
羅馬教宗國
並合併帕爾馬、摩德納、托斯卡尼三個公國，將薩伏伊、尼斯割讓給法國，換取法國的承認。

暴政而起義，「青年義大利」的加里波底率領義勇軍平定戰事，進一步壓制拿坡里。
同時，加富爾率領的薩丁尼亞軍合併教宗國東部和中部，並向南推進。
伊曼紐二世
羅馬教宗國
加里波底
加富爾主張君主立憲，而加里波底則主張共和國，
但在國王的提議下，他們決定攜手合作。
……陛下，義勇軍已無法再推進，義大利的統一就交給您了！
請您一定要統一義大利！
加里波底，你的決定令人敬佩！
我願追隨陛下！
看啊！他就是義大利的國王！
一八六一年，義大利王國正式成立，伊曼紐二世成為開國國王。
噢噢—!!!
此後，義大利王國又合併其他地區，開始進軍國外。

義大利 3

伊曼紐二世

Vittorio Emanuele II

Profile
1820~1878／男性
薩丁尼亞國王（1849~61）
義大利國王（1861~78）

人物介紹

伊曼紐二世是十九世紀中葉領導義大利統一運動的薩丁尼亞國王，他與首相加富爾致力推動義大利的統一。伊曼紐二世在克里米亞戰爭期間受到拿破崙三世的關注，於是在與奧地利的義大利獨立戰爭中獲得法軍的支援。隨後，薩丁尼亞王國合併中部義大利和羅馬教宗國。同時，加里波底率領革命團體「青年義大利黨」的一千名精銳，征服西西里跟拿坡里王國（波旁王朝），為共和國的建立而努力。不過，加富爾與加里波底是死對頭，因此薩丁尼亞軍與加里波底軍在王國對共和國的對抗中互相對立。後來加里波底獻出所有占領地，隔年的一八六一年義大利王國成立，伊曼紐二世成為義大利國王。

小故事

伊曼紐二世的王者風範或許來自他傾聽民眾心聲的從政態度。二十九歲時，伊曼紐二世的父親在戰爭中失利而被迫退位，可說是在動亂中成長的國君。第二個因素是加富爾的存在。加富爾雖然體恤國民，卻也明白國家的統一需要強力的政府來推動。兩人因教會問題發生衝突，加富爾打算毀掉修道院，身為天主教徒的伊曼紐二世出手攔阻，加富爾在一怒之下辭職。伊曼紐二世最終未能找到能夠取代加富爾的人選，更加體認到加富爾的重要性。

關係圖

漫畫中的歷史名詞

薩丁尼亞王國

薩丁尼亞王國由薩伏伊家族於一七二〇年建立，領土包括北義大利、薩丁尼亞島，定都杜林的王國。一八一五年，薩丁尼亞王國根據維也納決議獲得熱那亞，一八四八年的革命促使國王卡洛．阿貝托發布憲法，並對奧地利發動起義行動，但最終失敗。

青年義大利黨

青年義大利黨由革命組織「燒炭黨」的政治家馬志尼流亡馬賽時建立，主張共和主義與義大利民族主義，為統一義大利而多次起義，但都以失敗告終。一八四八年，青年義大利黨在鎮壓羅馬共和國建國的行動中實質上消亡。

加富爾

加富爾是薩丁尼亞王國的首相（一八五二～六一年在位），被譽為「神派來世上統一義大利的人」。他出身杜林的貴族，支持自由主義及立憲主義。在外交層面，加富爾與法國皇帝拿破崙三世簽下密約，因此與加里波底對立。

第二次薩奧戰爭

發生於一八五九年，是薩丁尼亞繼一八四八年後的第二次對奧戰爭。拿破崙三世擔心薩丁尼亞奪得倫巴底後勢力增強，於是與奧地利簽訂和約，薩丁尼亞隨後與奧地利議和。

加里波底

加里波底曾加入青年義大利黨，起義失敗後逃亡至南美洲。回國後，他繼續參加義大利獨立戰爭，但對薩丁尼亞與法國簽訂密約感到失望，脫離薩丁尼亞軍。一八六〇年，他率領紅衫軍（千人自願軍）光復南義大利與西西里島，並將這些土地獻給國王。

義大利王國

義大利王國建立於一八六一到一九四六年，建國時尚未完全統一，威尼斯和羅馬教宗國分別在普奧戰爭和普法戰爭時才併入義大利。的里雅斯德及提洛南部等「未收復的義大利」地區，則在一九一九年透過聖日耳曼條約取得。第二次世界大戰後，義大利改為共和國。

19世紀後期~20世紀中期義大利王國的外交情形

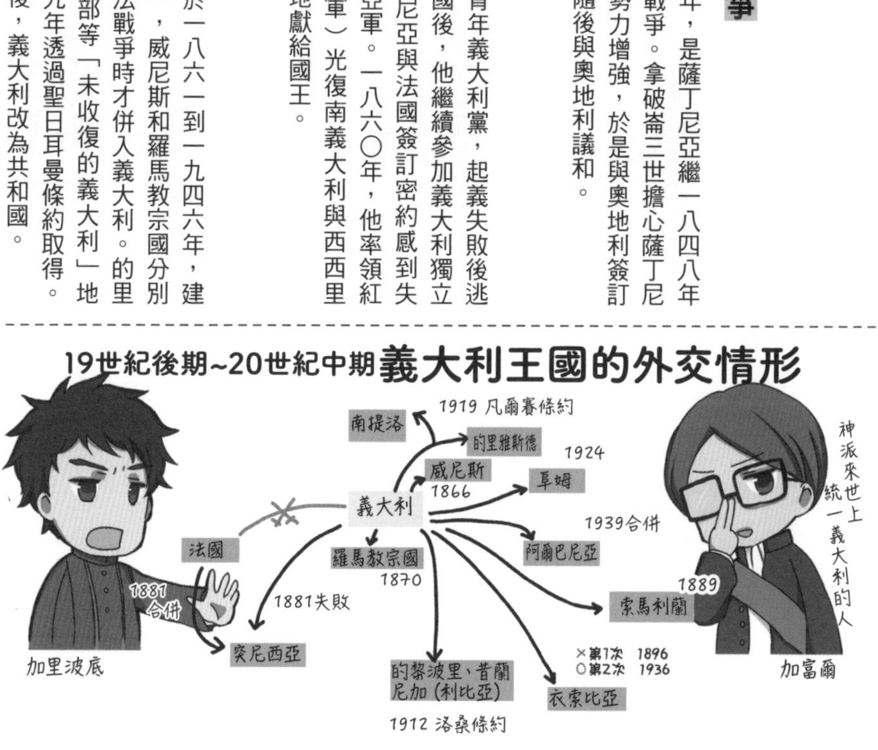

義大利統一到法西斯誕生

義大利戰爭與統治者的更替

法國在百年戰爭中勝利後，開始入侵拿坡里和佛羅倫斯，引發**義大利戰爭**。這場戰爭從一四九四年持續到一五五九年，義大利以北義為中心對抗德國、西班牙與羅馬教宗。戰爭後，西班牙控制米蘭、南義大利和西西里島。隨著十八世紀初發生**西班牙繼承戰爭**，西班牙的多數領土轉由奧地利的**哈布斯堡家族**所統治。

十八世紀末，法國將軍拿破崙兩度**遠征義大利**，將北義大利納入法國的附屬國。**拿破崙一世**即位法國皇帝後，也兼任義大利國王，其兄約瑟夫被命為拿坡里國王。但是，拿破崙失勢後，**維也納會議**重新劃分義大利領土，奧地利合併了北義大利的**倫巴底**與**威尼斯**，兩西西里王國則由波旁家族統治。

義大利統一運動

拿破崙在各地種下自由主義及民族主義的種子，使義大利人的**民族意識**開始萌芽。義大利是一個民族與宗教組成複雜的國家，為了統一，革命團體「**燒炭黨**」宣告成立，然而一八二〇年代初與一八三一年的起義都以失敗告終。後來，**馬志尼**與加里波底等人組成**青年義大利黨**。一八四八年，受到巴黎**二月革命**的影響，起義者占領教宗國並成立**羅馬共和國**，但不久後法國的**路易・拿破崙**應教宗請求，出兵鎮壓羅馬共和國。

獨立戰爭與義大利王國的成立

十九世紀前半，薩丁尼亞國王卡洛・阿貝托即位後實施君主立憲制，並為奪回北義大利統治權而向奧地利宣戰，但是遭遇挫敗。不久後，他的兒子**伊曼紐**

二世拔擢**加富爾**為首相，努力實現父親統一義大利的心願。他不惜參加克里米亞戰爭，藉此獲取拿破崙三世的關注，只為了再次對奧地利宣戰。隨後，法國承諾提供軍事支援，伊曼紐二世於一八五九年向奧地利發動**薩奧戰爭**，占領**倫巴底**。隔年，受到法國反對合併，薩丁尼亞國王以割讓**薩伏依**及**尼斯**作為交換條件，**合併中部義大利**。

同年，義大利青年**加里波底**在追求共和政體的同時，成功合併西西里王國與拿坡里王國，並北上與追求君主立憲制統的薩丁尼亞王國對立。但是，透過國王的居中調解，加里波底最後將西西里王國及拿坡里王國獻給國王，成立「**義大利王國**」。

義大利統一的兩大困境

奧地利治下的威尼斯與拿破崙三世保護的羅馬教宗國，在普魯士首相俾斯麥發動的普奧戰爭和普法戰爭中支持普魯士，使義大利得以成功合併威尼斯並占領教宗國。當時，教宗自稱「梵蒂岡的囚犯」，藉此譴責占領教宗國的義大利國王，讓雙方的對立浮上檯面。此外，義大利統一後，部分義大利人居住的地區仍屬於奧地利領土，稱為「**未收復的義大利**」。直到奧地利於第一次世界大戰中戰敗，這些領土才回歸義大利。

帝國主義政策與領土擴大

義大利原本將地中海對岸的突尼西亞視為入侵非洲的起點，不料卻遭法國占領，因此，義大利於一八八二年與德國、奧地利結為**三國同盟**。隨後，義大利以非洲東岸的**索馬利蘭**為基地，企圖**侵略衣索比亞**，但未能成功。之後，義大利對位於突尼西亞和埃及之間的鄂圖曼帝國統治區（現今利比亞）發動**義土戰爭**，占領當地中心都市**的黎波里**與**昔蘭尼加**。

第一次世界大戰爆發後，原是三國同盟成員的義大利卻宣布中立。一九一五年，義大利依據**倫敦密約**加入協約國陣營，最終成為戰勝國，並在戰後簽訂的**聖日耳曼條約**中取得「未收復的義大利」部分領土——南提洛和的里雅斯德，然而，阜姆則被劃歸南斯拉夫所有。

小知識　在「未收復的義大利」地區中，人民要求收回南提洛和的里雅斯德的聲浪最高，收復這兩地的相關運動也最為活躍。

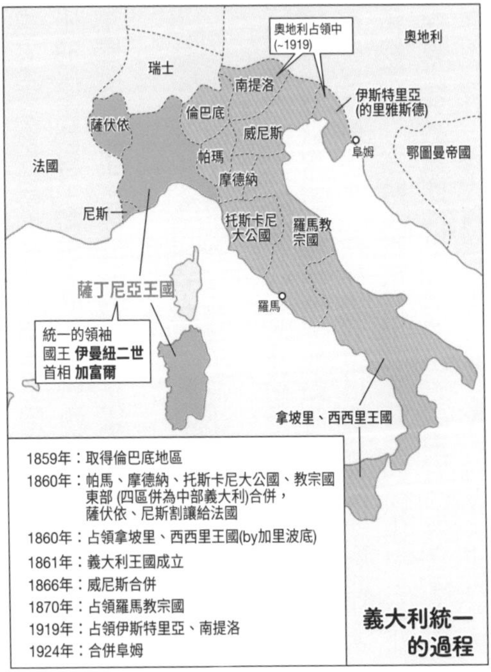

義大利統一的過程

墨索里尼上台與法西斯政權誕生

儘管成為戰勝國，義大利卻未能獲得預期的賠償金而在戰後陷入蕭條。一九二〇年，執政的義大利社會黨政府鎮壓北義大利占領工廠事件，造成以工人為首的一般民眾對政府失望。於是，**法西斯黨應運而生**。這個政黨否定民主主義，限制言論與思想自由，宣稱能保障最低生活水準，並主張以國家主義與資本主義實現全國的富裕。黨魁**墨索里尼**藉著強而有力的演說煽動民眾，吸引害怕社會主義革命的資本家與中產階級支持，奠定法西斯黨的基礎。

一九二二年，墨索里尼領導「**向羅馬進軍**」獲得國王支持，墨索里尼建立史上**第一個法西斯政權**。不久之後，他建立起一黨獨裁體制。一九二九年，墨索里尼與長年對立的教宗和解，簽訂**拉特朗條約**，承認天主教為國教，並保障梵蒂岡的獨立。

法西斯主義		民主主義
無個人自由	or	有個人自由
生活的保障與安穩		生活相對不穩定
德國、義大利		英國、法國、美國

法西斯主義與民主主義

法西斯外交政策與二戰

義大利在一九二〇年成為國際聯盟常任理事國，國際地位提升。一九二四年，義大利完成多年的宿願，**併吞阜姆**，並於一九二六年**占領巴尼亞納為保護國**，一九三六年，成功併吞衣索比亞。這些行動遭到國際聯盟譴責及經濟制裁，義大利頓時在國際社會中陷入孤立。

隨著西班牙內戰爆發，**墨索里尼**與同樣支持佛朗哥將軍的納粹德國簽訂友好條約，建立**羅馬－柏林軸心國**，並於一九三七年發展成**德義日防共協定**。同年，義大利**退出國際聯盟**。

第二次世界大戰初期，義大利保持中立，但是，一九四〇年六月，納粹德國攻陷巴黎，同月，義大利加入軸心國戰線，隨後成立**德義日三國同盟**。

然而，盟軍在一九四三年登陸西西里島，不久後墨索里尼倒台，新首相**佩特羅**宣布無條件投降。義大利各地被德軍占領，民眾展開抵制德國運動。一九四五年，隨著德軍戰敗，義大利才被盟軍解放。

戰後的義大利

第二次世界大戰後，義大利於一九四六年舉行公投，決定廢止君主制並成立共和國。一九四七年，義大利因**巴黎和約**失去所有海外殖民地，部分「未收復的義大利」領土則割讓給南斯拉夫。

大戰結束，受蘇聯影響的義大利共產黨與社會黨組成聯合政府，逐漸放棄獨裁式社會主義，提出「歐洲共產主義」，希望藉由議會實現社會主義。

一九六七年，義大利成為**歐洲共同體**（EC）的創始成員國，然而國內仍存在經濟發展不平衡，北部與中部工業區與觀光區遠較以農業為重心、缺乏資源的南部來得繁榮，經濟差距一直未能縮減。

一九九四年，義大利迎來戰後首次的右翼政權，媒體大亨**貝魯斯柯尼**就任總理。自此，義大利向外國資金和國際組織的借貸日漸膨脹，更在二〇〇〇年代初期面臨歐債危機。

世界史聊天室
伊曼紐二世
林肯
在我們的時代(1850~60年代)，世界正面臨統一的風暴呢！
唉，統一國家真不容易啊……
打開地圖一看，就能想像有多困難了！
不過，即使忙得焦頭爛額，我們午休還是要休好休滿三小時！也是因為這樣，統一戰爭拖得更久了……(笑)

CHAPTER 12

伊朗史

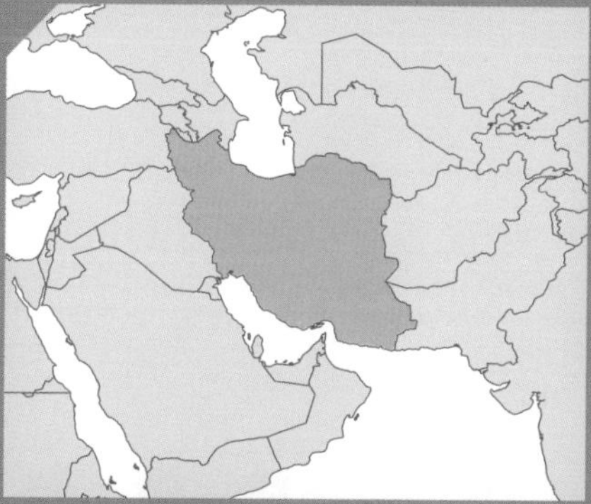

contents

伊朗史大事紀

大流士一世（約前 550~ 前 486）

- 前8世紀末　米底王國建國
- 前550年　波斯阿契美尼德帝國建立
- 前330年　亞歷山大大帝攻陷波斯波利斯
- 前248年　安息王國（伊朗民族）建國
- 224年　波斯薩珊王朝建國　首都：泰西封
- 3世紀　沙普爾一世時俘虜羅馬皇帝瓦勒良
- 6世紀　霍斯勞一世與突厥結盟，消滅嚈噠
- 642年　納哈萬德戰役敗給伊斯蘭軍，之後滅亡
- 661年　奧瑪亞王朝 ⬇ 750 年 ~ 阿拔斯帝國的伊斯蘭勢力統治下
- 932年　布維西王朝建國……伊朗的什葉派統治伊拉克、伊朗地區
- 11世紀半　受塞爾柱帝國、花剌子模王國的突厥裔伊斯蘭王朝統治

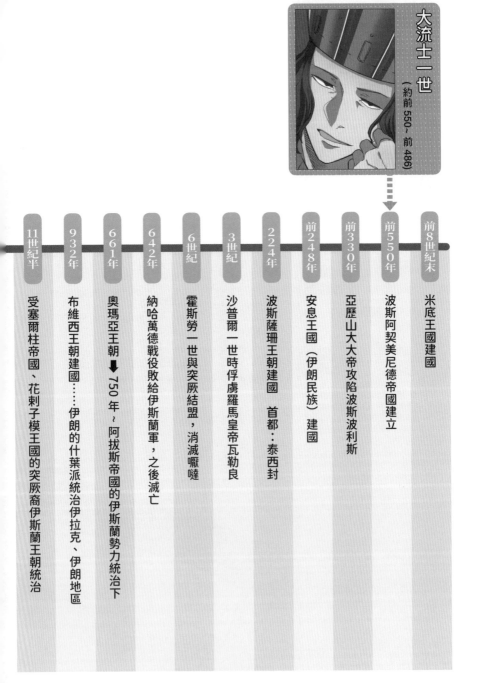

阿拔斯一世
(1571~1629)

何梅尼
(1902~1989)

1258年　伊兒汗國（蒙古族）建國　首都：大不里士

1370年　帖木兒帝國建立……統治中亞、伊朗

1501年　薩法維王朝建國……神祕主義教團的領導者伊斯邁爾

17世紀前葉　阿拔斯一世進入全盛期　遷都伊斯法罕

1736年　阿夫沙爾王朝建國　後與桑德王朝發生內亂

1796年　卡扎爾王朝建國　首都：德黑蘭

1907年　英俄協約……英國、俄羅斯將伊朗分割成南北

1925年　巴勒維王朝建國　by 李查汗

1979年　伊朗伊斯蘭革命　by 什葉派最高領導人何梅尼
⬇成立伊朗伊斯蘭共和國（什葉派復古主義）

1980年　兩伊戰爭（~1988年）什葉派⚔素尼派

於伊朗札格羅斯山脈的貝希斯頓懸崖
大流士一世
英國軍師使節團 青年軍官 羅林森
這片銘文似乎記錄了這個地方的重要歷史事件……
羅林森花費兩年時間攀爬懸崖，將這些銘文抄錄下來。
十二年後，終於解讀了楔形文字。
這是……
這片巨大的銘文和浮雕，不是阿契美尼德帝國的大流士一世建立的戰勝紀念碑嗎？
還記錄了當時的統治體制！
阿契美尼德帝國的疆域東至印度河，西到埃及和愛琴海。
波斯阿契美尼德帝國
最大疆域
帝國被劃分為二十個行省，每個行省都由總督治理，
國王是最高領袖，實施中央集權制度。
另外，還建設了連結主要都市的「波斯御道」交通網。大流士一世真了不起。
帝國被劃分為二十個行省，每個行省都由總督治理，
國王是最高領袖，實施中央集權制度。

……為了防止總督叛變，
派「國王耳目」到各省去，好好監督他們！
大流士一世
盡量寬容，避免臣服的民族反抗我們。
不要打壓其他宗教。
我還要建設新都波斯波利斯，整建埃克巴坦那、巴比倫、蘇薩。
都市交流越頻繁，國家就越富有！
另外，還要實施平等的稅制，
再統一度量衡和貨幣，
讓國家更加繁榮！
這麼富庶的國家，一定是前無古人，後無來者！
快把我偉大的事蹟記錄下來！
波斯是世界上最強大的王國！
然而，大流士一世在遠征希臘的「波希戰爭」期間因失意而過世。
大約一百年後，
年輕的亞歷山大大帝崛起，
消滅了阿契美尼德帝國……
亞歷山大大帝

伊朗 1

大流士一世

Dareios I

Profile

約前550～前486／男性
波斯阿契美尼德帝國國王
（在位：前522～前486）

人物介紹

大流士一世是波斯阿契美尼德帝國第三任國王。阿契美尼德帝國建立於距今約兩千五百年前，疆域東起印度河，西至埃及跟愛琴海。大流士一世在位期間，推動一系列行政與基礎建設改革，將全境劃分成二十個省區，各省配置總督，並建設連結主要都市的交通網，其中以「波斯御道」為代表，造就古代地中海東部地區最大的帝國版圖。

此外，大流士一世設置名為「君王耳目」的監察官，防止總督叛亂，同時對統治區的貿易、宗教採取寬容政策以促進帝國穩定。他建設新都波斯波利斯，並不時召集地方領袖舉行儀式與交流，將最早統一地中海地區的亞述帝國殘暴、壓迫的統治視為反面教材。

小故事

身為古代大國的領袖，大流士一世以冷靜沉著著稱，並展現了卓越的政治與經濟治理才能。他是地方領主的兒子，透過篡位成為阿契美尼德帝國第三代國王。由於他並不是建國者居魯士二世的血脈，他能即位展現出非凡的智謀與領導力。據說，因為大流士一世的兒子薛西斯一世是個暴君，因此大流士一世並沒有將自己的帝王學傳授給兒子。壁畫中的大流士一世身形高大且體格結實，具有王者風範。

關係圖

漫畫中的歷史名詞

楔形文字

楔形文字是蘇美人約於西元前三千年創造的文字系統，以削尖的筆刻在黏土板上，在亞蘭字母普及前，受到在亞述、巴比倫等地文明廣泛使用。

波斯阿契美尼德帝國

波斯阿契美尼德帝國由居魯士二世推翻米底王國後建立，存在於前五五〇~前三三〇年。第二任國王坎比塞斯二世征服埃及，重新統一古代西亞地區。

波斯波利斯

波斯波利斯是大流士一世建設於伊朗南部法爾斯的城市，用於舉行祭祀和儀典，於前三三〇年遭到亞歷山大大帝焚毀，據古文獻記載，當時大火燃燒了三天三夜。

波希戰爭

西元前五〇〇到前四四九年，波斯阿契美尼德帝國與雅典及斯巴達等希臘城邦之間發生的戰爭。波斯趁鎮壓愛奧尼亞殖民市叛亂之際，三次派軍遠征，最終都以失敗告終。

亞歷山大大帝

亞歷山大大帝是馬其頓王國的君主，他繼承父親腓力二世的遺志，在西元前三三四年率軍東征，擊敗波斯阿契美尼德王朝並建立橫跨歐亞非的大帝國。由於亞歷山大大帝沒有子嗣，他去世後引發繼承者鬥爭，帝國最終分裂成數個王國。

大流士一世的內外征戰

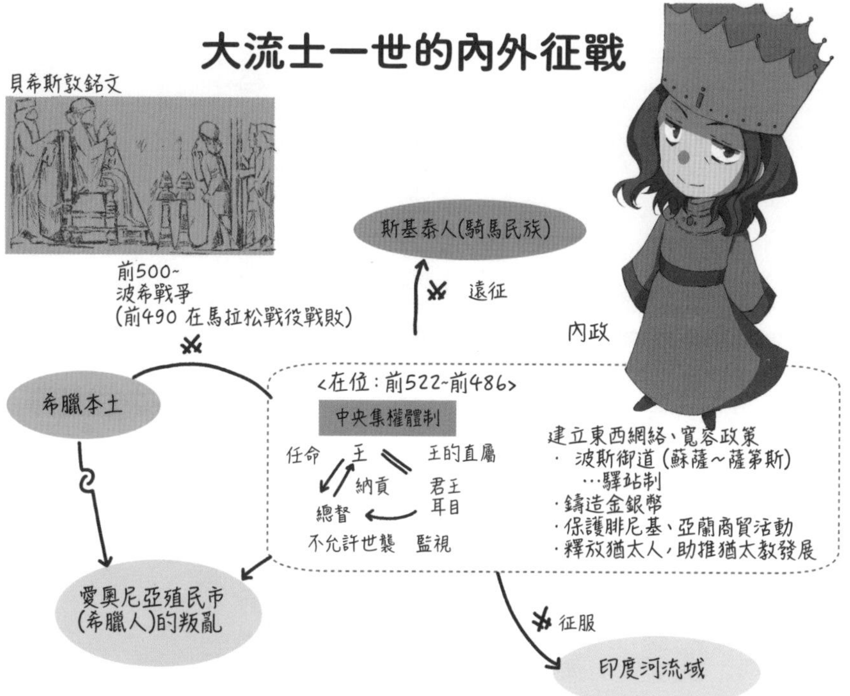

1 波斯帝國的歷史演進

古西亞時代的伊朗

現在的伊朗位於以伊拉克為中心的**美索不達米亞文明**，以及以巴基斯坦跟印度為中心的**印度河流域文明**之間，是連結兩大文明的中繼地區。

「伊朗」的名稱意指「屬於亞利安的土地」，學者認為此地早期居民與構成現在印度多數人口的**印歐語系亞利安人**的起源相同。

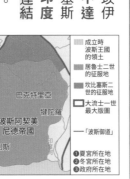

伊朗地區最早出現的「民族王朝」是**米底王國**，於西元前八世紀末**亞述帝國**衰退之際興起，首都位於**埃克巴坦那**，與鄰國**新巴比倫**（迦勒底）**王國**對立。這段期間，**波斯人（伊朗人）**在伊朗南部法爾斯地區崛起，前五五〇年，波斯部落的**居魯士二世**推翻米底王國，建立**波斯阿契美尼德帝國**。

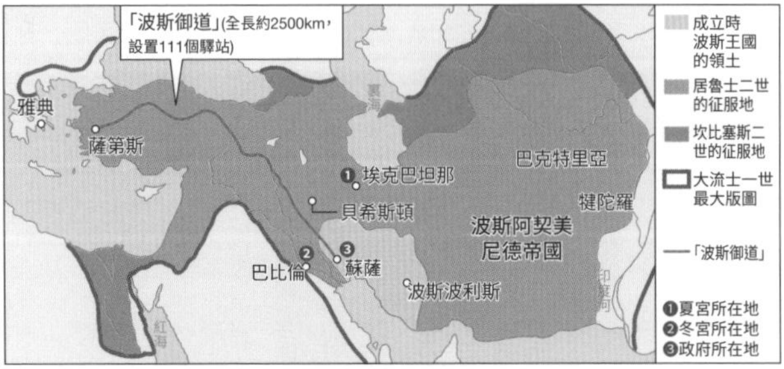

阿契美尼德帝國最大領土

波斯阿契美尼德帝國時代

居魯士二世建都於**蘇薩**，消滅**米底王國**後，又征服**新巴比倫王國**與**呂底亞王國**，最後在遠征埃及的途中去世。不久，繼任者**坎比塞斯二世**在前五二五年征服埃及王國，繼亞述帝國之後再次統一西亞地區。

到了第三代國王**大流士一世**時期，阿契美尼德帝國走向全盛期。大流士一世建立東起印度河、西至愛琴海北岸的大帝國，將廣大的領土分成二十個省，分別設置非世襲的**總督**並派遣直屬國王的監察官「**王之眼、王之耳**」監視，採取**中央集權體制**維持政治的穩定。此外，他建設「**波斯御道**」，利用「**驛站制**」連結首都蘇薩和地中海東岸，促進東西交通，又建設新都**波斯波利斯**，興建宏偉的宮殿，謁見轄下各民族首領。

阿契美尼德帝國的政策部分仿效自曾統一西亞的亞述帝國，但是國祚比亞述帝國更長，因為阿契美尼德帝國強調寬容政策，不但**保護域內腓尼基人的海上貿易**，**釋放遭到強制遷居的巴比倫猶太人**並同意他們在耶路撒冷重建神殿，以及**將亞蘭語定為通用語**等。

然而，新興的希臘入侵略波斯，威脅波斯保護下的腓尼基海上貿易利益，於是波斯派遣大軍進攻希臘，這就是**波希戰爭**的起因。大流士一世在**馬拉松戰役**中失利，其子薛西斯一世則在**薩拉米斯戰役**中遭希臘擊潰。後來，帝國內王位爭奪引發的內亂與總督叛亂更使帝國分崩離析。西元前三三〇年，**亞歷山大大帝**遠征東方，攻下波斯波利斯，阿契美尼德帝國滅亡。

安息帝國時代

亞歷山大大帝死後引發繼承者間的鬥爭，由繼承者之一所建立的**塞流卡斯帝國**統治伊朗與大部分西亞地區。但是，在西元前三世紀中葉，位於裏海東南部的**伊朗族游牧民族**部落獨立，在前二四八年建立**安息王國**。安息帝國在西元前二世紀米特里達梯一世治下進入全盛期，征服鄰國巴克特里亞和塞流卡斯帝國部分領土，版圖從巴比倫延伸到印度河附近。

西元前 3 世紀希臘化各國與伊朗地區

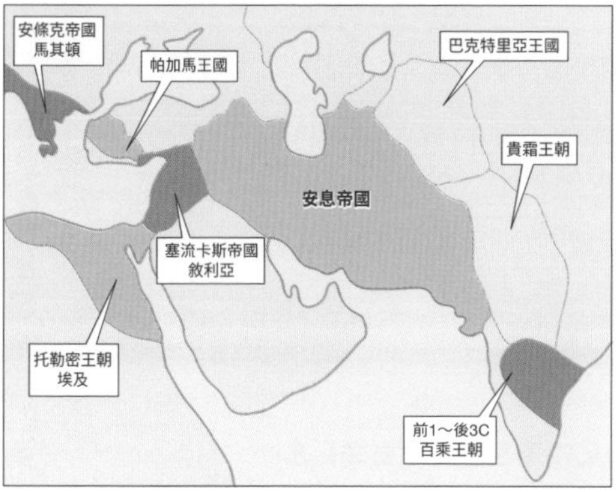

塞流卡斯帝國滅亡後，安息帝國與羅馬帝國逐漸對立。安息帝國打敗羅馬將軍**克拉蘇**，討伐遠征而來的**安東尼**，卻在羅馬皇帝**圖拉真**侵略時失利，失去大半的美索不達米亞地區，國力逐漸衰弱。西元二二四年，安息帝國被再次興起的波斯勢力所消滅。

小知識　波斯阿契美尼德帝國滅亡後，大流士一世創始的總督制度仍由希臘化各國所承襲，例如塞流卡斯帝國和安息帝國。

波斯薩珊王朝時代

西元二二四年，**阿爾達希爾一世**消滅安息帝國，建立波斯**薩珊王朝**，並將首都設於底格里斯河中游的**泰西封**。阿爾達希爾一世立志復興阿契美尼德帝國，他將阿契美尼德時代的**祆教**奉為國教，試圖透過精神上的統一塑造國民的復興意識。

三世紀，**沙普爾一世**即位，開創薩珊王朝前期的全盛時期。在西方，他在**埃德薩戰役**中擊敗並俘虜羅馬皇帝**瓦勒良**。在東方，他則是打擊並削弱了印度西北部的**貴霜王國**。

六世紀之後，**霍斯勞一世**成為王朝後期全盛時期的君主。在西方，他多次與東羅馬皇帝**查士丁尼一世**對抗；在東方，因中亞游牧民族**嚈噠**屢犯國界，他於是與西突厥聯手消滅嚈噠族。

薩珊王朝時代，除了**祆教**外，融合基督教、佛教和祆教的**摩尼教**也應運而生，並隨著絲路傳播到中國和北非。此外，伊朗傳統工藝如銀器、琉璃和織品都很興盛，對中國唐朝和日本影響深遠。

但是，頻繁的征戰耗盡國力，加上伊斯蘭勢力興起，王朝逐漸衰亡。六四二年的**納哈萬德戰役**中，薩珊王朝敗給正統哈里發時代的第二代哈里發**歐麥爾**，於六五一年滅亡。

3 世紀與 6 世紀時東西方的敵對關係表

	羅馬		薩珊王朝		中亞&印度
3世紀	軍人皇帝 瓦勒良	✕	沙普爾一世	✕	貴霜王朝
	⇩		⇩		⇩
6世紀	東羅馬皇帝 查士丁尼一世	✕	霍斯勞一世	✕	游牧民族 嚈噠

小知識　**祆教**又稱瑣羅亞斯德教、拜火教，由波斯人瑣羅亞斯德創立，認為世上有「光明善神馬茲達與黑暗惡神阿里曼」對立，並信奉善神馬茲達。

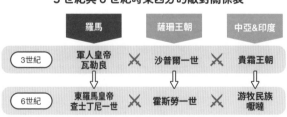

世界史聊天室

大流士一世 × **沙賈汗**、**約翰王**、**腓力二世**

唉……我的兒子背叛了我，奪走了我的王位。

什麼！我也有兒子，但我絕不容許他有這種思想，因為我太偉大了。

可能是我對大兒子太偏心了，才導致孩子們兄弟相爭。

我雖然是家中的老么，但父王對我的偏愛招致兄長的忌恨。說實話，有時候我甚至恨父親……

呵呵，你應該先反省一下自己吧？

我想要什麼，父親都會給我，但我憑自己的能力讓帝國更加強盛。

我兒子薛西斯如果像您一樣下巴凸一點，看起來也許會更有魄力。

蛤？這跟下巴沒關係吧！不過我的下巴的確很傲人。

※註：有研究指出，哈布斯堡家族成員多有下巴戽斗的特徵，這其實是由於近親通婚導致的臉部畸形。

薩法維王朝在全盛時期建設了新都「伊斯法罕」。
阿拔斯一世
貼滿寶藍色磁磚的「伊瑪目清真寺」和旁邊的伊瑪目廣場，
吸引世界各地的商人前來，當時的人口超過五十萬，被譽為「伊斯法罕半天下」。
雖然薩法維王朝一度領土縮減，但阿拔斯一世讓國家重新達到全盛時期。
聽好了，
我不在乎家世或傳統，我只看實力！
奇茲爾巴什這些貴族保守派，
根本不是鄂圖曼帝國耶尼切里的對手。
奇茲爾巴什
鄂圖曼帝國在西歐戰線上陷入苦戰，
他奪回蘇萊曼一世占領的美索不達米亞地區。
伊斯坦堡
阿拔斯一世從鄂圖曼帝國奪回的領土
鄂圖曼帝國
薩法維王朝
巴格達
伊斯法罕
開羅
我還要將這些奴隸訓練成士兵，
奴隸兵
絕不能讓那些貴族繼續掌權！
組織我的火槍隊和砲兵部隊。
現在東亞沒有人防守了。
接下來是被葡萄牙搶走的荷姆茲島……

……不如，
跟英國聯手吧！
派使者去法國跟荷蘭，一邊對付葡萄牙，順便制衡鄂圖曼帝國！
這真是前所未聞啊！
您要跟異教徒聯手？
蠢問題！
我才不不在乎沒意義的傳統。
我可是新波斯的先驅者！
西歐的軍事力量那麼先進，為何不利用？
國家能變強才是最重要的！
薩法維王朝奪回荷姆茲島，
掌握波斯灣的貿易航道，經濟與政局逐漸穩定。
伊朗什葉派薩法維王朝與土耳其素尼派鄂圖曼帝國的抗爭持續進行。
在伊斯法罕，亞美尼亞商人與印度裔商人都極為成功。
阿拔斯一世不愧是波斯最大的企業家！
亞美尼亞商人
然而，阿拔斯一世死後，王朝走向衰退。
他死後約一百年，阿富汗人入侵，摧毀首都，薩法維王朝滅亡。

阿拔斯一世

'Abbās I

人物介紹

阿拔斯一世即位前，薩法維王朝已建國八十多年，因南邊受葡萄牙威脅，西邊受鄂圖曼帝國侵略，領土不斷減少。阿拔斯一世即位後復興國家，開創薩法維王朝的全盛時期。

阿拔斯一世與西歐國家締結友好同盟，奪回被蘇萊曼一世占領的美索不達米亞地區。阿拔斯對歐洲先進的武力充滿興趣，而西歐國家則視強大的薩法維王朝為與鄂圖曼帝國抗衡的助力而樂於合作。阿拔斯多次派遣使節前往英國，採購現代化武器。

之後，他奪回在大航海時代被葡萄牙占領的荷姆茲島，建設新首都伊斯法罕。

小故事

阿拔斯一世是個虔誠的什葉派伊斯蘭教徒，對父親的怠惰深感厭惡。阿拔斯的父親作為薩法維王朝的國王，卻但昏庸無能，導致王朝腐敗。阿拔斯在十七歲時發動政變，廢黜父親，自行登基。他視家世與傳統如敝屣，講求能力主義，甚至任用奴隸擔任重要的職位。但是，阿拔斯的後代未能延續他的賢治，國家逐漸衰落。阿拔斯死後百餘年，薩法維王朝滅亡。

關係圖

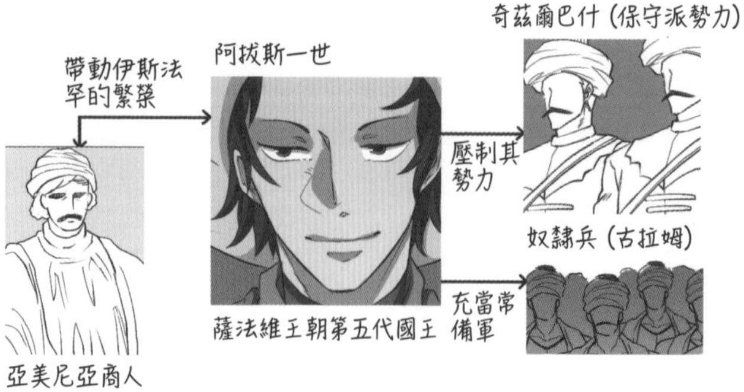

Profile

1571~1629／男性

薩法維王朝第五代國王

（在位：1587~1629）

漫畫中的歷史名詞

薩法維王朝

薩法維王朝由薩法維教團的伊斯邁爾一世於一五〇一年建立。建國之初遭到葡萄牙亞洲擴張的壓迫，但在隨後的統治中確立了伊朗的民族認同。

奇茲爾巴什

奇茲爾巴什是薩法維王朝建國的軍事基礎由突厥族騎兵組成，他們頭戴角狀的紅帽，周圍以白布纏繞。後期，奇茲爾巴什逐漸介入政治事務。

耶尼切里（新軍）

耶尼切里（新軍）是鄂圖曼帝國的精銳步兵，由皇帝直轄。兵源主要來自巴爾幹半島基督教少年，他們被強迫改宗伊斯蘭教效忠蘇丹。隨著特權增長，耶尼切里內部腐化，於一八二六年解散。

蘇萊曼一世

蘇萊曼一世是鄂圖曼帝國第十代蘇丹，建立多項制度，人稱「立法者」。他對外征服匈牙利、包圍維也納，掌握東地中海制海權。

荷姆茲島

荷姆茲島是位於波斯灣出入口的小島，一五一五年遭葡萄牙占領，後由阿拔斯一世奪回，並於伊朗一側建立阿巴斯港作為貿易據點。

16~17世紀伊朗相關的國際情勢

俄羅斯
1480~ 莫斯科大公國獨立
1613~ 羅曼諾夫王朝

蒙古高原
準噶爾部
勢力擴大

中國
1368~ 明朝
1644~ 清朝
（1616~ 後金）

土耳其
1299~ 鄂圖曼帝國
1517~ 占領埃及
16世紀中葉 全盛
蘇萊曼一世

伊朗
1501~ 薩法維王朝
16~17世紀 全盛
阿拔斯一世

東南亞
泰國…阿育陀耶王朝
越南…大越國
緬甸…東吁王國
馬來半島、印尼
…葡萄牙荷蘭統治

印度
1526~ 蒙兀兒帝國
16世紀 全盛
3代 阿克巴

2 伊斯蘭的散播與帖木兒帝國、薩法維王朝的發展

阿拉伯帝國到伊斯蘭帝國的統治

伊斯蘭教創始者**穆罕默德**死後，進入透過選舉推選出領袖「**哈里發**」的時代，稱為「**正統哈里發時代**」（六三二～六六一年），此時期的伊朗受阿拉伯的伊斯蘭勢力統治。

第四代正統哈里發阿里遭暗殺後，曾任敘利亞總督的軍人穆阿維亞建立**奧瑪亞王朝**（六六一～七五〇年），推行由阿拉伯人統治其他民族的體制（**阿拉伯帝國**）。

七五〇年，反奧瑪亞勢力的**阿拔斯家族**集結不滿奧瑪亞統治的伊朗和突厥人發動政變，建立**阿拔斯王朝**。不久後，阿拔斯王朝遷都到現今伊拉克的首都**巴格達**，並提倡不分民族的伊斯蘭教徒平等原則（**伊斯蘭帝國**）。這個體制下，非阿拉伯民族也有了崛起的機會。

西元八世紀末即位的第五代哈里發**哈倫・拉希德**設置宰相（**維齊爾**）一職，由伊朗人擔任，負責輔佐哈里發。伊朗人開始參與政治，甚至有人成為地方總督（**埃米爾**）。

伊朗人王朝的興亡

阿拔斯王朝自西元九世紀中期日益衰退，東方出現了兩個伊朗人建立的王朝。

八七五年，**薩曼王朝**在中亞建立，首都**布哈拉**因中繼貿易而繁榮。薩曼王朝軍隊中的突厥人（**馬穆魯克**），逐漸掌握權力。

另一個王朝是九三二年成立的**布維西王朝**，範圍約是現今伊拉克到伊朗一帶。他們攻入阿拔斯王朝的首都巴格達，奪得哈里發的實權。此外，布維西王朝屬於伊斯蘭教的少數派——「**什葉派**」，認為自己是

小知識　**什葉派：**伊斯蘭教的兩大主要教派之一，另一個主要教派是素尼派。「十二伊瑪目派」是什葉派最大的分支。

第四代正統哈里發阿里的後代。什葉派後來成為伊朗的主要宗教。

後來，由中國北方蒙古高原南遷而來的突厥族回鶻人建立**喀喇汗國**，於十世紀末滅亡薩曼王朝，統一包含中亞的東、西突厥斯坦地區並促進伊斯蘭化。另外，突厥軍人**圖赫里勒・貝格**從薩曼王朝獨立，在十一世紀建立**塞爾柱帝國**，迅速消滅布維西王朝並占領巴格達。素尼派的塞爾柱帝國庇護哈里發，並將領土擴大至小亞細亞，奠定現代土耳其居住地的基礎。

薩曼王朝與布維西王朝這兩個伊朗人王朝，最終都被崛起的突厥王朝消滅，進入突厥人的統治之下。

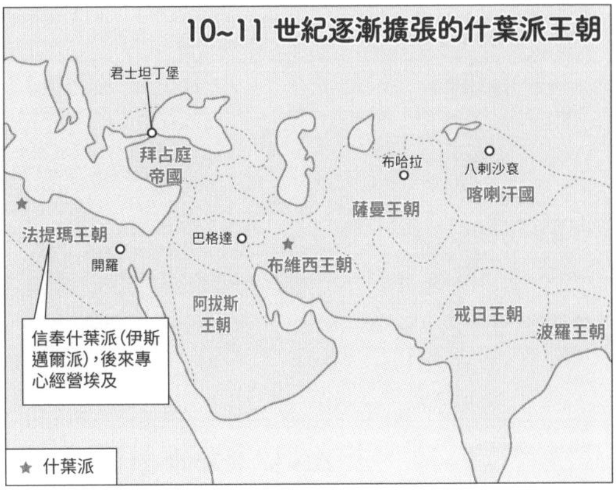

從蒙古統治到帖木兒帝國

十三世紀初，**蒙古帝國**的開創者**成吉思汗**出兵遠征西方，消滅當時統治伊朗東北部的**花剌子模王朝**。之後，成吉思汗的孫子**旭烈兀**入侵伊朗，摧毀無數城市，並於一二五八年攻陷巴格達，建立**伊兒汗國**，結束延續七百年以上的阿拔斯王朝。在**合贊汗**統治時期，伊朗人**拉施德丁**被拔擢為宰相，立伊斯蘭為國教，伊兒汗國因此融入伊斯蘭文化圈。十四世紀後期，成立於中亞的**帖木兒帝國**崛起，滅亡伊兒汗國，並將伊朗納入版圖。

帖木兒帝

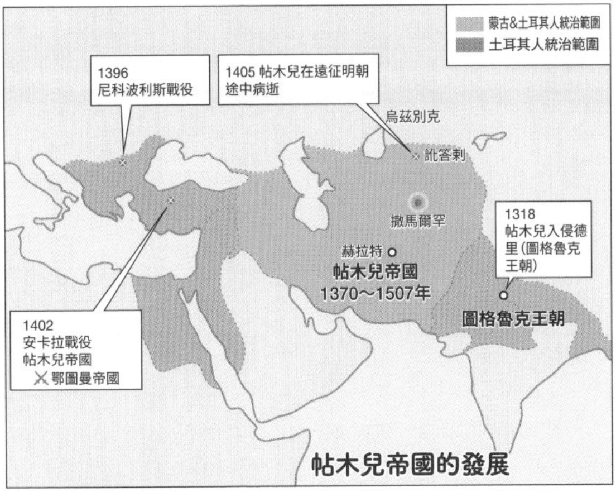

小知識 帖木兒自視為成吉思汗的繼承者，致力於復興蒙古帝國並企圖進攻中國。

國的首都設於中亞的**撒馬爾罕**，領土橫跨現今伊朗與伊拉克地區。但是，開國者帖木兒死後，帝國內亂不斷，帖木兒的孫子**烏魯伯格**死後國力衰退，十六世紀初被北方入侵的游牧民族**烏茲別克人**所消滅。

薩法維王朝時代

一五〇一年，領導薩法維教團的**伊斯邁爾一世**於現今伊朗一帶建立**薩法維王朝**。伊斯邁爾一世出身伊斯蘭**蘇菲主義**的一支，立志復興伊朗民族國家，將波斯語定為官方語言，君主的稱號改用伊朗固有的「沙阿」，而非阿拉伯人傳統的頭銜「蘇丹」。此外，他奉**十二伊瑪目**派為國教，完成了「伊朗人身分認同」的塑造。

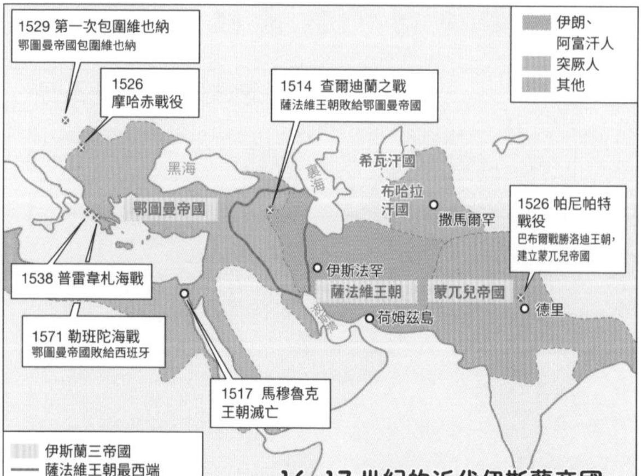

16~17 世紀的近代伊斯蘭帝國

薩法維王朝在十六世紀後期**阿拔斯一世（阿拔斯沙阿）**統治時進入全盛時期。阿拔斯一世與西方的素尼派國家鄂圖曼帝國以及大航海時代崛起的葡萄牙爭戰，奪回建國之初被占領的領土（美索不達米亞和荷姆茲島）。此外，他建設新首都**伊斯法罕**，繁榮的景象甚至得到「**伊斯法罕半天下**」的美譽。但是，阿拔斯一世死後王朝衰弱，於一七二二年因阿富汗人入侵而滅亡。

阿夫沙爾王朝、桑德王朝時代

一七三六年，軍事家**納迪爾沙**將阿富汗人趕出伊朗，建設**阿夫沙爾王朝**。然而，在他被暗殺後，**桑德王朝**（又稱**贊德王朝**）在伊朗西部建立。桑德王朝短暫統一伊朗。但隨後再次發生內戰。一七九六年，突厥族領袖**阿迦・穆罕默德**平定內亂，再次於伊朗建立突厥統治政權。

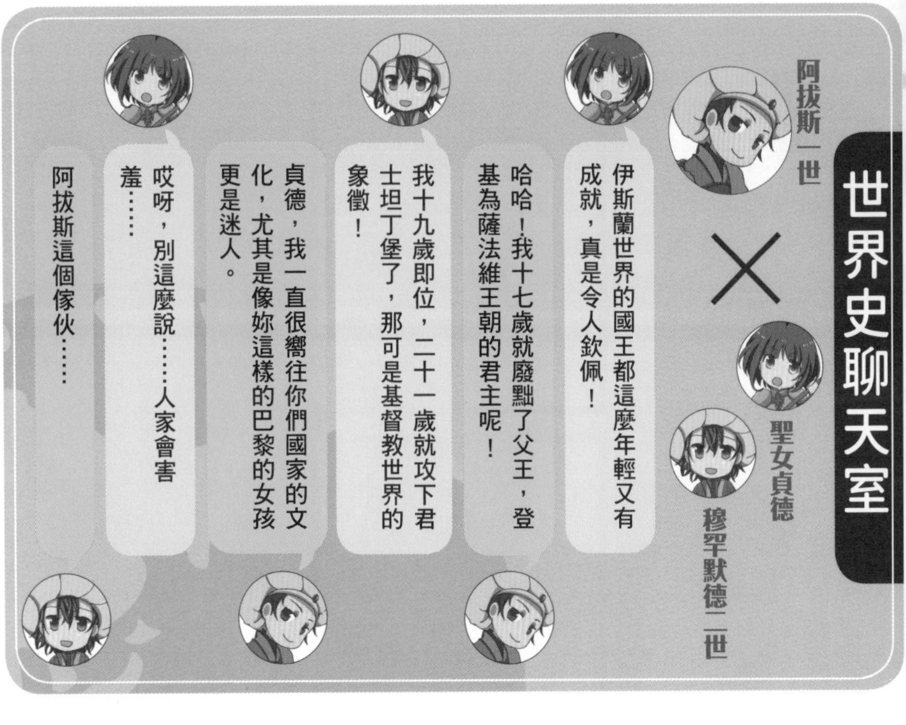
世界史聊天室
阿拔斯一世
聖女貞德
穆罕默德二世
伊斯蘭世界的國王都這麼年輕又有成就，真是令人欽佩！
哈哈！我十七歲就廢黜了父王，登基為薩法維王朝的君主呢！
我十九歲即位，二十一歲就攻下君士坦丁堡了，那可是基督教世界的象徵！
貞德，我一直很嚮往你們國家的文化，尤其是像妳這樣的巴黎的女孩更是迷人。
哎呀，別這麼說……人家會害羞……
阿拔斯這個傢伙……

戰後的伊朗，國王巴勒維二世推行現代化改革，被稱為「白色革命」。
何梅尼
他推行農地改革、工業化、賦予女性參政權等，目的是西歐化及脫離伊斯蘭影響。
雖然部分上流階級與富豪的生活變得更加富庶，
巴勒維二世
但另一方面，經濟差距擴大衍生出社會問題，許多國民生活困苦。
於流亡地巴黎何梅尼
……革命都準備好了嗎？
準備好了！
伊朗需要什葉派的領導者，
革命成功後，請您務必擔任國家的領袖！
……
我知道了。
巴勒維背離了阿拉的教義，
我們要把他的後盾美國趕出國家，打倒君主專制！

於是，一九七九年，伊朗爆發伊斯蘭革命。
何梅尼從流亡地巴黎返回伊朗，掌握政權，
重新恢復嚴格的伊斯蘭法生活規範。
我們既不親美，也不親俄，而是要實行獨立的經濟政策。
不過，他也提高了女性地位，
實現符合現代需求的伊斯蘭社會。
用「石油戰略」展現國家實力！

伊朗 3

何梅尼

Rūhollāh Khomeynī

Profile

1902~1989／男性

伊朗伊斯蘭共和國最高領袖

（在位：1979~1989）

人物介紹

巴勒維王朝第二代國王巴勒維二世實行獨裁式的西歐化政策，其中，一九六〇年代的「白色革命」表面上透過與美英日的貿易促進經濟發展，卻加劇了貧富差距，引發各地的反抗運動。何梅尼成為反抗團體的領袖，雖然遭到放逐，但仍積極支持國內的反政府運動。一九七九年，他領導伊朗革命推翻巴勒維王朝，迫使國王流亡埃及。何梅尼從流亡地巴黎返回伊朗，受到民眾夾道歡迎，成為十二伊瑪目派的最高領袖。何梅尼在外交上堅持中立，與美蘇陣營保持距離。在內政上，他致力於將伊斯蘭法典融入國家治理，同時改革伊斯蘭社會以適應現代需求。

小故事

何梅尼的父親在他幼年時被暗殺，他由母親教育與扶養長大，這或許是他關注女性地位議題的原因之一。他的生活簡樸，熱衷慈善活動，因為目睹貧富差距逐漸擴大而投入反政府運動。何梅尼的強烈正義感源自於苦難的經歷，但隨著時間推移，他開始排斥與自己理念不同的人，對猶太教及素尼派的反感或許也因此而生。

關係圖

漫畫中的歷史名詞

白色革命

白色革命是巴勒維王朝第二任國王巴勒維二世在一九六〇年代推行的一系列現代化跟西歐化改革的總稱，過程中接受美國的經濟支援，然而，卻造成貧富差距擴大，引發社會動亂。

什葉派

什葉派是伊斯蘭教的主要教派之一，主張正統哈里發第四代阿里及其子孫應為領袖。什葉派信徒主要分布在伊朗、伊拉克、巴林及葉門，占全球伊斯蘭人口約一成。

伊朗革命

伊朗革命發生於一九七九年，由何梅尼領導的臨時政府主張什葉派復古主義與反美反蘇，最終推翻巴勒維王朝，導致國王流亡埃及。革命期間，伊朗美國大使館還發生人質事件，引起國際關注。

伊斯蘭教法

伊斯蘭教法又稱「沙里亞」，是源自於古蘭經和先知的言行的法律體系，涵蓋生活所有領域。解釋伊斯蘭教法的法學者稱為「烏拉瑪」。

石油戰略

石油戰略指產油國控制石油產量並哄抬油價，藉此打擊依賴石油的先進國經濟情況。典型案例包括一九七三年第一次石油危機跟一九七九年第二次石油危機。

1979年的世界情勢

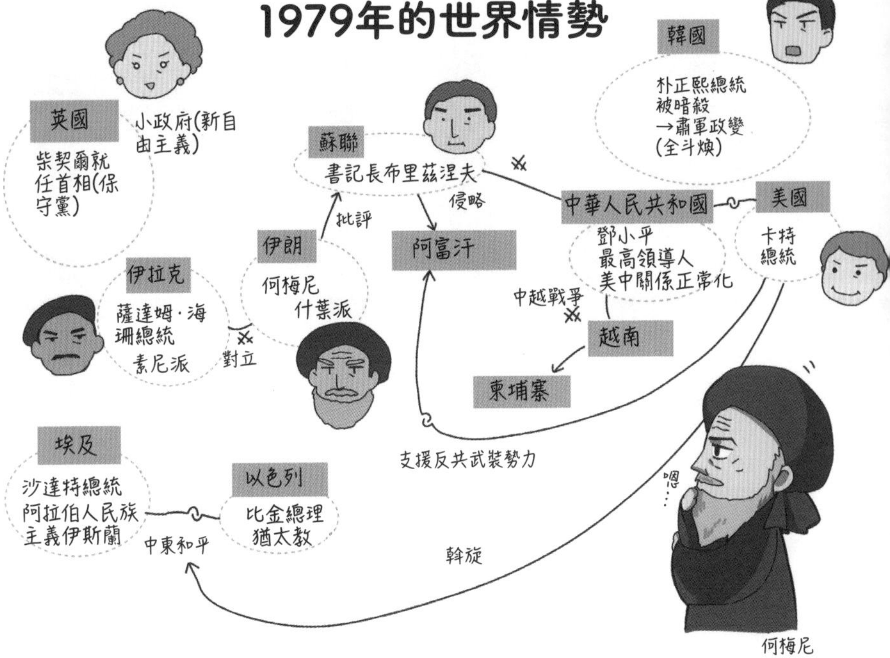

伊朗伊斯蘭革命、與伊拉克對立

卡扎爾王朝成立與列強入侵

一七九六年，阿迦．穆罕默德建立**卡扎爾王朝**並定都於現今伊朗的首都**德黑蘭**。然而，不久後俄羅斯南下侵略，並於一八二八年迫使卡扎爾王朝簽訂不平等的**土庫曼恰伊條約**，割讓高加索地區（即現今**亞美尼亞**共和國與**喬治亞**共和國）給俄羅斯。卡扎爾王朝只保留裏海沿岸的**亞塞拜然**共和國地區，這就是現今當地因宗教分歧而發生國際對立的主要原因之一。

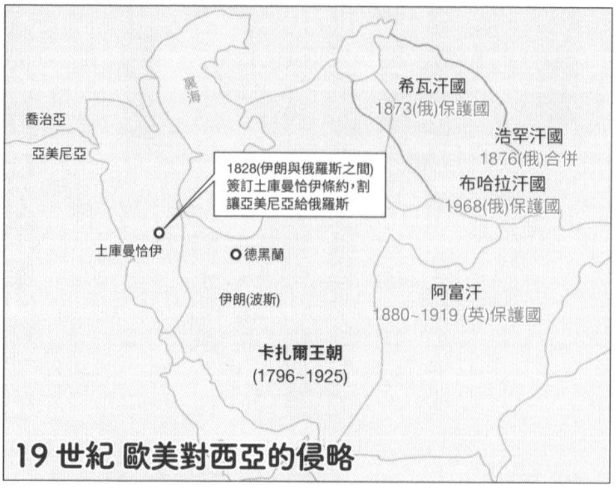

19 世紀 歐美對西亞的侵略

俄羅斯更在這次南下行動中控制波斯灣，意圖向南侵略已遭到英國入侵的印度。為此，英國**占領阿富汗為保護國**，並且對卡扎爾王朝進行經濟與軍事援助，以防止俄羅斯的擴張。

英俄協約與分割統治

一八四八年，在英、俄的侵略和突厥裔王朝的壓榨下，伊朗農民發起**巴比教徒叛亂**。隨後的一八九一年，伊朗又爆發**菸草抗議運動**，反對英國所支持的**菸草專賣制**。這場運動受到**泛伊斯蘭主義**的支持，主張伊斯蘭世界超越民族與宗派的分歧，共同對抗列強。

菸草抗議運動成功後，伊朗人受到一九〇五年**日俄戰爭**中日本戰勝的激勵，於同年展開**立憲革命**。隔年，伊朗成立國民議會並修訂臨時憲法。但是，隨著

小知識　**阿富汗尼**是泛伊斯蘭主義的提倡者之一，同時也是菸草抗議運動的領導人之一。

德國崛起並展開亞洲侵略，英俄兩國於一九〇七年簽訂**英俄協約**，將伊朗分割為南北兩部分並分別接管，革命功敗垂成，伊朗毫無轉寰地走向殖民化之路。

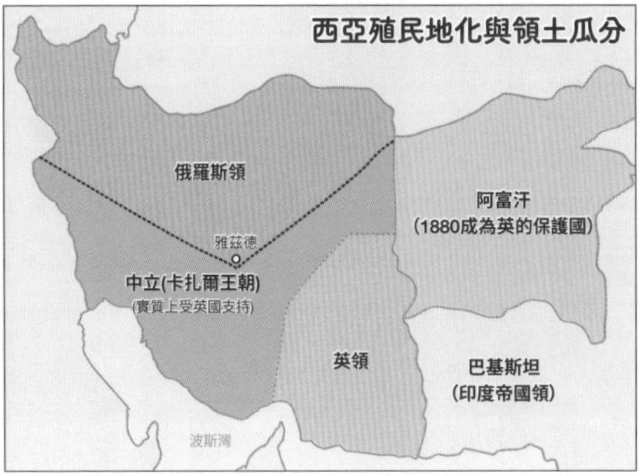

第一次世界大戰與巴勒維王朝成立

一九一四年**第一次世界大戰**開始後，卡扎爾王朝宣布中立，但是部分領土仍淪為戰場。尤其在俄羅斯革命爆發後的**俄國內戰**期間，英國派兵進駐伊朗北部，導致該地也成為英俄對抗的戰場。

在混亂的局勢中，軍人**李查汗**聚集民眾對卡扎爾王朝軟弱作為的不滿，主張復興伊朗民族，於一九二一年發動軍事政變掌握政權，並於一九二五年接受國民議會推舉，建立**巴勒維王朝**。他仿效土耳其共和國開國者凱末爾的改革，在民族主義下推行西歐現代化，並加入國際聯盟。一九三五年，他將國名從「波斯」這個地名改為民族名稱「伊朗」，象徵民族國家的建立。但是，在第二次世界大戰期間宣布中立的李查汗，仍不敵英俄入侵的壓力，被迫退位。

巴勒維二世時代

李查汗被迫退位後，他的兒子**巴勒維二世**在英俄支持下即位。二戰結束後，巴勒維二世處於覬覦伊朗石油資源的英俄兩國之間，左右為難。

一九五一年，親俄派政治家**摩薩台**出任首相，宣布**石油國有化**，並接管英資盎格魯撒克遜石油公司，打算與英國斷交。美國擔心蘇聯的影響力擴大，因此策動國王派發起政變，不久，摩薩台失勢。進入一九六〇年代，巴勒維二世推動西歐現代化政策「**白色革命**」（國王的旗幟為白色，因而得名）。但是，過急的改革和國王的專制，引起伊斯蘭教領袖與飽受貧富差距的民眾日漸不滿。

伊朗伊斯蘭革命與兩伊戰爭

一九七九年，**伊朗伊斯蘭革命**爆發，學生與民眾在伊斯蘭領袖的號召下推翻巴勒維王朝。國王流亡埃及，而什葉派最高領袖**何梅尼**從流亡地巴黎返回伊朗，創立「**伊朗伊斯蘭共和國**」，取代歷史悠久的**君主制**王國。同年，伊朗強制接管美國資本，引發**美國大使館人質事件**，後來更翻拍成電影《亞果出任務》。此外，以什葉派傳統為核心的民族政策以及縮減石油出口的策略，引發了**第二次石油危機**。

一九八〇年，鄰國伊拉克擔心伊朗革命後什葉派奪得政權，會助長周邊國家什葉派勢力，因而發動**兩伊戰爭**侵略伊朗，持續長達九年。戰爭結束後，兩國於一九九〇年恢復邦交。

成為什葉派的盟主

一九八九年，何梅尼過世後，**哈米尼**繼任伊朗最高領袖，並向國際宣布伊朗作為什葉派領袖的立場，向西亞地區的什葉派團體展開軍事與經濟援助，包括黎巴嫩的反以色列什葉派民兵組織**真主黨**、伊拉克什葉派（占多國內數）反政府團體、敘利亞的**阿薩德政權**（什葉派，占國內少數，於二〇二四年十二月垮台）。二十一世紀後，援助規模進一步升級，伊朗與西亞素尼派領導國沙烏地阿拉伯斷交，為伊斯蘭世界投下未爆彈。

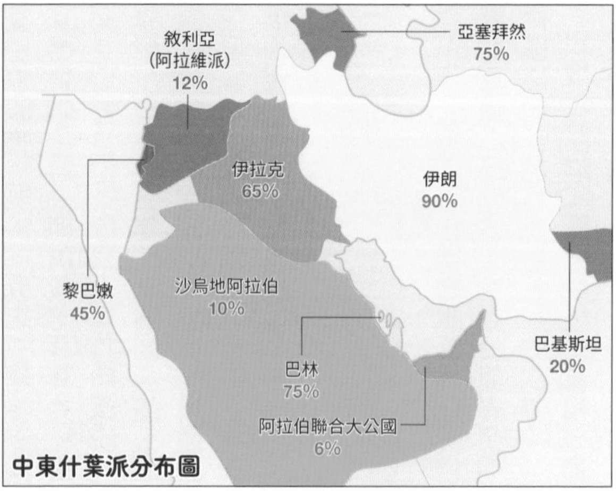

中東什葉派分布圖

西班牙史

CHAPTER 13

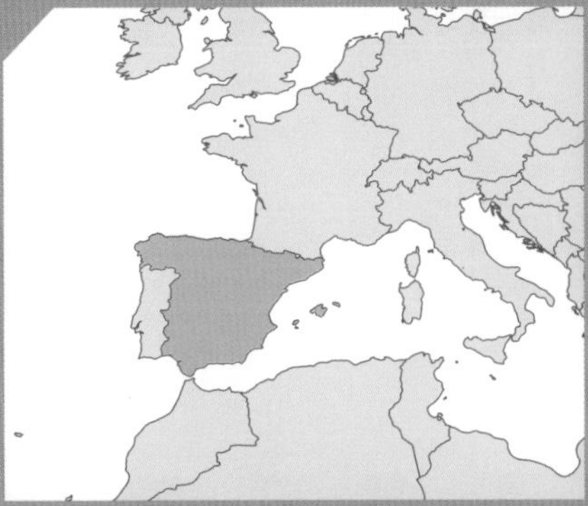

contents

西班牙史大事紀

伊莎貝拉一世
(1451~1504)

腓力二世
(1527~1598)

- **約前12世紀** 腓尼基人在此從事殖民活動（前7世紀希臘人也是）
- **約前3世紀** 羅馬統治←第二次布匿克戰爭迦太基戰敗
- **約6世紀** 西哥德王國（日耳曼裔）建國 建都：托雷多
- **711年** 赫雷斯之戰……伊斯蘭勢力滅了西哥德王國
- **718年** 阿斯圖里亞斯王國建國……「收復失地運動」之始
  ＊基督教✕伊斯蘭（後奧瑪亞王朝、穆拉比特王朝、穆瓦希德王朝）
- **1143年** 葡萄牙王國從卡斯提亞王國獨立
- **1479年** 西班牙王國建國……卡斯提亞與亞拉岡統合
- **1492年** 攻占奈斯爾王朝首都格拉納達……「收復失地運動」完成
- **1494年** 托德西利亞斯條約……西班牙與葡萄牙瓜分大西洋
- **1516年** 卡洛斯一世登基為西班牙國王
- **1556年** 腓力二世即位為西班牙國王

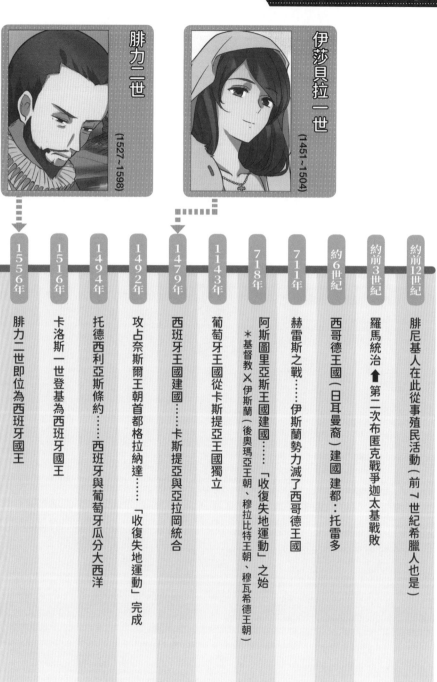

佛朗哥 (1892~1975)

1588年 英西海戰中敗給英國女王伊莉莎白一世

1701年 西班牙繼承戰爭⬆西班牙哈布斯堡家族絕後

1713年 烏特勒支條約……確立波旁王朝在西班牙的統治地位

1808年 西班牙叛亂（半島戰爭）✕拿破崙統治

1814年 西班牙波旁家族復興……斐迪南七世

1898年 美西戰爭中戰敗……失去古巴、菲律賓

1931年 西班牙革命……波旁君主制⬇第二共和國

1936年 西班牙內亂（~1939年）⬇佛朗哥獨裁開始
＊在第二次世界大戰中保持中立，冷戰下向美國靠攏

1975年 西班牙波旁王室復興……胡安·卡洛斯一世即位

1986年 加入歐洲共同體（EC）……歐洲共同體擴大

伊莎貝拉一世
自八世紀初，伊比利半島開始遭到伊斯蘭勢力的侵入與統治。
亞拉岡王國
巴塞隆納伯爵領
巴斯克
卡斯提亞王國
葡萄牙王國
伊斯蘭勢力
為了奪回被伊斯蘭勢力占據的領土，半島北部的基督教國家發起大規模戰爭，
這場大戰稱為「收復失土運動」。
伊比利半島的卡斯提亞王國公主伊莎貝拉
跟葡萄牙合作吧！
那可不行！
葡萄牙已經開始在大西洋大活動了……
既然如此，現在可不能再跟葡萄牙合作……
她與亞拉岡王子斐迪南秘密通信，
談妥合作體制，
最終結為連理，成為西班牙王國的開端。
今後，就讓亞拉岡跟卡斯提亞聯手，打造更富足的國家吧！
好！我們還要向世界宣揚天主教。
這下亞拉岡將會更加強大。
誰管天主教會變怎麼樣？
斐迪南，
一起努力吧！

一四九二年，戰爭進入最後關鍵階段。
終於要攻破格拉納達了……
親愛的，
你對奈斯爾國王宣戰了嗎？
嗯，已經發布通知，後天就要對阿罕布拉宮發動總攻擊。
但如果他們開城投降，就能和平解決……
……我也要上陣！
太危險了！
我過去一直信任你的指揮，這最後一戰，就讓我們並肩作戰吧！
而且，身為女王跟天主的信徒，我要親眼見證這一切！
伊莎貝拉……
兩天後，阿罕布拉宮開城投降，格拉納達被占領，完成收復失土的大業。
之後，伊莎貝拉一世贊助哥倫布的航程，後來他發現了新大陸。
哥倫布
這對夫婦被譽為帶來西班牙輝煌時代的名君。

西班牙 1

伊莎貝拉一世

Isabel I

Profile
1451~1504／女性
卡斯提亞的女王
（在位：1474~1504）

人物介紹

十五世紀中葉，伊比利半島有三股勢力：領土最廣的卡斯提亞王國、擴張西地中海領土的亞拉岡王國，以及南部的伊斯蘭勢力——奈斯爾王朝。卡斯提亞公主伊莎貝拉與亞拉岡王子斐迪南祕密聯絡，締結合作體制，兩人在一四六九年結婚，後來分別登基為西班牙女王伊莎貝拉一世與斐迪南五世，為日後西班牙的統一奠定了基礎。

一四九二年，伊莎貝拉一世與斐迪南五世親自率軍攻占南部的格拉納達，結束伊比利半島長達數世紀的伊斯蘭統治，伊斯蘭勢力退回非洲。

小故事

伊莎貝拉的母親被認為患有精神疾病，導致她的童年十分辛苦。在哥哥恩里克四世繼位後，傳言其女為王后的私生女，伊莎貝拉因此被捲入王位繼承問題。最初，恩里克四世打算利用她與葡萄牙進行政治聯姻，但是伊莎貝拉認為伊比利半島的未來在於亞拉岡，於是祕密與斐迪南聯絡並結婚，展現心思縝密的一面。她擅長在幕後籌謀畫策，婚後在夫妻關係中保持主導地位，將丈夫視為臣下。不過，她從不表現在言談或態度上，而是巧妙地影響丈夫。

關係圖

漫畫中的歷史名詞

收復失地運動

發生於七一八～一四九二年，是基督教勢力為奪回伊比利半島領土而向伊斯蘭勢力發動的長期戰爭，始於西哥德王國的倖存者在半島北部建立阿斯圖里亞斯王國。

亞拉岡王子斐迪南

即亞拉岡國王斐迪南二世，同時是西班牙國王斐迪南五世。他擅長權謀之術，於一四九二年與妻子伊莎貝拉一世成功占領格拉納達，羅馬教宗因此賜予二人「天主教雙王」的稱號。

西班牙王國

西班牙王國成立於一四七九年，由斐迪南與伊莎貝拉結婚十年後，統一亞拉岡與卡斯提亞而建立。在哈布斯堡家族統治時期，西班牙被喻為「日不落國」。一七〇一年起由波旁家族接掌。

奈斯爾王朝

奈斯爾王朝是伊比利半島最後的伊斯蘭王朝，又稱格拉納達王國，建立於一二三二到一四九二年。十三世紀初，位於伊比利半島南部的穆瓦希德王朝因摩洛哥內亂被迫撤出半島後，阿拉伯人於此建國。

阿爾罕布拉宮

阿爾罕布拉宮是奈斯爾王朝時期建立於格拉納達的宮殿兼要塞，是西班牙伊斯蘭風格建築的代表。十六世紀初，卡洛斯一世於此增建部分建築。

哥倫布

哥倫布是來自義大利熱那亞的航海員，相信托斯卡內利的地圓說。他搭乘聖瑪麗亞號到達聖薩爾瓦多島，造訪加勒比海周邊島嶼共四次，但始終以為自己抵達的是印度。

西班牙王室世系圖

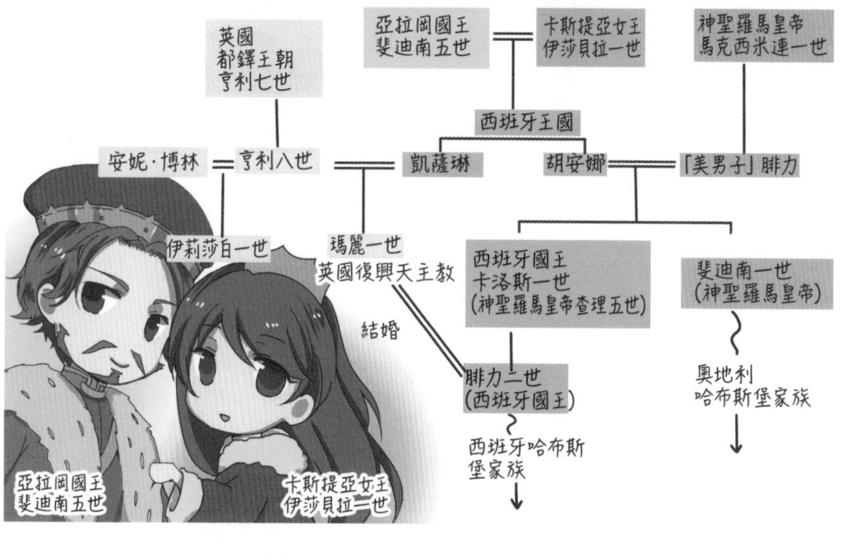

從伊斯蘭統治到收復失地運動

史前時代的伊比利半島

現今西班牙和葡萄牙所在的**伊比利半島**，其歷史早在史前時代就開始了。十八世紀後期，伊比利半島北部的**阿爾塔米拉洞穴**中發現**克羅馬儂人**留下的**洞穴壁畫遺跡**，描繪了他們狩獵和祭典的模樣。克羅馬儂人屬於最後的化石人類「**智人**」中的一支，從壁畫還可以看出他們受到摩洛哥周邊傳入的文化影響。

腓尼基化到羅馬化

約在西元前三千年，源於北非的**伊比利人**遷移至伊比利半島，之後東方的**凱爾特人**也來到此地，兩個種族逐漸融合，形成原住民「凱爾特伊比利人」。

西元前一二〇〇年左右及前七世紀，**腓尼基人**和**希臘人**分別開始在地中海沿岸展開殖民。腓尼基人在北非建立強大的殖民地**迦太基**，逐步擴張到伊比利半島東岸到南岸。

名將**漢尼拔**就是出身迦太基，他的父親哈米爾卡曾任**新迦太基**（現今卡塔赫納）的總督，以這個城市為據點展開對羅馬的**布匿克戰爭**。漢尼拔從新迦太基出發，在薩貢圖

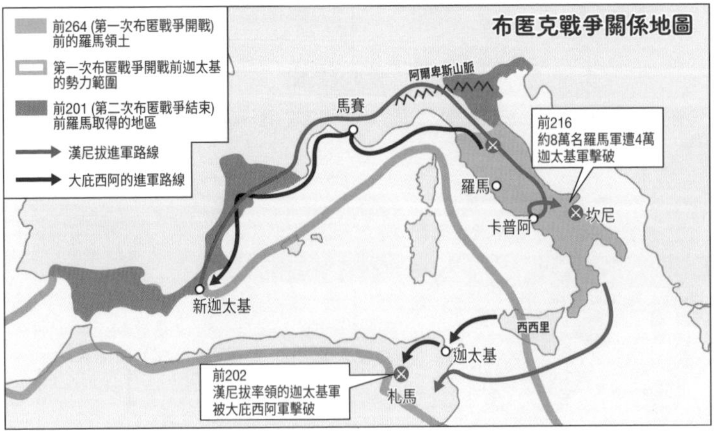

姆打敗羅馬軍後，越過阿爾卑斯山脈，向南攻打義大利半島東岸，於前二一六年**坎尼會戰**中藉由戰象隊擊潰羅馬軍而一戰成名。但是，在第二次布匿克戰爭的最後一戰**札馬戰役**中，漢尼拔敗給**大西庇阿**率領的羅馬軍，包含伊比利半島在內的西地中海地區成為羅馬的行省（殖民地）。

伊比利半島是繼義大利半島後，最早獲得公民權的地區之一，這裡也孕育出第一位行省出身的羅馬皇帝（**圖拉真**，**五賢君**中的第二任）。拉丁語很早就在此普及，這也是義大利語與西班牙語相似的原因之一。此外，在拉丁語中，這個地區稱為「**希斯帕尼亞**」。

日耳曼人大遷移

四世紀後期，西哥德人開始南下，帶動了**日耳曼人大遷移**，成為羅馬帝國東西分裂的主因。到了四七六年，日耳曼人消滅西羅馬帝國，並在西歐建立多個日耳曼人國家。

五世紀初，東日耳曼人的一支**西哥德人**入侵並掠奪羅馬，隨後在法國西南部短暫建立國家。但是，在法蘭克王國的討伐下，西哥德人被迫遷移到伊比利半島，於四一八年建立**西哥德王國**，定都於托雷多。托雷多受到太加斯河溪谷圍繞，風景如畫，現已列入世界遺產。

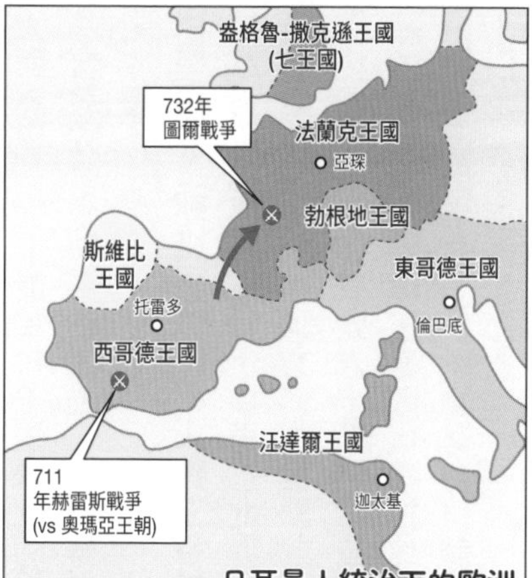

日耳曼人統治下的歐洲

伊斯蘭統治的開始

八世紀初，定都於現今敘利亞首都**大馬士革**的**奧瑪亞王朝**，從北非越過直布羅陀海峽，開始進攻伊比利半島。七一一年，阿拉伯將軍**塔里克**越過直布羅陀岩山登陸半島，在赫雷斯戰役中消滅西哥德王國。

奧瑪亞王朝隨後一鼓作氣翻越**庇里牛斯山脈**，入

小知識　為紀念阿拉伯將軍塔里克，他登陸的地點以他的阿拉伯名命名為「札瓦．阿爾．塔里克」（意為塔里克之山）」，這正是今日「直布羅陀」名稱的由來。

侵法蘭克王國領土，但是在**圖爾戰役**中被擊退，伊斯蘭勢力被限制在伊比利半島之內。

七五〇年，奧瑪亞王朝因政變而滅亡，家族成員**阿卜杜・拉赫曼**向西逃亡約一萬兩千公里，抵達奧瑪亞主力軍屯駐的伊比利半島，並於七五六年建立**後奧瑪亞王朝**，定都**哥多華**。王朝在第八代國王**阿卜杜・拉赫曼三世**時達到全盛，與掌控北非的**法提瑪王朝**，以及統治西亞的**阿拔斯王朝**互相對抗，並自稱「西哈里發」。此外，八世紀末，後奧瑪亞王朝擊退查理曼大帝率領的法蘭克軍，後來這段故事成為十二世紀騎士文學《**羅蘭之歌**》的題材，名噪一時。

9 世紀初的地中海地區

收復失地運動的開始與擴大

西哥德王國被奧瑪亞王朝滅亡後，殘餘的基督教勢力逃到伊比利半島北部，於八世紀初建立基督教國家阿斯圖里亞斯王國。此後，王國與以半島西北部的雷昂城擴張而成的國家合併為「阿斯圖里亞斯－雷昂王國」，揮軍南下，展開**收復失地運動**（拉丁語：Reconquista，意為「再征服」），以奪回伊斯蘭勢力占領的領土。

收復失地運動發生在十世紀到十二世紀，從雷昂王國自立的**卡斯特拉王國**、伊比利半島東北部的**亞拉岡王國**，與位在大西洋岸、從卡斯特拉王國獨立的**葡萄牙王國**等多個基督教國家分別主導運動，推動基督教勢力擴張及領土收復。

十一世紀，後奧瑪亞王朝滅亡，柏柏人建立**穆拉比特王朝**，定都於摩洛哥的**馬拉喀什**，接著從北非入侵伊比利半島。但卡斯特拉王國的阿方索六世擊敗穆拉比特王朝，收復托雷多，並將其定為卡斯特拉王國的首都。十二世紀中期，**穆瓦希德王朝**取代穆拉比特王朝，但在十三世紀時退出半島，伊斯蘭勢力只剩下半島南部的**奈斯爾王朝**（格拉納達王國）。

小知識 **穆德哈爾式建築：**收復失地運動之後，西班牙地區殘存的伊斯蘭風格建築與基督教建築風格融合而成的建築。

奈斯爾王朝首都格拉納達，以穆德哈爾式（融合伊斯蘭與基督教建築風格）的**阿爾罕布拉宮**聞名，這座宮殿已成為世界遺產。此外，哥多華的**清真寺主教座堂**中央設置了基督教祭壇，塞維亞主教座堂中保留了伊斯蘭統治時期的**吉拉達鐘樓**，這些建築都展現出伊斯蘭與基督教的文化融合。

收復失地運動完成

亞拉岡王國在推動收復失地運動的同時，也向東地中海地區擴張，於十三世紀占領西西里島，並在十五世紀控制南義大利。**葡萄牙王國**於十二世紀末自卡斯提亞王國獨立，並在英國的支持下維持獨立。十四世紀阿維斯王朝時期，葡萄牙展開大西洋與非洲探險（**大航海時代**的開端）。**卡斯提亞王國**則因柏柏人傳入的牧羊業而繁榮，封建社會逐漸成形，並設立**身分制議會**。

因葡萄牙王國對外擴張的威脅，卡斯提亞王國與亞拉岡王國試圖透過結盟加速收復失地運動的完成。於是在一四六九年，亞拉岡王子**斐迪南**與卡斯提亞公主**伊莎貝拉**聯姻，一四七九年，兩國合併為**西班牙王國**，夫妻分別即位為**斐迪南五世**與**伊莎貝拉一世**，共同統治。

一四九二年，西班牙王國攻占奈斯爾王朝的首都格拉納達，完成了收復國土的大業。同年，伊莎貝拉一世下令驅逐猶太人並沒收其財產，部分財源用於支持**哥倫布**的探險，促成一四九二年十月十二日哥倫布登陸聖薩爾瓦多島並**發現新大陸**。

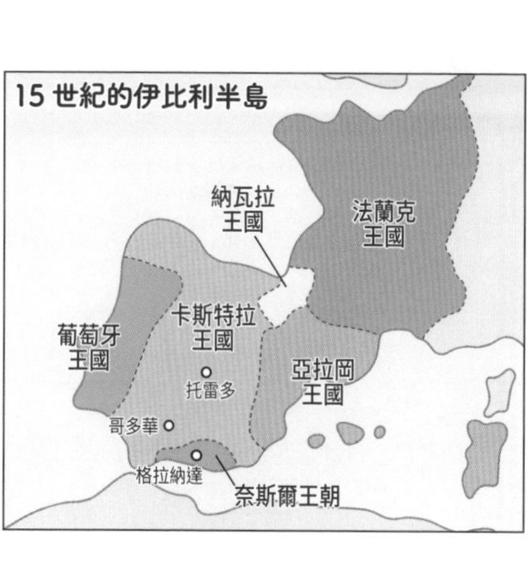

十六世紀，西班牙正值君主專制的全盛時期。
國王卡洛斯一世退位後，其子腓力二世繼位。他繼承父親統治的西班牙、尼德蘭、拿坡里及西西里，
還統治美洲新大陸與菲律賓殖民地。
腓力二世
父 卡洛斯一世
妻 瑪麗一世（英格蘭女王）
一五七一年，腓力二世在勒班陀海戰中擊敗宿敵鄂圖曼帝國。
一五八〇年，他兼併葡萄牙，統治整個伊比利半島。
因此，西班牙獲得
「日不落國」
的稱號。
先王奔走於神聖羅馬帝國各地，
而陛下卻每天關在執政廳裡處理政務，
簡直是公文王。
不、不，應該叫他謹慎王。
我要縝密地調整國家的佈局，擴張西班牙版圖，
超越父親的成就！

然而，腓力二世還有另一個面貌。
為了壓制異端，就算死上幾百次我也在所不惜！
他是虔誠的天主教徒。
一五七二年，法國發生宗教內戰——胡格諾戰爭。
據說很多胡格諾派分子遭到屠殺。
……呵呵
奸笑
繼續支援天主教勢力。
第一次看到國王笑！
呃！
他笑了！
腓力二世的宗教鎮壓政策在新教徒占多數的尼德蘭引發叛亂，導致荷蘭獨立戰爭爆發，
英國支持荷蘭，加劇了英西對立。
派出無敵艦隊攻打英國！
伊莉莎白一世
絕不屈服！
給世界看看英格蘭的實力！
伊莉莎白一世背叛天主教，受死吧！
但是，西班牙在英西海戰中戰敗。
加上軍費膨脹、增稅及黑死病橫行，
隨著腓力二世去世，西班牙哈布斯堡家族逐漸衰弱。
一七〇一年，西班牙哈布斯堡家族斷絕，由波旁家族接手統治。

西班牙 2

腓力二世

Felipe II

Profile

1527~1598／男性

西班牙國王

（在位：1556~1598）

人物介紹

在父親卡洛斯一世（即神聖羅馬帝國的查理五世）因病退位後，腓力二世繼承西班牙王位，同時兼任葡萄牙國王，掌握兩國所有的殖民地。

腓力二世奉行天主教政策，曾與英格蘭女王瑪麗一世（天主教徒）結婚。然而，由於尼德蘭的新教徒占多數，他的政策引發尼德蘭獨立運動。同時，腓力二世在勒班陀海戰中擊敗掌握地中海制海權的鄂圖曼帝國並阻止其擴張。然而，在英西戰爭中，腓力二世派出的西班牙無敵艦隊敗給了英女王伊莉莎白一世的海軍。

小故事

腓力二世是虔誠的天主教徒，認為父親對宗教的寬容過於理想化。他在國內及英國、尼德蘭地區都執行嚴格的天主教政策。作為典型的專制君主，他自尊心極高，痛恨失敗，且揮霍無度，所以在他統治的時代多次發生國家級的財政破產。他對自己瘦削的下巴充滿自信，認為自己英俊帥氣，這自大的態度成為他向伊莉莎白一世求婚時遭到拒絕的原因之一。他的妻子瑪麗大他十一歲，兩人之間感情疏離，幾乎不曾共同生活。

關係圖

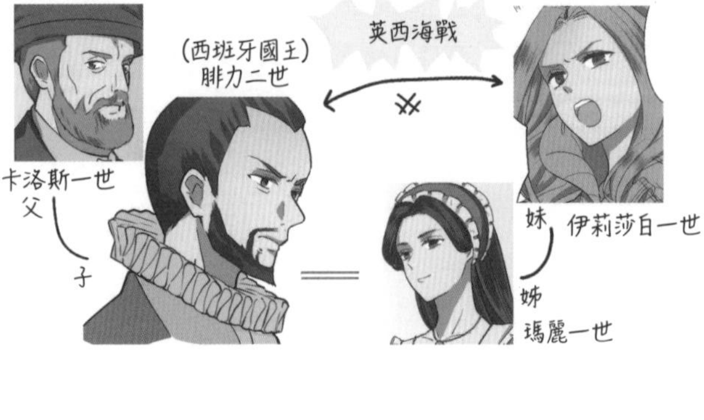

漫畫中的歷史名詞

卡洛斯一世

卡洛斯一世於一五一六年成為西班牙國王，一五一九年加冕為神聖羅馬皇帝（查理五世）。他在義大利戰爭中對抗法王法蘭索瓦一世，並阻止蘇萊曼一世的入侵，同時與路德派選帝侯爭奪權力。

勒班陀海戰

指一五七一年，西班牙、羅馬教宗、威尼斯組成神聖同盟艦隊，與塞利姆二世率領的鄂圖曼帝國軍進行的作戰，成功阻止已占領賽普勒斯的鄂圖曼帝國進一步染指西地中海地區。

葡萄牙合併

一五八〇年，葡萄牙阿維斯王朝絕後，西班牙腓力二世以血統為由兼併葡萄牙。一六四〇年，葡萄牙復國，建立延續至一九一〇年的布拉干薩王朝。

胡格諾戰爭

一五六二～九八年，法國因新舊教派諸侯衝突爆發的宗教戰爭，後來演變成牽連瓦盧瓦王朝的大內亂。在期間的聖巴多羅買大屠殺中，大量喀爾文派教徒遭到屠殺。

荷蘭獨立戰爭

一五六八至一六〇九年，荷蘭人民因反對腓力二世強制推行天主教與課徵重稅，爆發獨立戰爭。南部十州退出戰爭，北部七州組成烏特勒支同盟並宣布獨立，最終在一六四八年的西發里亞和約中獲得國際承認，成立尼德蘭聯邦共和國。

英西海戰

發生於一五八八年，原因之一是蘇格蘭女王瑪麗一世（天主教徒）遭英格蘭軟禁並處死，天主教的腓力二世派遣無敵艦隊向英格蘭東南方的多佛海峽出擊，但慘敗給英國海軍。

天主教盟主腓力二世的外交事蹟

「日不落國」的壯大與轉折

大航海時代帶來的繁榮

葡萄牙王國的全盛時期，始於國王約翰二世對航海探險的贊助。一四八八年，**狄亞士**航行抵達非洲大陸的南端，發現**好望角**。一四九八年，**達伽馬**在曼紐一世的支持下，從非洲東岸航行至印度西南部的科澤科德，發現了通往印度的航線。緊接著在一五〇〇年，探險家**卡布拉爾**漂流至巴西，並宣布巴西為葡萄牙領土。

之後，葡萄牙攻破控制阿拉伯海制海權的埃及及馬穆魯克王朝，於一五〇一年占領印度的**果亞**，建立第一個殖民地。隔年，葡萄牙占領麻六甲王國，壟斷了印度及東南亞的辛香料貿易，葡萄牙首都**里斯本**也成為世界商業的中心。

另一方面，西班牙王國在一五二一年征服美洲大陸的**阿茲特克帝國**，一五三三年滅亡**印加帝國**，獲得

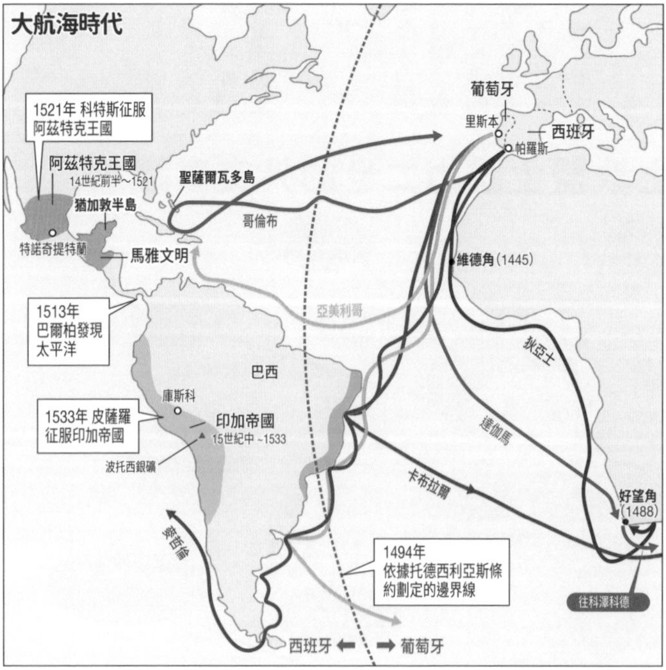

龐大領土並壟斷金銀礦脈，累積龐大的財富。尤其是來自現今玻利維亞南部**波托西銀礦**的白銀輸入歐洲，引發歐洲銀價大跌與物價高漲（**物價革命**）。十七世紀，西班牙王室利用奴隸勞動擴大甘蔗**種植園**，壟斷砂糖與奴隸貿易，奠定君主專制的財政基礎。

西班牙王國的君主專制（黃金世紀）

卡洛斯一世擁有西班牙王室與奧地利哈布斯堡家族的血緣，於一五一六年成為西班牙國王，西班牙王國從此進入哈布斯堡王朝統治時期。一五一九年，他又當選神聖羅馬皇帝（查理五世），同時統治西班牙與德國。此外，他的勢力還包含米蘭、拿坡里與尼德蘭，全世界的殖民地都由西班牙與葡萄牙瓜分。

一五五六年，卡洛斯一世退位，由**腓力二世**繼承西班牙領土。腓力二世是個虔誠的天主教徒，他還是王儲時與英國女王**瑪麗一世**結婚，試圖恢復英格蘭的天主教信仰，並於一五七一年**勒班陀海戰**大破鄂圖曼帝國軍，一五八〇年**兼併葡萄牙**（以他的母親是葡萄牙人為由）。至此，西班牙成為遍布全世界的龐大殖民帝國，被喻為「**日不落國**」。

西班牙哈布斯堡王朝沒落

腓力二世對尼德蘭課以重稅並強迫信仰天主教，引發當地的獨立運動。尼德蘭是西班牙王國的重要財源之一，因此它的獨立成為西班牙衰退的開端。雖然尼德蘭**南部十州**向西班牙投降並退出獨立戰爭（後來成為比利時），但**北部七州**組成**烏特勒支同盟**，宣布獨立並建立**尼德蘭聯邦共和國**，於一六〇九年與西班牙簽訂**休戰條約**。一六四八年**西發里亞和約**中，荷蘭的獨立獲得國際承認。

一五八八年**英西海戰**中，西班牙**無敵艦隊**敗給**伊莉莎白一世**率領的英軍，西班牙喪失大西洋的制海權。隨後，十七世紀

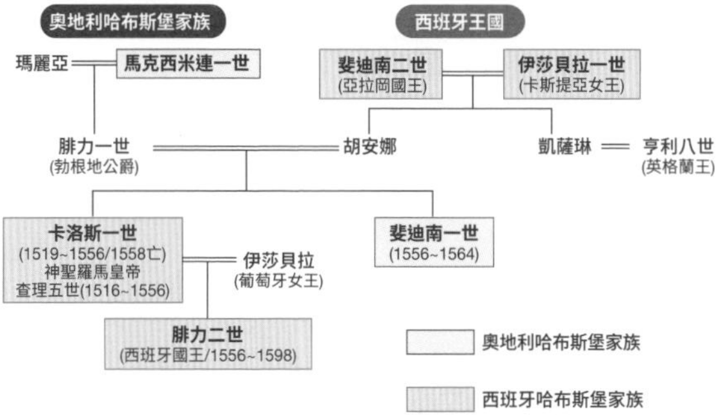

15~16世紀西班牙王國世系圖

小知識　**卡洛斯一世（查理五世）**：曾贊助葡萄牙航海家麥哲倫巡航世界一周，並與領導宗教改革的路德對立，又在義大利戰爭中與法王法蘭索瓦一世交戰。

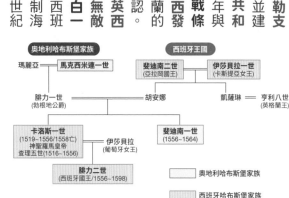

崛起的荷蘭奪走亞洲貿易主導權，西班牙陷入財政困境。

此外，腓力三世與四世時代，西班牙迫害非天主教徒，許多摩爾人（伊斯蘭教徒**柏柏人**）被驅逐到國外，造成農業生產力下降，重創經濟。加上德國三十年戰爭等多次征戰進一步造成國力衰弱，「**黃金世紀**」至此結束。

儘管如此，哈布斯堡時代的西班牙仍留下許多藝文成就，例如作家**塞凡提斯**以諷刺騎士風範的**《唐吉訶德》**而聞名，**艾爾·葛雷柯**的《天使報喜》、**維拉斯奎茲**的《侍女》則是**巴洛克藝術**的代表。

波旁王朝的崛起與衝突

腓力四世的兒子卡洛斯二世體弱多病未能留下子嗣，西班牙哈布斯堡家族宣告絕後。卡洛斯二世的姊夫法王**路易十四**主張孫子**腓力五世**擁有西班牙王位繼承權，擁立他繼位為西班牙國王。但是，卡洛斯二世另一位姊姊嫁入的奧地利哈布斯堡家提出反對，導致一七〇一年爆發**西班牙繼承戰爭**，英、荷皆介入其中。

最後，一七一三年簽訂**烏特勒支條約**，雖然路易十四失去大量領土，腓力五世卻以西班牙不得與法國合併為條件成功繼位，**西班牙波旁王朝**自此揭開序幕。

十八世紀以後，西班牙以法國附庸國的形式參與歐洲的繼承戰爭造成國力耗損，加上美洲貿易主導權逐漸被荷蘭和英國控制，以及國王強制推行天主教政策並迫害新教徒，造成大量工商業者逃亡，西班牙的產業逐漸衰退。

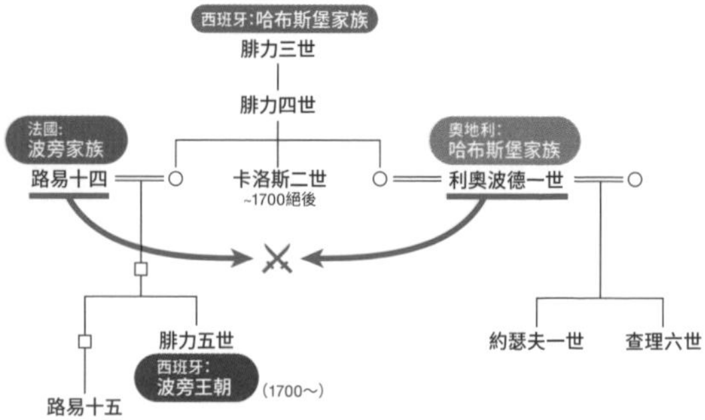

西班牙繼承戰爭世系圖

拿破崙統治與西班牙的反抗

在鄰國法國發生**法國大革命**推翻波旁王朝後，同為波旁家族的西班牙最初加入英國主導的反法同盟，

小知識 **巴洛克藝術：**16世紀末至18世紀初在西歐盛行的藝術風格。「巴洛克」意為「不規則的珍珠」，其特色包括運用清晰的明暗對比與豐滿的肢體描寫，充滿躍動感與戲劇性。

但後來卻轉向與**拿破崙**結為攻守同盟。

然而，一八〇八年，拿破崙以繼承王位為藉口入侵西班牙，並任命當時出任拿坡里國王的哥哥約瑟夫為西班牙國王荷西一世。西班牙各地發起反拿破崙運動，掀起「半島戰爭」，農民紛紛自組游擊隊起義對抗法軍，法國統治地區內的民族反法意識高漲。畫家**哥雅**的《一八〇八年五月二日》《一八〇八年五月三日》兩幅畫作描繪了當時的景象。

一八一四年，半島戰爭結束，伊比利半島全境光復。**維也納會議**承認西班牙波旁王朝正統地位，**斐迪南七世**重登王位。同時，葡萄牙在拿破崙軍入侵後，王室於英國支援下流亡至巴西。一八二二年，國王約翰六世之子佩德羅成為巴西帝國首任皇帝佩德羅一世。

波旁王室復辟

根據**維也納決議**，波旁王朝在西班牙復辟，恢復傳統的君主專制。一八二〇年，軍人里耶哥在卡迪斯發起**立憲革命**，迫使國王暫時同意制定民主憲法。然而，革命很快遭到法國出兵鎮壓，里耶哥被處死，革命前功盡棄。主張維持立憲制的英國反對法國的干預，因而退出維也納體制的核心執行機制**五國同盟**。

一八三三年，伊莎貝拉二世即位後，受到鄰國法國**七月革命**及**二月革命**的影響，支持現代化的自由派與主張維持封建的保守派之間對立加劇，加上西班牙王位繼承爭議，西班牙政局動盪不安。在這個背景下，西班牙第一共和國於一八七三～七四年間短暫成立，但最終因軍事政變而結束。伊莎貝拉二世之子阿方索十二世即位，波旁王朝再度復辟。

佛朗哥
一九三一年，西班牙民間反對君主獨裁的聲浪日益高漲。
最終爆發西班牙革命，革命後，共和國宣告成立。
西班牙王國波旁王朝
共和國
人民戰線
但左派與右派的對立加劇，政局動盪。在共產國際的指導下，左派建立「人民戰線內閣」。
一九三六年，人民戰線與右派勢力（法西斯）之間爆發長達三年的西班牙內戰。
砰砰！
砰砰！
佛朗哥將軍！
第一步兵隊完成整隊！
時間比預期的還長啊……
反正人民政府軍只是烏合之眾……
盡快排除搗亂西班牙秩序的危險分子！
遵……遵命！
去吧，
拿下馬德里！
佛朗哥在西班牙內戰中獲勝，宣布成立新政府，並掌握獨裁權力。
哇啊
佛朗哥元帥萬歲！
高地酋！
啊啊啊

雖然佛朗哥是法西斯主義者，但他在二戰中宣布中立。
為了重振國家，他於一九四七年就任終身統帥（高地酋）。
他的政策否定共產與民主主義，被稱為「佛朗哥體制」。
思想控制
軍事獨裁
出版品審查
他實行獨裁政治，限制思想與言論。
宣揚革命的共產主義跟不完美的民主主義，只會導致國家分裂。
必須嚴懲反對者，穩定秩序。
為了人民安定，哪怕要犧牲千人，我也認為是正義。
晚年，佛朗哥自知時日無多，便欽點波旁王朝的胡安·卡洛斯為接班人。
大家要像對待我一樣，效忠胡安·卡洛斯……
佛朗哥期望以君主復辟避免自己死後西班牙陷入混亂，實現長久安定。
然而，現代西班牙仍面臨巴斯克地區與加泰隆尼亞獨立等問題。

西班牙 3

佛朗哥

Francisco Franco

Profile

1892~1975／男性
スペイン国初代国家元首
（在位：1939~1975）

人物介紹

佛朗哥因反對阿薩尼亞人民陣線內閣的政策，而被貶至加納利群島。一九三六年，摩洛哥發生軍事政變，不滿遭貶的佛朗哥起義，率軍前往摩洛哥並於伊比利半島登陸，直搗西班牙共和國首都馬德里。

佛朗哥領導民族派在西班牙內戰中勝利後，第二次世界大戰隨即爆發。西班牙宣布中立，並未正式幫助曾經援西的義大利和德國。但佛朗哥因其反共立場，戰後與美國保持親近。他欽點波旁王朝退位國王的孫子為接班人，波旁王朝在佛朗哥去世後復辟。

小故事

佛朗哥以冷靜沉著的軍人形象著稱，他善於戰略並偏好秩序，是務實的政治家。他同時是虔誠的基督徒，對異教徒冷淡。

佛朗哥認為西班牙作為多元化的國家，民主主義容易帶來不穩定，因此厭惡共和制。此外，他對工人階級革命等動盪因素深感戒備，這可能是他反共的原因之一。

關係圖

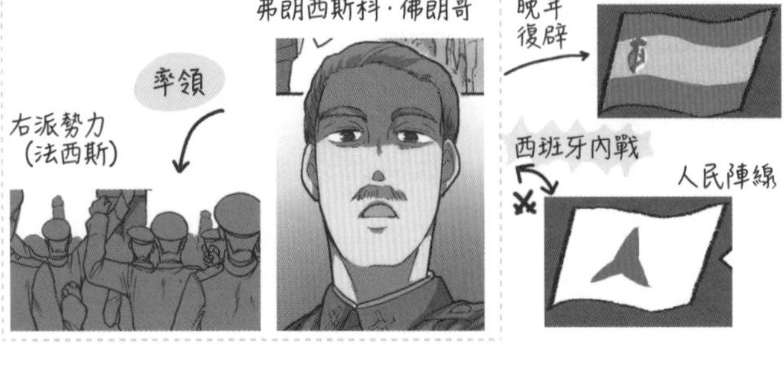

漫畫中的歷史名詞

共產國際

一九一九年在托洛斯基提倡下組成的共產主義國際組織（第三國際）。最初的目的是對抗一九一八年開始的對蘇干涉作戰。於一九四三年解散。

人民陣線內閣

一九三五年，共產國際第七次大會提倡合作對抗法西斯，多國共產勢力組成人民陣線內閣。一九三六年，西班牙成立阿薩尼亞內閣，法國成立布魯姆內閣。

西班牙內戰

西班牙內戰發生於一九三六～三九年，始於軍人佛朗哥不滿遭貶，在摩洛哥向阿薩尼亞領導的人民陣線政府發動叛變，攻陷馬德里並結束內戰。

高地酋

高地酋指十九世紀拉丁美洲獨立後，在不穩定的社會中擁兵自重地方的軍閥，通常擁有私人武裝與政治和軍事權力，如古巴的卡斯楚、墨西哥的聖塔·安那及阿根廷的裴隆。

胡安·卡洛斯一世

胡安·卡洛斯一世是波旁王朝阿方索十三世的孫子，父親是巴塞隆納伯爵，佛朗哥臨終前曾親自傳授他帝王學。他於一九七五年即位，推動立憲君主政體的政治民主化。二〇一四年退位，由兒子菲利佩六世繼任。

巴斯克、加泰隆尼亞

巴斯克與加泰隆尼亞兩個自治區主張脫離西班牙王國獨立，巴斯克恐怖組織「巴斯克祖國與自由（ETA）」在二〇一八年五月宣布停止武裝鬥爭，而加泰隆尼亞的中心巴塞隆納則曾於二〇一七年舉行獨立公投，但被中央政府宣稱為非法。

葡萄牙的歷史

1143年　創設勃根地王朝葡萄牙王國
　　　　從卡斯提亞王國自立
1385年　阿維斯王朝的創設(開啟大航海時代)
1415年　恩里克航海王子攻占休達
1580年　遭腓力二世治下的西班牙王國兼併
1640年　布拉干薩王朝建立
　　　　(多處殖民地被荷蘭搶走)
1807年　受拿破崙壓迫，王室流亡巴西
1822年　葡萄牙王子佩德羅宣布獨立，出任巴西帝國皇帝
1910年　君主制共和國
1932年　薩拉查開啟獨裁政權
1974年　「里斯本之春」(康乃馨革命)從獨裁走向民主化
1986年　加入歐洲共同體(EC)
1999年　向中國返還澳門

二十世紀的西班牙，從獨裁到君主復辟

君主復辟時代

一八九八年，西班牙的**古巴殖民地**發起**獨立運動**，隨後展成與美國的**美西戰爭**。戰敗後，西班牙不只被迫承認古巴獨立，更將菲律賓、關島跟部分加勒比海領土割讓給美國，失去了主要的殖民地。

進入二十世紀後，法國推動**非洲橫向占領政策**，占領撒哈拉一帶為殖民地。西班牙透過與法國的祕密協定，占領對岸的摩洛哥北部。此外，西班牙因為在**第一次世界大戰**中保持中立，受益於戰爭物資需求增長，經濟短暫成長。不過，戰後的蕭條激化工人運動，社會局勢動盪。一九二三年，在國王阿方索十三世與保守派的支持下，軍人**普里莫・德里維拉**樹立獨裁政權。

但是，一九二九年美國金融恐慌蔓延至全球，歐洲於一九三一年受到牽連，演變成全球**經濟大恐慌**，普里莫・德里維拉因無力應對而下台。

西班牙革命與第二共和國的成立

一九三一年選舉中，共和派與社會主義派取得政權，恐懼革命的國王阿方索十三世流亡法國，西班牙**第二共和國**（一九三一～三九年）成立。新政府頒布的**西班牙共和國憲法**規定政教分離、限制土地所有權、保障工人權利等改革措施，遭到地主、教會及軍人等資本階級的反對，成為了法西斯勢力崛起的機會。

一九三五年，蘇聯領導的**共產國際（第三國際）**在**第七次大會**中呼籲建立反法西斯的「人民陣線」體制，這股潮流迅速波及西班牙。

西班牙內戰

一九三六年，首相**阿薩尼亞**在大選中領導人民組建**人民陣線內閣**，在蘇聯支持下推動土地改革等社會主義式政策。同年，摩洛哥發生政變，**佛朗哥**接管並指揮起義，隨之爆發**西班牙內戰**。

德國與義大利公開支持佛朗哥，並提供軍事援助。然而，英法兩國擔憂社會主義擴張，採取**不干涉政策**，美國也依據中立法保持中立，導致西班牙政府軍僅能依賴蘇聯的援助。此期間，美國的**海明威**、英國的**歐威爾**、法國的**馬爾羅**等文化人士基於人道主義，組織**國際義勇軍**支援政府軍。內戰中，德軍**轟炸格爾尼卡**，首次投擲燒夷彈，此悲劇激發西班牙畫家**畢卡索**畫下名作《**格爾尼卡**》作為抗議。

一九三九年，佛朗哥攻陷西班牙首都**馬德里**，建立軍事獨裁政權，西班牙成為法西斯國家。不久後，佛朗哥參加**德義日防共協定**並**退出國際聯盟**。但是，儘管希特勒多次邀約，佛朗哥領導的西班牙在第二次世界大戰中始終並未加入德義同盟，而是與一戰時一樣保持中立。

至於葡萄牙則在一九一〇年發動革命，建立共和國（葡萄牙革命）。之後，葡萄牙與西班牙一樣，受到經濟大恐慌的影響。一九三二年，**薩拉查**建立獨裁政權，採取親西班牙的政策，並在第二次世界大戰中保持中立。

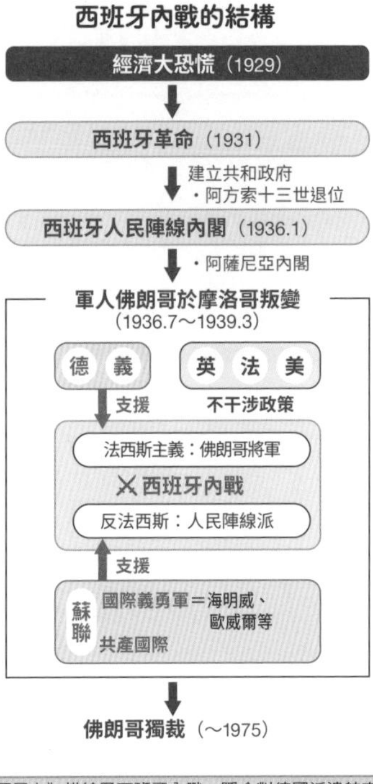

佛朗哥的獨裁與戰後的西班牙

第二次世界大戰後，聯合國大會將西班牙視為法西斯國家，排除在聯合國之外，**佛朗哥**政權在國際上陷入孤立。但是，在冷戰的背景下，佛朗哥利用反共立場試圖與美國修復關係。一九五五年，西班牙終於加入聯合國。

小知識　西班牙畫家畢卡索的《格爾尼卡》描繪了西班牙內戰，隱含對德國派遣航空部隊轟炸格爾尼卡的抗議。

由於冷戰的影響，西班牙國內動盪持續。同時，巴斯克和加泰隆尼亞的獨立聲浪高漲，西國政府採取強硬措施，包括禁止使用當地語言，這反而激化了恐怖主義行動（**巴斯克祖國與自由**〔ETA〕）。

佛朗哥晚年欽點波旁王朝前國王阿方索十三世的孫子為自己的接班人，並親自傳授他君主教育。一九七五年，佛朗哥過世後，**胡安・卡洛斯一世**即位，西班牙波旁王朝復辟，以君主立憲體制推動西班牙民主化。

一九八五年，西班牙**加入北大西洋公約組織**，一九八六年**加入歐洲共同體**，重新回歸國際社會。

西班牙國內強烈主張獨立的主要地區

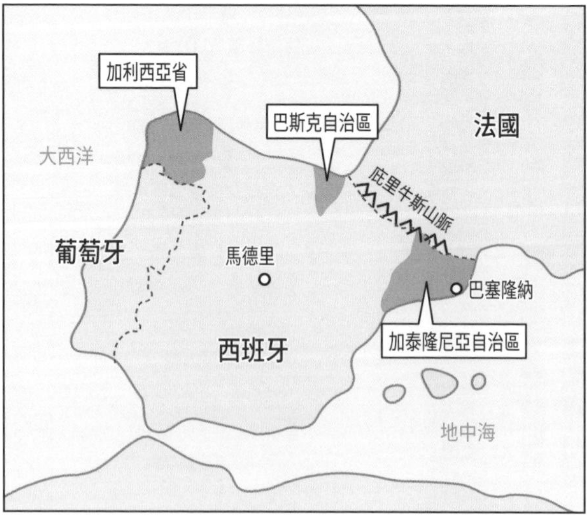

偉人名言集

聖女貞德

- 人生只有一次，那就是我們現在擁有的一切。
- 看著前方，勇敢前進吧！這麼做，一切都會變好的。

路易十四

- 朕即國家。
- 能戰勝自己者，幾乎無人能敵。
- 讓全歐洲和好，比讓兩個女人和好來得容易。

拿破崙

- 愚蠢的人談過去，聰明的人談現在，而瘋子談未來。
- 所謂天才，就像流星，注定要發出光芒照亮他的時代。

凱薩琳二世

- 我高聲讚美，低聲譴責。
- 君主政治的真正目的，不是奪走人民的自由，而是匡正他們。

列寧

- 百人之力，可能比千人之力更大嗎？當然可能。當一百個人變成組織，就能達到。
- 一個人的冷漠，意味著對掌權者或統治者無聲的支持。

南丁格爾

- 我成功的原因只有一個，就是不允許自己或別人找藉口。
- 不進則退，把目的高掛在前，努力前進吧！

甘地

- 活著，猶如明日就將死去；學習，如同擁有永生般勤奮不怠。

傑弗遜

- 所有的世代都需要新革命。
- 想知道自己是什麼人？這是個笨問題。第一步：動起來！你的行動將勾勒並清楚顯現出你的樣子。

林肯

- 拒絕給予他人自由的人，自己也不配享有自由。
- 做得到的事就當機立斷去做，做了就能找到「方法」。
- 重要的不是你活了多久，而是怎麼活。

富蘭克林・羅斯福（小羅斯福）

- 唯一值得恐懼的，就是「恐懼」本身。
- 快樂存在於「達成的喜悅」，與努力創作的快感中。

狄奧多・羅斯福（老羅斯福）

- 相信自己，你就成功了一半。

迪斯雷利與格萊斯頓

迪斯雷利

- 行動未必能帶來幸福，但是不行動必然無法獲得幸福。
- 如果想得到成功，就專心投入眼前的事物，並努力到超越世上任何人。

格萊斯頓

- 歷經無數次巨大的失敗，才能成為別人口中的偉人。
- 所謂的絕望，是有太多事要做，不知從何處下手而一籌莫展。既然如此，就從完成身邊的義務開始。

柴契爾

- 注意你的思想，它們會化為言語。注意你的言語，它們會化為行動。注意你的行動，它們會化為習慣。注意你的習慣，它們會化為性格。注意你的性格，它會變成你的命運。
- 成功也許需要天賦。但是，光是擁有天賦還不夠。朝著目標努力，才能獲得成功。

凱末爾

- 誠實無法化為話語，但是可以從一個人的眼睛和舉止中看到。

瑪麗亞·特蕾莎

- 在我閉眼之前，我希望成為一個比任何人都慈悲的女王、比任何人都堅守正義的國母。

腓特烈二世

- 任何人的內心深處都藏著一頭猛獸。
- 迷信是恐懼、軟弱與無知的產物。
- 想保護一切的人，什麼都保護不了。

俾斯麥

- 歷史已經證明，溜走的機會不會再回來。
- 說「原則上贊成」的人，根本不具備實行的意志。
- 聰明人向「歷史」學習，愚笨的人向「經驗」學習。

馬丁·路德

- 死亡不是人生的終點，而是生涯的完成。
- 希望是「強大的勇氣」；是「嶄新的意志」。
- 「現在不做也沒關係」與「期限已近在眼前」，兩者之間只差一瞬間。

插畫家介紹

縹ヨツバ

Louis_IGs

ふじ

福本 mgr

いそろく

スガ

紅月美邑

松本

ときお

野人家 239

考前衝刺看漫畫！補教名師畫重點【又帥又美世界史】

作　　者　佐藤幸夫
構成・編輯　沖元友佳
譯　　者　陳嫺若
名詞審定　莊德仁

野人文化股份有限公司
社　　長　張瑩瑩
總 編 輯　蔡麗真
主　　編　徐子涵
責任編輯　余文馨
協力編輯　余鎧瀚、溫智儀
校　　對　魏秋綢
行銷經理　林麗紅
行銷企畫　李映柔
封面設計　周家瑤
內頁排版　洪素貞

讀書共和國出版集團
出　　版　野人文化股份有限公司
發　　行　遠足文化事業股份有限公司（讀書共和國出版集團）
地址：231 新北市新店區民權路 108-2 號 9 樓
電話：（02）2218-1417　傳真：（02）8667-1065
電子信箱：service@bookrep.com.tw
網址：www.bookrep.com.tw
郵撥帳號：19504465 遠足文化事業股份有限公司
客服專線：0800-221-029
法律顧問　華洋法律事務所　蘇文生律師
印　　製　凱林彩印股份有限公司
初版首刷　2025 年 01 月
初版 2 刷　2025 年 02 月

國家圖書館出版品預行編目（CIP）資料

國家圖書館出版品預行編目 (CIP) 資料
考前衝刺看漫畫！補教名師畫重點 (又帥又美世界史)/ 佐藤幸夫著 ; 陳嫺若譯 . -- 初版 . -- 新北市 : 野人文化股份有限公司出版 : 遠足文化事業股份有限公司發行 , 2025.01
面；　公分
ISBN 978-626-7555-43-9(平裝)
ISBN 978-626-755-538-5(PDF)
ISBN 978-626-755-537-8(EPUB)
1.CST: 世界史 2.CST: 漫畫

711　113018964